本书为湖北省重点文科基地湖北非营利组织研究中心调研成果

城市化进程中
失地农民风险与分化研究
—— 以D村为例

冯晓平 著

中国社会科学出版社

图书在版编目（CIP）数据

城市化进程中失地农民风险与分化研究：以 D 村为例/冯晓平著 . —北京：中国社会科学出版社，2017.7
ISBN 978-7-5203-0339-2

Ⅰ.①城… Ⅱ.①冯… Ⅲ.①农民—土地问题—研究—中国 Ⅳ.①F321.1

中国版本图书馆 CIP 数据核字（2017）第 099907 号

出 版 人	赵剑英
责任编辑	李庆红
责任校对	郝阳洋
责任印制	王　超
出　　版	中国社会科学出版社
社　　址	北京鼓楼西大街甲 158 号
邮　　编	100720
网　　址	http：//www.csspw.cn
发 行 部	010-84083685
门 市 部	010-84029450
经　　销	新华书店及其他书店
印　　刷	北京君升印刷有限公司
装　　订	廊坊市广阳区广增装订厂
版　　次	2017 年 7 月第 1 版
印　　次	2017 年 7 月第 1 次印刷
开　　本	710×1000　1/16
印　　张	17
插　　页	2
字　　数	245 千字
定　　价	69.00 元

凡购买中国社会科学出版社图书，如有质量问题请与本社营销中心联系调换
电话：010-84083683
版权所有　侵权必究

目　录

第一章　导论 … 1

第一节　问题的提出和意义 … 1
一　问题的提出 … 1
二　研究的意义 … 5

第二节　概念界定 … 7
一　失地农民 … 7
二　风险 … 9
三　分化与分层 … 12
四　城市化 … 14

第三节　研究内容和研究框架 … 17
一　研究思路和研究内容 … 17
二　本书的研究框架图 … 19

第四节　研究方法 … 20
一　本书的研究方法 … 20
二　调查点介绍 … 21
三　调查进度与安排 … 24
四　本书研究方法的效度 … 25

第五节　可能的创新点 … 27
一　建构了风险与分化之间的理论联系 … 27
二　丰富了关于中国失地农民分化具体过程的经验研究 … 28
三　拓展了失地农民研究的研究方式 … 29

第二章 研究资源：理论及相关研究综述 ……………………… 31

第一节 社会分层和分化理论 ………………………………… 31
一 马克思及冲突学派的分层与分化观 ………………… 32
二 迪尔凯姆及功能学派的分层与分化观 ……………… 33
三 综合学派的分层与分化学说 ………………………… 35
四 韦伯的多元分层理论传统 …………………………… 36
五 精英学派的分层与分化观 …………………………… 38
六 现有分层和分化理论的启示及不足 ………………… 39

第二节 失地农民研究综述 …………………………………… 41
一 对失地农民现状的研究 ……………………………… 41
二 对失地农民发展趋势的研究 ………………………… 48
三 现有失地农民研究中存在的问题 …………………… 51

第三章 隔离与流动：征地前农民之隐形的风险与隐形的分化 ……………………………………………… 53

第一节 隔离与流动：我国特殊的城乡结构及农民身份状态 ………………………………………………… 53
一 城乡间的深刻隔离 …………………………………… 53
二 城乡间的有限流动 …………………………………… 56
三 隔离与流动的城乡结构下我国农民的身份状态 ………………………………………………… 58

第二节 特殊城乡结构下我国农民总体性的生活及风险状况 ………………………………………………… 61
一 农民总体性的物质生活状况 ………………………… 62
二 农民总体性的文化生活状况 ………………………… 65
三 农民总体性的权利生活状况 ………………………… 68
四 农民总体性的风险状况 ……………………………… 71

第三节 特殊城乡结构下我国农民内部分异性的生活状况 ………………………………………………… 73

一　农民内部在物质生活上的分异 …………………… 75
　　二　农民内部在文化生活上的分异 …………………… 81
　　三　农民内部在权利生活上的分异 …………………… 85
第四节　特殊城乡结构下我国农民内部分异性的风险
　　　　状况 ………………………………………………… 90
　　一　风险类型的分异 …………………………………… 90
　　二　风险应对的分异 …………………………………… 96
第五节　征地前农民之隐形的风险与隐形的分化 ………… 101
　　一　征地前农民之隐形的风险 ………………………… 101
　　二　征地前农民之隐形的分化 ………………………… 104

第四章　冲击与挣扎：征地中农民之凸显的风险与凸显的分化 ………………………………………………… 107

第一节　我国城市化征地背景下的 D 村征地 ……………… 107
　　一　我国城市化征地的宏观制度背景 ………………… 107
　　二　我国宏观制度背景下的 D 村征地 ………………… 110
第二节　征地中的风险冲击 …………………………………… 112
　　一　征地中的风险冲击——解放的维度 ……………… 112
　　二　征地中的风险冲击——失去的维度 ……………… 118
第三节　空间伸缩：征地中农民的行动空间及其变化 …… 123
　　一　资本的行动空间 …………………………………… 123
　　二　政策的行动空间 …………………………………… 125
　　三　传统的行动空间 …………………………………… 126
　　四　征地中三种行动空间的变化 ……………………… 127
第四节　认知和行动分化：农民在征地中的认知与行动
　　　　选择 ………………………………………………… 130
　　一　纯农业生产者在征地中的认知与行动 …………… 130
　　二　半工半农者在征地中的认知与行动 ……………… 135
　　三　经商兼农者在征地中的认知与行动 ……………… 138
第五节　征地中农民之凸显的风险与凸显的分化 ………… 142

一　征地中农民之凸显的风险 …………………………………… 142
　　二　征地中农民之凸显的分化 …………………………………… 146

第五章　融入与退却：征地后失地农民之固化的风险与
　　　　固化的分化 ……………………………………………………… 152
　第一节　失地农民面临的新生活境遇的特征 ……………………… 152
　　一　新物质生活境遇的特征 ……………………………………… 153
　　二　新权利生活境遇的特征 ……………………………………… 157
　　三　新文化生活境遇的特征 ……………………………………… 160
　第二节　新生活境遇中的风险及其在失地农民中的分布 ………… 162
　　一　新物质境遇中的风险及其在失地农民中的分布 ………… 162
　　二　新权利境遇中的风险及其在失地农民中的分布 ………… 165
　　三　新文化境遇中的风险及其在失地农民中的分布 ………… 169
　第三节　新境遇下失地农民职业身份的变迁 ……………………… 173
　　一　新身份的兴起 ………………………………………………… 173
　　二　旧身份的延续 ………………………………………………… 178
　第四节　走向不同的城市化方向：失地农民生活状况的
　　　　　分化 ……………………………………………………… 180
　　一　向着城市的方向：城市化或准城市化失地农民
　　　　的生活状况 ………………………………………………… 181
　　二　游荡在城市的边缘：边缘城市化失地农民的
　　　　生活状况 …………………………………………………… 187
　　三　回归乡野田间：反城市化失地农民的生活
　　　　状况 ………………………………………………………… 192
　第五节　征地后失地农民之固化的风险与固化的分化 ……… 202
　　一　征地后失地农民之固化的风险 …………………………… 202
　　二　征地后失地农民之固化的分化 …………………………… 205

第六章　结论与建议 ……………………………………………………… 210
　第一节　结论 …………………………………………………………… 210

	一 关于失地农民分化的结论	210
	二 关于失地农民风险的结论	217
	三 关于失地农民风险与分化的结论	220
第二节	建议	227
	一 以人为本推进城市化是规避失地农民风险、促进失地农民合理分化的重要前提	228
	二 依不同农民的主体需求提供相应的帮扶是有效规避失地农民风险、促进失地农民合理分化的有效措施	229
	三 依城市化的不同阶段变革具体政策是规避失地农民风险、促进失地农民合理分化的重要途径	234

附录1 访谈提纲 239

附录2 观察指南 242

参考文献 244

第一章 导论

第一节 问题的提出和意义

一 问题的提出

出生于一个城乡接合部——小县城的我，依稀还保留着一些对农田的模糊印象。印象中，出家门口，骑上自行车，走不了多远就可以看到大片的农田，郁郁葱葱的，那是儿时的乐园，后来到上中学时，不坐汽车就看不到这些农田了……农田消失的同时，一些新的印象形成并沉淀了下来：住在县政府旁边的我常常看到很多人坐在政府大门口不走，听说是附近的农民来请愿静坐的，虽然请愿和静坐一直在继续，但推土机和铲车的轰鸣声却从未停止过，在这种轰隆隆的车轮声中，那绿油油的麦田离我越来越远了，最终成了一个模糊的记忆，取而代之的是宽宽的水泥马路、一座座的政府办公大楼和冒着浓烟的工厂，以前经常被提起的梁庄、温庄等称谓也越来越少地被人提及了，人们更多的是说某某小区了……

家乡近20年来的变化仅仅是我国高速城市化过程中的一个缩影，在过去的20多年中，我国的城市化速度已经远远高于世界上的其他国家，特别是2000年以来，官方统计的城镇化率更以每年1—2个百分点的速度提升（见表1－1），缔造了快速城市化的神话。另外，依据我国对未来城市化发展状况的预期，接下来的20年，大量农村人口将会继续涌入城市，预计城镇化率将以年均0.8—1.0个百分点的速度提高,到 2030 年城镇化率将达到 65%,[①] 可见,快速城市化不论在过去、现在还是将来一段时间,都将是我国发展的一个重要趋势。

表1-1　　中国城市化率历年统计数据(2000—2012年)

年份	2000	2001	2002	2003	2004	2005	2006	2007	2008	2009	2010	2011	2012
城市化率(%)	36	38	39	41	42	43	44	46	47	48	50	51	53

资料来源:此表依据国家统计局发布的数据整理。详见:http://data.stats.gov.cn/swf.htm?m=turnto&id=432.

与我国大规模城市相伴而生的是大量农村土地被征用、大量的农民成为失地者,据专家估计,我国的城市化水平每提高 1 个百分点,就意味着有 1000 万—1200 万的农民由农村进入城市以及数万亩良田的流失(见表 1-2)[②]。一项由 10 省农调队对我国失地农民情况(2000—2003 年)的摸底调查结果显示:被占耕地超过了原有耕地的 90% 的省、市为上海、天津和辽宁,失地状况最为突出,人均减少量都超过了半亩,特别是上海,人均耕地本来就很少,至农调队调查时,上海的失地农民基本上都没有耕地了,即使是在西部地区的山西省和云南省,失地农民的耕地减少量也都超过了 50%,在其他各省,完全失地农户所占比例也都在 30%—70%。[③] 可见从 2000 年到 2003 年,在短短的三四年里,农民失去的土地数量是非常大的,也有学者按照当前我国的城市化进程和基础设施建设的步伐进行了估算,认为

[①] 人民网:《我国城镇人口已达 6.2 亿,城镇化率 46.6%》,2010 年 7 月 29 日,http://politics.people.com.cn/GB/1026/12291994.html,2012 年 2 月 15 日。

[②] 2000—2008 年土地流失的速度很快,2010 年以来,土地流失的速度有所减缓,但耕地总量仍然呈下降趋势,根据中华人民共和国国土资源部 2015 年的统计公报显示,2010 年耕地总量为 13526.83 万公顷,2011 年耕地总量为 13523.86 万公顷,2012 年耕地总量为 13515.85 万公顷,2013 年耕地总量为 13516.34 万公顷,2014 年耕地总量则为 13505.73 万公顷,呈逐年下降趋势。详见:http://data.mlr.gov.cn/gtzygb/2015/201604/t20160422_1403272.htm.

[③] 叶国文:《土地政策的政治逻辑》,天津人民出版社 2008 年版,第 246 页。

若按照城郊农民人均拥有0.7亩土地计算，而我国每年需征用土地250万—300万亩，这就意味着我国每年将新增357万—429万的失地农民，10年后将形成1亿人的失地农民规模,[①] 数量是非常惊人的。

表1-2　　　　全国耕地面积变化情况（2000—2008年）　　单位：亿亩

年份	耕地数量	比上年增（+）/减（-）
2000	19.24	-0.14
2001	19.14	-0.10
2002	18.89	-0.25
2003	18.51	-0.38
2004	18.37	-0.14
2005	18.31	-0.06
2006	18.27	-0.04
2007	18.26	-0.01
2008	18.257	-0.003

资料来源：此表根据中国国土资源部历年国土资源统计公报整理。

失地农民的产生是城市化进程中的一种正常现象，是一个国家或地区在城市化进程中必然会出现的一个特定群体，但是我国城市化进程中的失地农民的产生具有一定特殊性，其过程中凸显出了一系列的失地农民问题，受到较多关注的是农民在失地后的基本生活问题，大量的研究展示了失地农民失地后在生活的各个方面所面临的风险。如有调查结果显示：失地农民中20%的农民完全失去了土地且没有工作，人数在1000万以上，且46%的农民失地后生活水平下降，部分失地农民成为"就业无岗、种田无地、保障无份"的三无群体，风险已经成为失地农民生活的主题词。

面对失地农民的这种生活现状，笔者不禁要提出一个疑问：整体面临风险的失地农民群体内部有没有产生差异，这种差异又将失地农

---

① 杨涛、施国庆：《我国失地农民问题研究综述》，《南京社会科学》2006年第7期。

民群体导向怎样的未来？带着这样的问题，一个被学术界所忽视的问题就进入了研究的视野，即失地农民分化的问题，当前失地农民研究中对失地农民分化问题的研究是十分缺乏的，但社会的发展已经将失地农民分化这一客观事实推到了我们面前：农民失地后，有的进入了政府或其他事业单位，成为吃"皇粮"的人，生活水平较之前有了很大的提高；有的有一门看家本领，做起了小老板，早已经忘记了当年面朝黄土、背朝天的农耕生活；还有的在失去土地后进入乡镇企业，成为产业工人，但随着21世纪初乡镇企业的纷纷破产，这些人又失去了生活的依托，在当今竞争激烈的就业市场上很难再求得一碗羹；还有一些失去土地后因为各种原因无法正常就业，生活日益艰难，逐渐沦落到社会的最底层。如《南方周末》报道了四川自贡失地农民黄永农的生活状况：自贡市大安区红旗乡会溪村6组村民黄永农的土地被政府征用后，黄永农和儿子就一直居住在临时搭建的周转房里，两人均没有工作，每个月只能领取八九十元的生活补助金，每天早上，他们六点起床到居民小区打扫卫生，白天走街串巷地捡垃圾，晚上给私人老板看门市，月收入100元，生活条件甚至还不如农民工[①]，像黄永农这样的失地农民还有很多，他们与那些成为产业工人或成为小老板的失地农民之间的差距越来越大。

　　社会事实的真实呈现要求研究上的快速跟进。面对失地农民之间出现的这种差异，一系列的问题摆在了研究者面前：在失地农民这一群体内部发生了怎样的分化？造成这种分化的因素有哪些？这些因素各自又是如何发挥作用的？各因素之间有没有相互的联系？分化的具体过程是怎样的？其中蕴含着怎样的机制？失地农民之间的分化将走向何方？在这一过程中，失地农民个体是如何行动的？他们的行动对其分化状况产生了怎样的影响？与现有研究中所描述的失地农民面临的风险状况相联系还可以进一步地提出问题，即失地农民面临的风险在整个城市化过程中是如何变化的？遵循着怎样的规律？失地农民的

[①] 腾讯网：《四川自贡征地事件调查："新圈地运动"后遗症》，2004年7月15日，http://news.qq.com/a/20040715/000310.htm，2012年2月15日。

风险与其分化之间有没有联系？又存在怎样的联系？

要想得到这些问题的答案，就必须了解失地农民分化的具体情景和过程，进而分析其中的分化机制以及风险变化的具体形式，而我国失地农民分化是一种产生于我国城市化征地过程中的典型现象。因此，将这些问题放置于我国城市化进程这一宏观的社会背景下展开讨论，将为这些问题的解答提供最好的研究场域。

二　研究的意义

（一）现实意义

本书研究的现实意义主要有以下三点：首先，通过分析失地农民分化的具体过程、剖析影响我国失地农民分化的具体因素及其作用机制，就可以为政府部门制定相关政策提供学术支持。当前我国失地农民在失地后面临着复杂的分化状况，甚至出现了两极分化的极端现象，对社会造成了新的不稳定因素，探讨失地农民分化的具体过程、分析失地农民分化的影响因素和作用机制就可以为相关政府部门规避城市化过程中的风险、促进失地农民合理分化提供学术研究上的有力支持。其次，通过分析不同农民群体在城市化征地过程中的不同风险遭遇、认知、行动以及成为失地农民后的不同分化走向，就可以为相关政策制定者为不同失地农民制定风险规避政策提供现实依据，从而提高政策的针对性和有效性。没有区别就没有政策，而我国的相关政策的制定往往忽略了农民内部不同群体间存在发展上的不均衡这一固有的前提，因此在大规模推进城市化中也遇到了诸多困难，对此，贺雪峰特别指出：中国农村的发展是非均衡的，这种非均衡性也会对那些自上而下执行的统一的政策产生非均衡的反应，只有理解了中国农村特有的这种非均衡性，才能理解这种非均衡的农村对自上而下政策进行非均衡反应的机制，在制定相关农村的政策时，才可能预见政策的所有可能性后果，从而在政策制定中减少随意性和片面性、增强科学性和整体性，[①] 因此，在对不同农民群体进行分类研究的基础上提出更具针对性的政策建议也是本书的现实意义之一。最后，本书以

---

① 贺雪峰：《村庄政治社会现象排序研究》，《甘肃社会科学》2004年第4期。

"解剖麻雀"的方式对河南省的一个村庄 D 村进行了详细的考察，完成了对一个中部村庄城市化过程失地农民分化问题的典型性研究，对该类村庄的城市化发展进程具有一定的指导意义，同时也可以作为一个对比案例，供其他研究者在进行东、西部失地农民分化研究时进行比较。

（二）理论意义

本书的理论意义主要体现在以下两点：首先，对失地农民分化的具体过程进行研究将有助于认识和把握我国失地农民分化的内在机制。从当前已有的失地农民分化研究中可以发现，现有的研究还是比较肤浅和初步的，规范性研究较多，实证性研究较少，描述性研究偏多，探索内在机制的较少，本书从失地农民分化的具体过程入手，对失地农民分化的整个过程中的各种因素均有涉及，并特别展现了失地农民的主体性因素和社会结构性因素两个方面对失地农民分化的影响过程，在主体性因素和结构性因素何以运作、怎样运作等问题上进行了深入的探讨，深刻剖析了这两方面的因素在失地农民分化问题上的深层次运作逻辑。因此本书将突破对失地农民分化表象的简单分析，进入到对该问题形成的内在机制的探讨，这将有助于我们认识和把握我国当前失地农民分化的内在动力机制。

其次，对失地农民分化具体过程及内在机制进行的详细研究将有助于建构分析我国失地农民分化问题的系统的、动态的理论框架。当前的研究对失地农民分化问题关注不足，仅有的研究也只是局限于对分化形态的静态分析，缺乏一个系统的且具有动态性的理论框架，这就对今后的失地农民分化研究造成了障碍，本书将失地农民分化这一问题放置于我国城市化过程这一动态背景下，并借助风险视角的流动特质，跟随风险的流动和变化，时刻跟进，研究失地农民在整个城市化过程中的不同阶段的不同分化表现和特征、影响分化的因素以及作用机制等，从而展现出了一个完整的失地农民分化过程，笔者认为这种形式的研究将为未来失地农民分化研究的进一步开展提供理论上的支持，有助于学术界最终建构起一个动态而系统的研究失地农民分化问题的理论框架。

第二节 概念界定

一 失地农民

从目前公开发表的文章著述来看，从失地农民的来源和产生原因来阐释失地农民的内涵是目前学术界对失地农民这一概念进行界定的最主要方式，以下是几种具有代表性的观点。

有学者认为失地农民是指在城镇化过程中，由于征地法律不健全、土地产权不清、政府管理体制不完善等原因造成的主动或被动地丧失土地的弱势和受歧视的农民群体，城镇化是形成失地农民的基本原因，[①] 这种界定表明了失地农民问题产生的制度和政策原因，突出了失地农民的弱势性，对研究失地农民的权益问题来说是比较合适的界定方式。

有的研究者认为失地农民就是城市化进程中失去土地的农民，更具体地说是指在城市化征地的进程中，由于城乡建设征占农用土地而产生的失去土地经营权的农业人口，[②] 这种界定最为简单明了，但是对失地农民内部的特征缺乏表述，因此不利于对这一群体进行识别。

还有的学者在界定失地农民概念时突出强调了其身份的临时性，认为失地农民主要指城市化进程中因建设征地而失去合法承包经营的土地，但却未办理农转非和部分办理农转非的农民，[③] 处于一种介于农民与市民之间的中间状态。

从法理和学理上进行探索之后，有学者主张从农民（身份与职业同一）—农民（职业与身份分离）—非农民（职业与身份同一）连

[①] 刘文烈、刘晨之：《试论城镇化进程中失地农民权益保护问题》，《齐鲁学刊》2007年第3期。
[②] 雷寰：《北京市郊区城市化进程中失地农民利益问题研究》，博士学位论文，中国农业大学，2005年，第15页。
[③] 周艳、周兆安：《失地农民利益表达的行动逻辑及其社会学分析》，《新疆财经学院学报》2007年第4期。

续体中去确定失地农民这一特殊群体的确切含义[①]，这是有道理的，失地农民是指处于从"农民"到"非农民"职业与身份转换过程中，因为各种主、客观因素制约而导致的与农地相关的物质利益和其他权能受到伤害的一类特殊社会群体，这一界定摒弃了从静止视角对失地农民概念进行界定的方式，转而从动态的角度，特别是身份变化发展的连续统一体中看待失地农民问题，使得该概念具有了一定的动态特征。

笔者认为，对失地农民含义的界定至少应注意两个方面的问题：第一，失地农民区分的问题。失地的过程，从另外一个角度来说，也是大量失地农民实现城市化的一种途径，而目前对农民城市化的界定不清，那些被征地后成功转化为城市人的新市民不应该再被计算入失地农民之中，而由于目前的统计还是单方向的，即从征地总量和人均失地量来统计，这一部分新市民仍然被计算在内，这是不合理的。第二，失地农民由来的问题。农民变为失地农民的原因是多方面的，主要有以下一些原因：其一，由于城市化建设的需要，土地被强制征用而产生的失地农民；其二，由于职业转变，主动放弃土地，进入非农职业的失地农民；其三，由于将土地交予土地大户耕种而成为的失地农民，这种情况在我国一些地方已经开始出现，并有扩大的趋势，随着一些农户从事农业劳动的积极性下降以及其他收入渠道的相对价值提高，这些农户主动或者被动地放弃土地，将土地交给那些有财力和设施的种粮大户来发展集约农业，自身在获得一定补偿后，从事其他职业或者在大户的农场中打工。以上三类失地农民中，学者们通常讨论的只是第一种，但在现有的失地农民界定中往往不加界定的使用，这也是不合理的。

借鉴其他学者的界定方式并对上述两方面的问题进行规避，笔者在本书中对失地农民的概念进行了如下界定：由于城市化建设或其他原因的征地需要，被迫或者主动地放弃土地，而又暂时无法成为正式

[①] 王勇：《城市化进程中的失地农民利益表达》，博士学位论文，华中师范大学，2007年，第8—9页。

市民的那部分农民，他们可能已经农转非，也可能尚未农转非，这是一种处于农民和市民之间的中间状态，失地农民是对这部分人临时身份的总称。目前大部分的失地农民研究中所面对的对象基本上都是指这一意义上的人群，在本书的讨论中，笔者在分析那些已经实现了城市化的失地人群时，为叙述方便，仍称其为失地农民，但是他们的生存状态已经不再是农民，失地农民在他们身上仅仅是一种称谓。

二 风险

风险一词由来已久，表面意思为风之险，这也是风险来源的一种说法，这种说法认为古代渔民在长期的出海打鱼经历中，总结出了"风"的重要性，他们意识到只要风平浪静，他们就可以满载而归，而要是风急浪猛的话，他们就可能一无所获，甚至面临生命危险，这就是风带给他们的无法预知的危险，也就是风险。从词源上来寻找风险的来源，吉登斯认为"风险"概念可能来自西班牙，是其资本主义早期商贸航行中的一个术语，指的是遇上危险或触礁，其最初起源于探险家们对前所未知地区的探索和早期重商主义资本家们的活动，[①]"风险理念与实施控制的抱负，特别是与控制未来的观念密切相关"[②]。

随着对社会发展和研究的不断深入，风险这一概念的应用也不断得到拓展，逐渐在医学、金融、精算学、保险、灾害学等领域中得到发展，各个学科从不同的路径来研究风险，从而对风险进行了不同角度的定义，以下是研究风险的几种主要视角。

第一种是技术风险的视角。技术视角的风险研究路径包括保险精算方法、对健康和环境风险的评估以及概率风险评估等，相对于其他风险视角强调风险的感知和社会建构方面，技术视角更强调风险的客观结果和物质方面，将风险提炼成为一个单一的变量，因此，风险被定义为一事件造成破坏或伤害的可能性或概率，并提供了一个公式来

[①] [英]安东尼·吉登斯、[英]皮尔森：《现代性——吉登斯访谈录》，尹宏毅译，新华出版社2000年版，第75页。

[②] 同上书，第193页。

计算风险，即风险＝伤害的程度×发生的可能性，这种方法虽然简单，却是最容易操作的，为我们估量风险提供了工具，也为我们提供了与行动的每种可能的逻辑上的或经验上相关的实际损害的最佳知识[①]。

第二种是经济学研究的视角。经济学认为，如果一种行为可以导致很多种不同的后果且这些后果之间相互排斥，假如不知道每一种结果发生的概率的话，这种情景就包含了一定的不确定性，风险就是某一事件或行动可能导致的预期效用上的损失，而风险分析则是成本—收益考虑中必须顾及的一部分，其最终目标是按照资源的社会效用最大化原则来分配它们（V. K. Smith, 1986），[②] 经济学视角的风险观引发了一些学者对其理性行动范式和功利主义伦理取向的批评。

第三种是心理学研究的视角。心理学视角的风险研究发现人们对风险的感知能力会受到主体性选择的影响，特别是从概率信息中得出推论时，其得出结果的能力往往存在一些偏见，风险决策在很大程度上会受到风险态度和风险认知的影响，因此，心理学框架下的风险研究特别注重探寻人们形成风险认知的各种各样的形式或者构成人们判断的认知力和理解力，行动者的主体性得到很大关注，这是心理学视角风险研究的重大贡献，虽然这将使得人们寻找一个对个人风险感知的共同标准变得很难[③]。

第四种是文化风险研究视角。人类学家和文化社会学家的研究促成了风险研究的又一视角——文化风险视角的产生，他们对人类原始部落的研究使他们相信人们对风险的反应来自文化信仰模式，因此风险理论的应用不应该是单个人的，而是应该应用于团体或者制度等更大的社会集合体，文化方式建构了个人和社会组织的思想倾向，从而使他们对相关价值作出接受或拒绝的选择，这些被选择的价值就决定了人们对风险的感知和相关收益，风险的文化视角的分析多采用多阶

---

① ［英］谢尔顿·克里姆斯基等：《风险的社会理论学说》，北京出版社2005年版，第68页。
② 同上书，第69页。
③ 同上书，第72—74页。

层—团体的分析方法①。

第五种是社会学研究的视角。社会学家们从个体主义、结构主义、主观主义、客观主义四个维度方向上对风险展开了研究，发展出诸多理论解释，但他们却具有一个共同的信念，即"人类不是用淳朴的方式来感知世界，而是通过初级影响所传播的社会和文化意义过滤过的知觉透镜来感知世界的，这些初级影响来自家庭、朋友、上司、同事等"，②强调了风险形成的社会方面，社会学风险研究的广阔视野是值得赞赏的，但是过于宽泛的视野也带来了负面的影响，有学者就指出：这样"降低社会世界复杂性和将具影响力的主要因素模型化的必要性为主观选择和思想体系的推理打开了大门……复杂的现实为几乎每一个视角提供了经验证据，致使社会中的社会参与者经常忽视与他们的利益相对立的那些视角，转而选择那些最能服务于他们利益的视角"③。

综上所述，所有风险研究中所暗含的一些基本特征为：其一，风险具有不确定性，即风险可能发生，也可能不发生；其二，风险具有指向未来性，是尚未发生的未来，是一种虚拟的现实；其三，风险具有结果的伤害性，即风险被理解成一种伤害的可能性，是一种不被期望的后果；其四，风险具有内生性，风险伴随着人类的各类行动与决策而产生，是人和技术活动的结果，随着"人化"程度的不断提高，风险的内生性特点也表现得越来越明显；其五，风险还具有延展性，风险事件一旦发生，将会不断地产生二级或多级风险，实现自身在空间和时间上的延伸和再生产。

综合各个学科对风险的界定以及对风险特征的认识，本书将风险界定为：风险是指向未来的一种可能性后果，它既是一种客观的存在，又是一种社会性的建构，这种建构既来源于外在于行动者的社会制度、经济制度和文化制度等因素，也来自行动者的主观认知和主体

---

① ［英］谢尔顿·克里姆斯基等：《风险的社会理论学说》，北京出版社2005年版，第82页。
② 同上书，第75页。
③ 同上书，第81页。

行动所造成的后果，它既意味着某种伤害的可能性，又意味着对主体的某种机遇。

三 分化与分层

分化（Differentiation）一词来源于生物学，按照《辞海》中的定义，分化指的是同一性质的事物向不同性质的方向发展或者承担同样功能的结构开始承担不同的功能。① 在社会学中，分化借用了生物学上的定义，特指社会系统的结构由原来的承担多种功能的某一社会地位发展为承担单一功能的多种不同社会地位的过程，因此也是一个社会功能的专一化和社会地位的多样化过程。② 社会分化发生在社会生活的各个领域，但是最为重要的、起决定性作用的分化却是社会经济领域内的分化，社会系统的内部结构和功能分化是必然的、不可逆转的……社会差别就是社会分化的产物，③ 在现代社会发展过程中，社会分化加速发展。

与分化这一概念一起经常被提及的概念是分层（Stratification），两者都是指一种非统一的状况，与分化来源于生物学定义不同，分层这一概念源于地质学，原来指地质构造的不同层面，这一概念被社会学家借用来分析社会结构，从而形成了社会学的一个重要概念——社会分层。关于社会分层的定义，学界有不同的表述，目前对社会分层的理解主要有两种：一种是从客观的角度出发，视社会分层为客观现象，即认为社会分层是指社会成员在社会生活中呈现出的高低有序的等级或层次的现象，他们将呈现这种高低次序的原因归结为社会成员获取社会资源的能力和机会上的不同，例如帕森斯就认为社会分层是依据社会的主要价值标准对某一社会系统内社会成员进行的差别化的等级分类，而一个社会的主要价值标准就是指该社会中最重要的那种社会资源；另一种是视社会分层为主观方法的界定，即认为社会分层就是一种划分高低次序的方法，是人们根据一定的标准对其社会成员的等级

---

① 辞海编辑委员会编纂：《辞海》，上海辞书出版社1999年版，第776页。
② 郑杭生：《社会学概论新修》，中国人民大学出版社2003年版，第220页。
③ 袁方：《社会学百科辞典》，中国广播电视出版社1990年版，第16页。

或层次进行的划分,① 从上述分析中，我们大致可以看出，社会分层主要是指一个社会内部个人或群体因占有社会资源的多寡而分列为不同的层级，划分这种层级既有客观资源的标准，也受到主观认知的影响。

社会分层与分化之间存在一定的联系，社会中的单个个体，其社会活动和社会关系总是具有各自不同的内容和状态，处于不同的社会位置，这就是个体在社会生活中的差异性，差异性总是存在的，也是人类无法根本消除的，这种差异性也就是社会分化。社会分化的存在是社会分层的必要前提，是社会分层之前必然经历的过程，而社会分层的最终形成也是社会分化固化的最终结果，社会分化与分层之间是一个连续统一的发展过程，并不具有明显的分割点。但是同时要指出的是，社会分层却并不是社会分化的必然结果，社会分化的各个分体之间可以存在平等互利的关系，社会分层的各个分体之间却有着高低贵贱的差别，暗含着阶层之间的高低序列，因此社会分化并不一定导致固化的社会分层。

社会分层和分化两个概念之间还有很大的区别：首先，社会分层强调静态的结果，社会分化强调动态的过程。社会分化是指在社会的变迁过程中，由于物质生产和文化因素的变化，社会各部分在其形态、特点、结构诸方面逐渐发生变异，不断地系统化和专门化，从而具有了不同的功能和等级的过程，社会分化能改变社会分体和社会整体的关系，给社会带来深刻的影响。正如英国社会学家斯宾塞所指出的：社会是在不断完善和发展的，其中就伴随着不断社会分化，结构的分化过程中也包含着功能上的分化，社会的一般功能逐步分化为各个部门的特殊功能，从而使得各个部门之间的相互依靠性也逐步加强。可见，斯宾塞对社会分化的认知就是一种基于动态视角的认知，因此可以说分化本身就暗含着变迁和变动的内在含义，分层的概念与分化的概念不同，它往往被用来描述社会的静态架构，社会中存在哪些高低不同的群体、各自处于社会中的什么位置、哪个阶层在上、哪个阶层在中间、哪个阶层在底层等问题往往就是社会分层所关注的。

---

① 刘祖云：《社会分层的若干理论问题新探》，《江汉论坛》2002 年第 9 期。

其次，分层研究注重整体结构，分化研究则关注各内部差异，分层研究注重整体中各个分体的序列和位置，探讨各个分体组成整体的总体性特征和总体性架构，偏重一种宏观上的结构考察。以中国目前的分层研究为例就可以说明这一点，中国当前的分层研究成果也多是处于宏观层次上的，如李强（1993）的《当代中国社会分层与流动》、李培林（1995）主编的《中国新时期阶级阶层报告》、陆学艺（2002）主编的《当代中国社会阶层研究报告》和郑杭生（2004）主编的《当代中国城市社会结构现状与趋势》等，社会分化研究与社会分层研究的特点明显不同，它更注重群体内部各次级群体间差异性的考察，探讨差异产生的机制和影响因素，其分析更多的是在微观层次上进行，虽然其研究结果难以推广到宏观，但对于我们认识某种典型群体的分化过程和机制也具有重大的意义。

本书的研究重点在于分析在我国征地前、征地中和征地后的城市化进程中失地农民这一群体的身份变动过程，强调该过程中失地农民之间差异的存在、凸显及发展变化的动态过程，并探讨其中蕴含的动力机制，因此选取了兼具动态性和差异性的"分化"一词。

四 城市化

城市化的内涵非常丰富，诸多学科都从自身学科的特点出发对城市化进行了界定，这里笔者仅讨论人口学、地理学、经济学以及社会学上对城市化含义的界定方式，进而对本书中城市化的特定含义进行说明。

首先是人口学对城市化概念的界定，人口学的研究重点在于人口的数量形态以及变迁过程，城市化过程中伴随的大量人口的迁移现象自然引起了人口学的重视，他们侧重于从人口变化的角度来理解城市化，即关注分散的大量农村人口向城市集中并逐步成为城市人的过程，在这个过程中城市人口大量增加，城市人口占总人口的比例也不断上升，城市逐渐形成并变得繁荣起来。关于城市化水平的度量，人口学上采用的是城市人口的自然增长（人口的出生死亡）与机械增长

（人口的迁移）两项指标来共同显示一个地区的城市化水平[①]。

其次是地理学对城市化概念的界定，地理学基于自身的学科特点，从地域变化的角度来理解城市化，在地理学的视野中，城市化是一个地域空间的变动过程，主要表现为地域景观的变化，而地域转化的规模和速度是表征城市化水平高低的重要标准。地理学认为地域转换的原因是社会生产力的发展导致的，在社会生产力的推动下，来自乡村的居民和产业在具备特定地理条件的地域空间里集聚，并逐步形成消费地域，人口的日益集中化使地域中城市性因素的重要性日益提升，从而实现经济布局的空间区位再分布过程。[②] 可见，地理学意义上的城市化重点关注的是城市化过程中的空间变迁，这也是城市化的外在表征之一。

再次是经济学对城市化概念的界定，从经济与城市关系的角度展开考量是经济学研究城市化的起点，经济学视角的城市化研究关注的是城市化过程中经济结构和产业结构的变化，认为城市化就是第一产业逐渐减少或者退出，而第二产业和第三产业逐渐成为经济中的主导的过程，即城市化是农业经济向非农经济转化的过程和结果。经济学认为产业转型是反映城市化水平的重要指标，产业转型将带来一系列的变化，如人口的聚集、生产的专业化和社会化、地域景观的转变以致最后城市聚落的形成，从而塑造出一个独特的经济空间，在城市内部，经济区位的空间配置将不断向更高效率的形态发展，[③] 展现出经济因素对城市化发展的重大影响。

最后要讨论的是社会学对城市化概念的界定，人类学基于自身的研究特点较早地提出了从生活方式转换的角度来理解城市化的看法，社会学对这一提法进行了吸收和发展，并依据社会学注重社区研究的特点对人类学的观点进行了发展，从而形成了基于社会学视角的城市化观点。在社会学视角中，城市化泛指农村社区形态向城市社区形态

---

① 赵煦：《英国早期城市化研究》，博士学位论文，华东师范大学，2008年，第5页。
② 崔功豪、王本炎、查彦育：《城市地理学》，江苏教育出版社1992年版，第69页。
③ 向德平：《城市社会学》，武汉大学出版社2002年版，第136—137页。

转化的趋势和过程，随着人们产生向城市聚集的观念和行为，并不断被吸引、纳入到城市的生活中去，从而形成了与农村相对应的城市社会，随之出现的城市生活方式也在不断强化，[①] 同时，城市的生活方式也会不断地扩展到农村，从而导致农村生活方式的变迁，使其社会生活不断向城市状态转化。社会学视角的研究认为，在这个过程中，人口的集中并不是城市化的唯一标志和决定因素，还取决于城市工业、商业服务业和科技、文教事业发展及其效益状况，以及自然环境、社会政治形势、心理状况等诸多因素[②]。

综合考量以上各学科对城市化内涵的理解和界定，笔者认为，城市化应该是具有以下一些特征：首先，城市化是发生于多个层面上的一种复杂现象，城市化就其过程来说，既是人口向城市的聚集、城市景观不断兴起的过程，也是经济生产方式和社会生活方式不断转变的过程，是一个发生于多个层面上的复杂现象。基于这种原因，弗里德曼在分析城市化时就将城市化过程分为城市型景观的地域推进过程和城市文化、城市生活方式和价值观的地域扩散过程两部分。其中第一部分是一种可见的、物化了的，或实体性的城市化过程，第二部分则是抽象的、意识或精神上的城市化过程，[③] 即第一部分表现出的是城市化的外在表象，第二部分的内容才是城市化的内在本质，两个部分的内容共同构成了城市化这一多层面的复杂现象。其次，城市化是一个不断推进的过程，有观点认为城市化是一个结果，基于这种理解，认为西方城市化的进程已经完成，而笔者认为，相比于把城市化看成是一个结果，它更是一个相对漫长的过程，具有一定时间上的要求。例如英国，从16世纪中期的圈地运动算起，至19世纪中叶城市化达到一定的水平，经历了将近300年的城市化历程，又如美国的城市化进程从19世纪20年代延续至20世纪60年代，期间也经历了150余年的时间。另外，从界定城市化的标准来说，我们现在所说的某某国

---

① 周一星：《城市地理学》，商务印书馆1995年版，第60页。
② 程继隆主编：《社会学大辞典》，中国人事出版社1995年版，第508页。
③ 赵煦：《英国早期城市化研究》，博士学位论文，华东师范大学，2008年，第7页。

家实现了城市化,也只是以人为制定的城市化指标来衡量的,即城市人口占到总人口的 70% 以上,就可以认定其实现了较高水平的城市化。但是值得指出的是:定量的标准只能说明城市化完成的量,并不能表征出城市化的质,即使达到了一定的城市人口比率,城市化更深层次的标准却不一定能够得到保证,如城市人口的文化生活状况、权利状况等并不一定会随着人口的迁入城市而得到同步改善和提高。因此,笔者认为,城市化也是一个不断发展的过程,并不能一蹴而就。

笔者在本书中将城市化限定为由于征地所引发的农村人向城市人的转变,是一个包括物质、文化和权利等多个层面的综合转变过程,在研究内容上更重视人的城市化,特别是人的生活方式的转变,而不去过多地关注城市化的表征,因为从某种程度上甚至可以说,城市化的实质即是农民生活方式的转型[①]。

第三节 研究内容和研究框架

一 研究思路和研究内容

本书在我国征地城市化的宏大社会背景下展开,利用质性研究的基本方法,选取了河南省的一个典型村庄作为研究对象,展现了城市化进程中该村庄农民完整的分化过程,以期寻找到推动失地农民分化的相关因素和内在动力机制。围绕着分化这一研究主题,笔者还详细考察了该村庄内农民在城市化征地过程中所经历的风险变迁,借此对城市化进程中失地农民风险的变迁机制及其与分化之间的理论联系有所认识。按照这种研究思路,笔者对文章篇章结构的安排也完全遵循了征地城市化的展开次序,除第一章的导论、第二章的研究综述和第六章的结论与建议外,主体内容分为三个部分,依次考察了征地前农民的风险与分化状况、征地中农民的风险与分化状况以及征地后失地

---

① 杨风:《城市化与农民生活方式的转型》,《北京工业大学学报》(社会科学版) 2011 年第 4 期。

农民的风险与分化状况三个方面的内容。

各章节的具体内容安排如下：

第一章为导论，主要对研究问题的缘起和研究意义进行了介绍，对研究中涉及的核心概念进行了比较和界定，对研究的思路、研究的具体内容和研究的框架进行了阐释，同时对研究具体采用的方法和可能的创新之处进行了说明。

第二章是对研究资源的综述，由于相关研究相当丰富，所以单列一章，分为理论研究综述和经验研究综述两部分，其中，对分层和分化理论的综述，笔者将按照不同的理论流派展开，梳理了每个理论流派的源和流，以把握各个流派的发展脉络；对现有失地农民研究进行的综述主要包括对失地农民现状的研究综述和对失地农民群体发展趋势的研究综述两部分内容，在对理论和相关研究进行详细综述和讨论的基础上，笔者总结了其中存在的不足以及对本书研究的启示。

第三章分析了征地前农民群体的风险与分化状况，主要分析了征地以前我国特殊的城乡结构以及这种特殊结构下我国农民复杂的身份状态，详细考察了处于复杂身份状态下农民的生活状况和风险状况，包括他们总体性的风险与生活状况和分异性的风险与生活状况等，在此基础上，笔者总结出了征地前农民群体内部风险与分化的重要特征，即征地前农民之隐形的风险与隐形的分化。

第四章分析了城市化征地过程中农民的风险与分化状况，主要探讨了我国现有的社会宏观背景和征地制度安排下，快速的城市化征地给平静的农村和安逸的农民带来的风险冲击，并对征地中各农民群体在这个过程中所持有的认知、采取的行动进行了详细的考察，进而对征地中农民所面临的风险状况与分化状况的变化进行了把握，即征地中农民之凸显的风险与凸显的分化。

第五章分析了征地后失地农民的风险与分化状况，该章首先对农民失地后所面临的新生活境遇的特征进行了分析；其次探讨了这种新生活境遇中所蕴含的风险以及对不同失地农民群体的风险意义；再次展现了失地农民群体所发生的分化，这种分化不但表现为职业上的分化，更表现为生活状况上的巨大差异；最后总结分析了征地后失地农民风险与分化的显著特征，即征地后失地农民之固化的风险与固化的分化。

第六章为结论与建议，主要对本书研究的结论进行了阐释，并提出了规避城市化风险、促进失地农民合理分化的政策建议。

二 本书的研究框架图

```
导论
┌─────────────────────────────────────────────────┐
│  隔离与流动：征地前农民之隐形的风险与隐形的分化    │
│       隔离与流动：我国特殊的城乡结构               │
│       特殊城乡结构下我国农民复杂的身份状态         │
│   农民总体性的生活及风险状况 │ 农民分异性的生活与风险状况 │
│          隐形的风险    隐形的分化                 │
└─────────────────────────────────────────────────┘
                        ↓
┌─────────────────────────────────────────────────┐
│  冲击与挣扎：征地中农民之凸显的风险与凸显的分化    │
│       宏观的社会背景与具体的征地操作               │
│              征地之风险冲击                       │
│    行动空间的变化  │  农民不同的认知和行动选择     │
│          凸显的风险    凸显的分化                 │
└─────────────────────────────────────────────────┘
                        ↓
┌─────────────────────────────────────────────────┐
│  融入与退却：征地后失地农民之固化的风险与固化的分化 │
│              新境遇的风险挑战                     │
│    表层分化：职业变迁  │  深层分化：生活状态分化    │
│          固化的风险    固化的分化                 │
└─────────────────────────────────────────────────┘
结论与建议
```

城市化进程 ｜ 失地农民的风险与分化

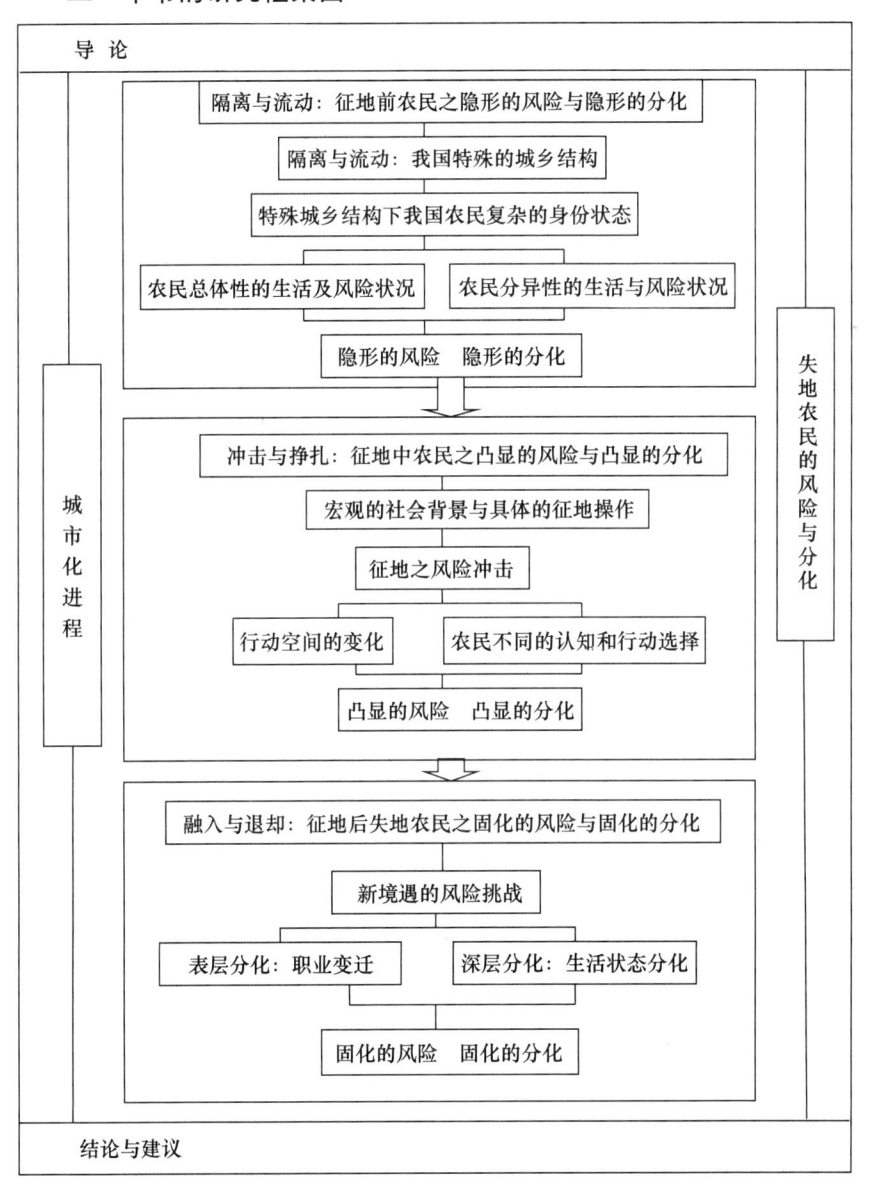

图 1-1 本书的研究框架图

第四节 研究方法

一 本书的研究方法

社会学的研究方法是一套完整的体系，一般来说，这套体系分为三个层次，即最抽象层次的方法论层次、研究方式层次以及具体的方法和技术层次等，以下就本书中采用的研究方法体系进行说明：

首先是方法论层次，方法论指的是研究者在研究中所持的基本理论观点、逻辑思维方式和其他区别于具体层次的方法，它涉及的是社会研究过程的逻辑和哲学基础层次。与当前社会学研究中实证主义方法论的主流不同，本书中主要遵循的是人文主义传统的方法论基础，强调对研究对象进行投入式理解，通过对研究对象的客观和深入的观察，以期发现现象背后所蕴含的社会意义和理论价值，探索解决问题的可能途径，所以本书为一项质性研究。

其次是研究方式层次，研究方式是研究者在研究中所采取的具体研究形式。社会学研究中主要有四种研究方式，其中实地研究主要被用来帮助研究者更加深入地理解社会现实，挖掘社会意义和建构社会理论，因此，本书的主要研究方式为实地研究，选取了河南省一个典型的被征地村庄——D村作为调查点，通过对这个调查点进行实地调查来取得现实的第一手资料。除了实地调查外，本书的另一种主要的研究方式是文献研究，文献研究可以不受当前时间的影响，带领我们回到过去，为我们提供纵向的历史资料，同时，文献研究也可以较好地摆脱受访者和调查者个人因素的影响，较客观地还原事态真相，也就能够为研究者提供较好的二手资料，因此也是本书选用的一种重要的研究方式。

最后是具体的方法和技术层次，具体的方法和技术指的是研究者在研究过程中所使用的各种收集资料的方法。与本书的研究方式相匹配，笔者收集资料的方法主要有访谈法、观察法和文献分析法三种。首先在了解基本情况的基础上，笔者选取了典型家庭和典型失地农民对其进行了深入的访谈，访谈内容主要分为以下四个部分：受访者的基本情况，如年龄、文化程度、外出从业经历、家庭成员等；受访者在征地以前的生活状况，如基本收入消费状况、文化生活状况、权利状态等；他们在征地中的遭遇，如被征地时间、征地的补偿和安置方式、征地中的认知和行动、征地的具体过程和其中发生的冲突等；受访者征地以后的基本情况，如他们的生活状态、他们的工作情况以及对未来的发展预期等（访谈提纲见附录1）。笔者的提问方式是开放式的、发散式的和引导式的，制定访问提纲只是为了引导研究者的思路，在实际的访谈中，研究者并不会完全拘泥于其条条框框，而是尽量让受访者自由表达，引导他们说出更多的内心真实想法，在必要的时候进行追问和引导。其次，在访问的同时，笔者还调动一切感官对研究对象各个方面的情况多看、多问、多听，尽全力参与到受访者真实的生活情景中去，以期获得更多的感官资料，具体包括对个案村庄的地理、人文状况及村内大型活动的观察，对受访者的家庭状况和作息安排的观察，对受访者个人的衣着打扮、行为方式的观察，等等（观察指南见附录2）。除了访谈法和观察法以外，文献分析法也是笔者获取研究资料的重要方法，为此，笔者走访了当地民政局、统计局、国土局、城建局、档案馆、信访部门、县政府征地主管部门、当地法院以及村委会等，获得了大量县志、年鉴、统计报告、工作报告、文件、记录等宝贵的文献资料。

总结起来说，本书为一项质性研究，采用了质性研究收集资料的一些经典方法，具体收集资料的方法包括：观察法（包括参与观察和非参与观察）、访谈法（包括集体访谈和个案深度访谈两种）、文献分析法以及直接体验法（做了两天的安装工人）等。

二　调查点介绍

P市位于河南省东北部，与河北、山东两省交界，属于温带大陆性季风气候，地势平坦，气候温和，交通便利，水利发达，适合农作物生长，所以向来以农业生产为主，是河南省的产粮大市。沿着P市宽阔整洁的H主干道大道往东走，依次要经过当地政府、法院、检察院以及诸多其他的政府部门，还要经过该地最为繁华的商业区、休闲区，路边各种生活消费场所也非常多，许多连锁店和连锁超市也都看中了这一块风水宝地，纷纷在这里设立总店和分店，最近10年间拔地而起的高楼一座挨着一座，商用的、住宅用的，在展示城市化辉煌的同时，也掩盖了繁华背后的社会问题。

图 1-2　通往 D 村的泥泞小路

图 1-3　D 村外宽阔整洁的主干道

沿着这条大道一直走，在一座游乐场的旁边会发现有一条泥泞的土路，路不宽，只有不到 3 米，沿着这条小路探索下去，一种完全不同于外界繁荣的景象——破旧低矮的平房、污水横流的泥泞小路——

就会一一展现在我们面前，这就是 D 村[①]的村庄所在地，一个几近被繁华城市所忽视的地方，也是本书选取的研究个案，在城市高楼大厦中的对比下，这些低矮的平房显露出无限的落寞。

该村村民开始与城市接触的时间并不晚，早在 20 世纪 80 年代中期就有一小部分村民走南闯北，打工、搞服装、承包货运，所以并不曾与外界完全隔绝过，但是直到征地以前，大多数的村民仍然与紧邻的城市保持了一定的距离，他们固守在本村土地上，本分地守着自己的村庄、自己祖上的产业，过着传统的农业生活。造成这种问题的原因主要有两个，首先也是最重要的原因就是 P 市的经济状况长期以来一直处于较低的水平，经济发展滞后，特别是城市化进程缓慢；其次是因为该地的地方规划，这个城市的城市化扩张一直向西拓展，而处于东边边沿的该村虽然离城市很近，但直到 20 世纪末为止，都未能归入城市的范围。2000 年以来，P 市开始着力搞活经济，大力招商引资在城区东部兴建河南省最大的工业园区，以吸引化学材料、电子科技、医用器械等生产企业入驻，一时间，城市东部近郊很多村庄的土地被大量征用。最早的如城关郊区的村庄，然后是红卫村、梁庄村等，其后 D 村也在这股不可抑制的城市化浪潮中被包裹进了城市的版图之中。D 村主要经历了两次大规模的征地过程，分别为 2005 年和 2010 年，现在已经没有土地，所征土地全部为耕地和林地，宅基地未动，所征走的土地被用于当地政府设施建设、公共道路建设及房地产开发等用途，所有的土地补偿方式均为一次性货币补偿，补偿标准从 2005 年的每亩 5.5 万元到 2010 年的 6.6 万元不等，地上附着物和青苗费价值另外计算。征地后村民仍居住在原有的宅基地上，自谋生路，政府一律不予安置，对于农转非的问题，当地村民已多次到政府中讨要说法，但政府一直未给出明确的答复，当前村中常住人口 1600

[①] D 村原隶属于 P 市下辖县之一的 P 县东部近郊，2011 年以后，P 县已经被划为 P 市主城区之一，在本文引用的较早相关的文献中，仍然有 P 县这一地名出现，本文照文献直接引述，特此说明。

人，共计246户①（2016年数据）。

三 调查进度与安排

本书的调查主要分为两个阶段完成：

（一）试调查阶段

试调查阶段的主要工作是进一步确认调查点，并进行少量访谈，以了解基本情况和进一步明确在正式调查中所要了解的问题。试调查中，通过对当地征地情况的初步了解，甄别出了一个典型的村庄——D村。D村征地的情况非常突出，现在已经没有土地，在征地过程中的变化很大，所展现的事件也比较丰富，如征地前村庄已有分化但分化程度不高；征地中农民生活变化较大、上访事件较多且影响大，征地后村民分化较为明显、风险状况突出，整个征地过程中，D村经历了急剧的变迁，且这种变化明显清晰，具备了典型性的特征（这种典型性仅限于作为中部农村分化程度不高的代表，与中西部农村仍有很大差异），非常适合开展调查。另外，之所以将调查的地点定在笔者的家乡——河南省P市D村，还考虑到作为本地人在进入调查情景时阻力较小，研究成本较低的问题，这些都使得D村成为笔者研究征地过程中失地农民分化与风险问题的合适对象。除此以外，笔者还对9户原D村村民的情况进行了了解和试访谈，以进一步明确研究问题，并依据发现的问题进一步修改了访问提纲。

（二）正式调查阶段

该阶段，笔者主要进行了个案访谈和文献资料的收集。其中访谈对象的选择兼顾性别、职业和家庭差异，访谈地点和形式多样，有在受访者家中进行的单个访谈，也有在村委办公室中组织的座谈会，还有在农村"消息集散地"——D村的休闲广场上进行的访谈。在这种公共娱乐和休闲场所中受访的对象，一般是五六十岁的中老年人，对几年前的征地情况非常清楚，且他们时间充足，在放松的状态下更易吐露真情，访问的效果较好。对访谈所获得的资料，笔者一般是一边

---

① 未征地前D村共有土地729亩（包括耕地和林地），常住人口823人，共计208户（2000年数据）。

访问、一边笔录，在征得受访者同意的情况下，对某些访谈过程也进行了录音，对这些录音和笔记，笔者都是当日访问、当日整理，以最大限度地保障所整理出来的材料"原汁原味"，一定程度上确保了采访资料的客观性和真实性[①]。在访谈进行的间隙期内，笔者还走访了当地土地征用的相关部门，获得了相关征地的条文、法规等资料，并在原村委会干部的帮助下了解了相关土地征用的具体情况。

四 本书研究方法的效度

（一）采用质性研究方法的原因

1. 主观研究目的

研究方法的选取要依据研究的目的进行，方法只是我们用来回答研究者问题的工具，研究就是利用合适的工具寻找问题答案的过程，因此研究目的是选取研究方法时的首要考虑因素。本书对失地农民在城市过程中的分化问题进行研究，重点不在于对分化的现状（即各个群体占总体失地农民的具体比例）进行量化，而是想要理解这种变迁的过程，以及这个过程发生的机制和原理，并对风险在其中起到的作用及其与分化之间的关系进行一定的探索，因此属于一种理解和探索式的研究，所以使用对明确的研究假设进行验证的定量研究并不能很好地达到研究目的，而采用本身就具有探索特征的质性研究方法比较合适。

2. 客观研究条件

一个研究者所意图获得的资料和能够获得的资料是有很大差异的，定量研究可以在广阔的面上获得较为全面的数据，对认识研究对象的整体状况有着重要的作用，但是定量数据的获取也需要大量人力、物力以及精力的投入。对笔者这种单枪匹马开展研究的个体研究者来说，这很难把握，也难以开展，即使靠个体的力量勉强得以完成，在研究的深度上也必定偏于肤浅，因此笔者认为定量研究并不适宜作为笔者开展此项研究的研究方法选择。相反地，质性研究更多地

[①] 按照学术规范，本书对相关地名和访谈对象的个人信息都进行了保密化处理，大多数采用名字的首字母缩写代替，但在有些个案中为叙述方便，使用了化名或简称。

是在微观上进行，通过对个体的访谈获得有价值、有意义的信息，对人力、物力的要求不如定量研究高，操作起来比较灵活，因此较适合个体研究者开展研究。

(二) 对质性研究方法的认识

学术界对质性研究方法一直存在一定的质疑，认为实地笔记过滤了而非映照了"实际"发生的事件，也就是说，通过实地调查获得的文字资料已经无法完全地保持客观性，而是增添了很多主观性的元素。不可否认，事实确实如此，但是不容回避的是，所有的研究者都要面对另一个现实：人类对世界的一切观察都必然是经过了过滤的，人类的知觉永远是来自人类的概念构思的，即使是我们所"看见"的事物，也不可避免地会被我们持有的语言所塑造；被我们所处的时间点、空间点以及社会所在地（包括文化、历史及身份地位）所塑造；被我们所从事的职业所塑造；或被其他特征的事物所塑造；更直接地，被我们"凝视"的科学所塑造……（所以）研究者从纷繁复杂、不断涌现的各种原初现象中，仅仅挑拣出某些事件，并不意味着他们是无中生有[①]。既然这样，包括定量研究、质性研究，甚至是所有社会科学研究都不可避免地要面对被主体所塑造的命运，这是社会科学的宿命，如此说来，对质性研究方法过于主观性的攻击也就失去了杀伤力。

真正影响质性研究方法的因素在于个案的代表性，当然质性研究方法的代表性不同于定量研究的代表性，定量研究是用部分来代表总体，因此是一种"总体代表性"，质性研究方法中的代表性含义有所不同，指的是一种"类型代表性"，即质性研究中选取的个案不必要代表所有的总体，个案研究的对象其实就是个案本身，是就某一具体的类型提供给人们它"究竟意味着什么"的认知。[②] 笔者在选取研究对象和访谈对象时充分注意到了质性研究的"类型代表性"，以最大

---

① [美] 约翰·洛夫兰德等：《分析社会情景：质性观察与分析方法》，林小英译，重庆大学出版社2009年版，第97页。
② 王宁：《个案研究的代表性问题与抽样逻辑》，《甘肃社会科学》2007年第5期。

限度地提升本书的研究效度。首先，笔者在选取个案村庄时注意了个案的代表性，本书中的 D 村具有以下一些特征：征地前已经存在分化，但分化不足；征地中反映出的问题很多、争议较大，农民的行动比较积极、类型多；征地后失地农民的分化较为明显；整个变化过程清晰可辨等。笔者认为 D 村虽然不能代表当前我国失地农民的所有状况，但至少代表了一个典型的类型，即当前我国中部农村征地城市化的一个典型，当前学者讨论最多的也是这种征地社区。其次，笔者在选取访谈个案时也充分注意到了"类型代表性"，所选取的个案涉及村中各个类别，且都是一些有过去、有故事的人，他们丰富的人生经历为我们理解和考察城市化过程中失地农民的分化问题提供了绝好的素材。笔者认为，村庄选取的代表性和访谈对象选取的代表性从两个方面保证了本书研究的代表性，并在一定程度上消除了对本书质性研究方法效度的质疑。

第五节 可能的创新点

一 建构了风险与分化之间的理论联系

贝克于 1986 年首次提出了风险社会理论，后经吉登斯、道格拉斯、拉什等社会学家的拓展研究，已经产生了丰富的理论成果，风险社会理论的产生不仅开阔了人们的理论视野，也拓展了研究者的思路，使研究者可以从一种全新的视角去认识我们所处的时代和我们所面对的现实。但就其研究的技术路线来说，风险社会理论却始终是一种停留在宏观层次上的社会理论，受到风险社会理论这种研究风格的影响，其对现代风险分配的研究也偏重在宏观层次上进行，风险社会理论认为现代风险在分配过程中存在"飞去来"效应，即所有社会成员面临风险的时候都不能独善其身。正如贝克所说："随着现代化风险的扩张——自然、健康、营养等的危机——社会分化和界限相对化了……客观地说，风险在其范围内以及它所影响的那些人中间，表现为平等的影响……风险社会确实不是阶级社会，其风险地位或者冲突不能理解为阶级地位或冲突。"① 可见，贝克更多的是把风险放置在宏观的层面上，强调了风险分配的均摊性，尽管他也承认："由于风险的分配和增长，某些人比其他人受到更多的影响……社会风险地位应运而生了，在某些方面，这些现象伴随着阶级和阶层地位的不平等。"② 但是贝克以及风险社会理论家们对此的分析是严重不足的，对此，景军用对泰坦尼克号沉船事件中各个船舱死亡率的统计结果证明，舱位等级越高的乘客逃命的机会越大，而三等舱的乘客大多是经济拮据的移民和难民，其逃脱轮船灭顶之灾的概率最小，死亡率也最高。（因此）社会等级决定着风险的差异并决定着风险降临之后的伤害差异，社会分层分析依然适用于现代风险研究③，景军的观点很明确，就是说风险与社会分层及分化之间存在着密切的联系，两种社会现象也是可以共同展开分析的。基于风险理论和现有研究的这种启示，在研究失地农民分化问题时，笔者加入了风险视角的考察，通过对一个失地农民具体的分化过程的分析，考察了失地农民风险状况在这个过程中的具体演变图式，包括风险的生产、分配、再生产和再分配等方面，从而对风险与分化之间存在的关系和风险作用于分化的内在机制有所把握。另外，将宏观的社会风险研究与失地农民内部的分化相结合，也使得原本处于宏观层次的风险研究因为有了具体可指的对象，而降至较具体的层次上进行，从而丰富了微观层次上的风险研究，同时将具有流动性的风险视角结合进分层和分化研究中，也使得静态的分层与分化研究具有了更强的动态特征，避免了研究过程的僵化。

二 丰富了关于中国失地农民分化具体过程的经验研究

诺贝尔奖获得者斯蒂格利茨曾经说过：在 21 世纪初期有两件大事对世界的影响最大，一件是新技术革命，另一件就是中国的城市化。面对着作为当今世界上两大重要事件之一的中国城市化。我们不

---

① ［德］乌尔里希·贝克：《风险社会》，何博文译，南京译林出版社 2004 年版，第 38 页。
② 同上书，第 20—21 页。
③ 景军：《泰坦尼定律：中国艾滋病风险分析》，《社会学研究》2006 年第 5 期。

禁要问：那些因城市化而失去土地的农民经历着怎样的生活变化？他们的社会身份在这个过程中又发生了怎样的分化？这种失地农民的分化有哪些特点，又遵循了哪些规律？与西方的城市化过程有哪些共性和差异？目前这方面的研究相对缺乏，仍然不能很好地回答这些问题，本书通过对我国一个典型村庄在城市化过程中的经历和变迁的观察，审视了其中失地农民分化的具体过程和内在机制，提供了一项关于中国当前城市化具体过程的经验研究，总结了中国城市化中失地农民分化问题的特有经验，这无疑将会丰富关于中国城市化中失地农民分化问题的经验研究。

三 拓展了失地农民研究的研究方式

（一）分类研究了失地农民群体

通过现有的失地农民研究综述可以发现（见第二章综述部分），针对失地农民问题的研究虽然非常丰富，但是存在一个共同的问题，即将失地农民看成一个同质性非常高的群体，在研究失地农民问题或者更进一步地研究其分化问题时，都是将失地农民看作一个无分化的整体来展开研究的。笔者认为这明显不符合现实，因为失地农民是脱胎于农民中的一个特殊群体，其在经历征地之前在结构上理应与农民群体的结构具有共通性，而我国农民群体内部长期以来一直存在着分化，学术界基本上已经对此达成了共识，这种先前的分化状态对农民在征地中和征地后的生存和发展状况的演进具有很大的影响。目前，失地农民研究中最主要的问题就是没有对失地农民群体在征地前的类型进行分析并在此基础上展开合理的研究，导致相应的研究缺乏现实性、提出的应对政策缺乏针对性。本书将以分层和分化理论作为研究的理论基础，对失地农民群体进行结构分析，在此基础上对不同类型的失地农民在征地中分化的路径、风险形成和承担上的差异等方面进行了详细的考察，因此分类研究失地农民群体是本书在研究方式上的一点创新。

（二）动态地研究了失地农民在征地城市化中的分化过程

现有的失地农民研究大多对失地农民问题进行静态的研究，即静态地分析失地农民问题的现状、成因和对策，这种研究方法具有思路清晰、观点明确的优点，但也存在着对失地农民分化具体过程探讨不足的问题，同时也很难回答相关因素是如何影响失地农民的生存发展并最终导致其分化的内在机制问题，这是当前失地农民分化研究中存在的一项重大缺陷。本书将失地农民分化这一问题囊括进我国城市化征地这一宏观发展过程中，在对该过程的不同发展阶段的考察中动态地分析了失地农民分化这一现象，从而在赋予失地农民分化研究动态性的同时又避免了结构松散的问题，同时，在分析失地农民分化的过程中，笔者还借助于失地农民所面临的风险这一中介变量来展开对失地农民分化过程的具体研究，风险的流动性和不断再生产性也增强了本书的动态特征，因此，动态性是本书是对失地农民原有研究方式的另一点创新。

（三）突出了对失地农民主动性的研究

作为具有独立的思维能力和独立的利益诉求的失地农民来说，他们在城市化征地过程中并不是完全被动的，而是充满了行动的主动性，在一切可能的行动空间中，他们都会展开一定的行动，用或积极或消极的方式争取自身的利益和权利。本书将对他们的这种主动性给予更多的关注，通过对他们的行动空间、行动中的认知、具体的行动方式等方面的详细考察，展现他们在征地城市化中的主体性，以及他们这种主体性对其征地后身份变化的影响，从而使失地农民这一群体在一定程度上摆脱以往研究中所塑造的完全被动的群体形象，同时，注重研究失地农民的主体性也有利于加深对失地农民分化这一复杂过程的深刻认识和理解，是本书的特色之一。

第二章 研究资源：理论及相关研究综述

第一节 社会分层和分化理论

社会分层和分化问题是所有社会中的共性现象，社会分层的形态和社会分化的程度重构着个体的生活，影响着个体对社会的认知，所以社会分层和分化问题历来也是社会学家们关注的焦点，形成了丰富的理论观点。如古典时期的三大社会学家马克思、韦伯和迪尔凯姆都对这一问题进行了深入的研究，他们的观点至今仍对社会学分层和分化研究产生着深远的影响；在现代社会学中，两大理论流派——冲突学派和功能学派分别继承了不同的理论传统，对社会分层和分化问题进行了拓展性的研究，这期间又出现了一股试图综合冲突学派和功能学派观点的潮流；精英理论独树一帜的观点也使其成为分层和分化理论研究中的一个重要流派。

尽管关于分层分化的理论众多，又往往被区分为古典分层理论和现代分层理论两大块，但是古典时期的社会理论同现代时期的分层和分化理论之间存在着明显的源流关系，并不能完全割裂开来。如现代理论中的冲突学派就是对马克思阶级理论的继承、批判和发展，而社会功能学派的分层和分化观则深受经济学和社会学中功能学派的影响，古典和现代分层与分化理论之间的源流关系明显。所以在本书的理论综述部分，笔者在把握理论之间源流关系的基础上对两大理论流派的观点进行综述，韦伯的多元分层理论因其对分层标准的研究而单独开列，最后对精英学派的观点进行评述。

一 马克思及冲突学派的分层与分化观

在研究社会分层和分化的理论中,首先要提到的就是马克思主义的阶级分析理论,目前该理论的观点已经成为我们分析社会分层和分化现象的基本观点之一,该理论的一大贡献就在于寻找到了划分阶级的标准——经济标准。不同于经济学家亚当·斯密和大卫·李嘉图从经济关系当中的产品分配形式来寻找社会阶级划分的根源,马克思从生产资料所有制形式中来探寻把人们划分为工人、资本家和土地所有者的经济根源,认为划分阶级的根源并不在于分配过程,而是蕴含在生产过程之中,资本家之所以是资本家不是由于他们领取利润,而是由于他们占有资本,这就是阶级存在的根源[①]。关于阶级和阶层的关系问题,马克思和恩格斯指出:社会不但存在着阶级分化,同时也存在着阶层分化的现象,与阶级按照生产资料占有关系来划分不同,阶层的划分是按照其他的属性来进行的,它存在于阶级内部,又或者是相对独立却又与阶级相联系的利益群体之中,阶级剥削将会随着生产资料私有制的被废除而最终消亡,人类也将告别阶级社会,但是社会成员之间的差别和社会层次却是永存的,阶层现象将依然存在。[②] 可见马克思在阶层的研究中不仅注意到了经济因素,还关注了社会成员间的其他差别,并据此来对社会阶层进行划分。

马克思对阶级和阶层的划分主要是要强调阶级之间的冲突对抗关系,以及这种冲突导致社会变迁的可能。这种从冲突对抗的视角来认识社会结构的方法被现代冲突论学派继承了下来,如现代冲突学派的代表人物拉尔夫·达伦多夫就指出:冲突是常态,在不断的生产和再生产中,冲突永远不可能被根除,其原因就是某些人的利益和另一些人的利益总是对抗着的,这些利益不仅是经济方面的,而且还包括权力分配的竞争方面,每一种解决权力冲突的具体方法都会产生新的利益集团,从而必然导致新的冲突。除了对马克思基本冲突观念的认

---

① 牟少岩:《农民职业分化的影响因素分析》,博士学位论文,山东农业大学,2008年,第16页。
② 《马克思恩格斯选集》第一卷,人民出版社1974年版,第272页。

同,达伦多夫也进行了相应的理论发展,他提出了用"权威关系"取代生产资料的占有关系来进行阶级的划分,以使得他的理论比马克思的理论"更富于普遍性"。他认为:社会就是由一个个的"强制性协作联盟"构成的,在这些联盟中,那些在权威关系中掌控了某种稀缺资源的人就拥有权威,能成为统治者;相应地,那些没有控制权威的人就成为被统治者,统治者和被统治者之间为利益关系而不断发生冲突,社会也在这种冲突中不断地发生着变迁。[①] 在这里我们可以发现,达伦多夫虽然将自己的理论建立在马克思阶级理论之上,但是在阶级划分标准这一马克思基本观点上却背离了马克思的基本观点,将社会分化体系中经济以外的诸多因素都考虑了进来。

从马克思主义学者和冲突论学者对阶级以及分层的论述可以看出两者在社会分层理论上的一些共同点:首先,他们都认为社会分层(马克思学者更注重分析阶级)是社会的一种普遍现象,是社会的常态。如马克思认为资产阶级和无产阶级之间的斗争、达伦多夫理论中强制性协作联盟中的统治者和被统治者之间的不断冲突,这些都是推动社会变迁的动力。其次,两者都强调分层(阶级)的负面后果,认为分层和社会阶级的存在阻碍了个人能力的发挥,反映出社会中存在的不平等,是应该被消除的对象。最后,两者都强调从经济因素中寻找到了划分阶级的标准,虽然他们也注意到了其他一些因素对阶层分化的影响,但是经济因素仍然是他们划分阶层时关注的焦点,虽然略显片面,但无疑是非常深刻的见解。

二 迪尔凯姆及功能学派的分层与分化观

与冲突学派的观点相对的研究社会分层和分化的另外一大流派——功能学派,该学派虽然兴盛于20世纪50年代的美国,但其基本思想却来源于早期的社会分工观念,最早可以追溯到1775年卢梭关于人类不平等的观点,但是卢梭并没有从社会分工这一角度继续对社会不平等的问题进行更为深入的探讨。随后,亚当·斯密在《国富

[①] 侯均生主编:《西方社会学理论教程》,南开大学出版社2001年版,第172—175页。

论》中最先创立了"分工"的概念,认为社会中各种不同的职位对在职者的要求是不一样的,越是复杂的工作越是需要其承担者经过长时间的教育和培训以使自身的能力与之相匹配,从而要求这些在职者必须付出超出他人的精力、时间和努力,社会也在这个过程中为那些占据了最关键社会职位的人提供更多的财富、权力和声望,社会因此而产生和存在着分层。之后,斯宾塞和刘易斯都从功能的角度对分化和分层进行了阐释,最终功能学派的分层分化观点正式却形成于迪尔凯姆,他提出了机械团结与有机团结的概念,初步解释了低度分化与高度整合的问题,并提出了因社会容量的有限性而形成的生存竞争将导致社会分工。他认为在社会上人们之所以被置于高低不同的层次的原因有两个:第一,在任何社会中总有某些工作被视为比其他工作更重要,因而这些人会获得较高的收入,与此相反的职业则只能得到较低的收入;第二,社会上人们的才能、知识、智力、技术水平各不相同,让最有才能者去担负最重要的工作应是社会分层的基本原则,因此将人们的收入、生活水平拉开差距是必要的,也是合理的。[1] 在迪尔凯姆之后,结构功能主义的代表人物帕森斯及其跟随者也详细地分析了社会分层的必要性,以及社会分层对维护社会秩序的正面意义[2]。

遵循前人的功能主义分析传统,现代功能主义分层观较多地强调社会各个阶层之间的互利关系,即强调社会分层的合理性,认为分层现象的存在必然对社会功能的正常运行发挥某种正功能,它有助于促进社会和个人功能处于最佳状态,因此分层不但是普遍的,同时也是必要的。现代功能主义代表人物戴维斯和莫尔的基本观点就是认为在任何一个社会中,都有一些工作比另外一些工作重要,特别的社会职位应该由有资格的人来承担,对保证该职位的正常运转来说至关重要,只有把不同能力的人放置在不同能力要求的职位上,各尽所能,

---

[1] 侯均生主编:《西方社会学理论教程》,南开大学出版社2001年版,第31—37页,第48—51页。

[2] 李强:《应用社会学》,中国人民大学出版社1995年版,第367—368页。

社会秩序才能正常运转，这就是社会要分层的意义所在①。关于分层的标准问题，功能学派的学者们有自己的见解，特别是美国社会学家布劳和邓肯，他们在其著名论文《美国的职业结构》中论述了职业结构在区分社会分层中的重要地位，从而掀起了以职业划分阶层的潮流。他们认为：在现代工业社会中，一切等级秩序，包括经济阶层、声望阶层，以至政治权力与权威阶层等，其根基都在于职业结构，因此职业也就是决定阶层的首要因素和评价阶层的最好指标。对此，贝尔也表示赞同："在很大程度上，职业就是划分社会阶级与阶层的最重要的决定性因素。"② 将职业地位作为分层的标准对后来的研究影响很大，很多学者，包括中国学者的许多重要研究都采用了这一分层标准，20多年来，我国大多数社会分层研究中的一个最鲜明的特点就是以职业作为社会分层的标准③。

对功能主义分层观的批评也有很多，首先是分层标准的问题，功能主义者认为职业地位是最好地体现收入、声望、权力的综合指标，但是在某些情况下，却存在着三者之间的分离，将职业地位作为唯一指标不能很好地认识和解释这种现象。因此，一些研究者在研究中加入了一些辅助指标来修正职业地位作为单一指标所带来的偏差，如李路路在研究中国分层现状时就将单位性质作为考察的辅助指标。其次，该理论承认现有社会分层现状的合理性，却未分析造成这种现状的因素何在，也就是说功能论者忽视了先赋性或继承性的因素可能会影响到资源的配置逻辑，看似合理的社会分层结构中具有潜在的不平等。最后，此理论过分强调了社会不平等的合理性，而忽视了社会不平等以及社会不平等对社会秩序和稳定的不利影响。

三 综合学派的分层与分化学说

功能主义的阶层观和马克思主义冲突主义的阶层观在对社会分层现象的认识上存在着严重的对立，功能主义阶层观关注社会分层的正

---

① [美]戴维·波普诺：《社会学》，李强等译，中国人民大学出版社2003年版，第256页。
② [美]丹尼尔·贝尔：《后工业社会的来临》，商务印书馆1986年版，第23页。
③ 仇力平：《回到马克思：对中国社会分层研究的反思》，《社会》2006年第4期。

功能一面，积极地看待社会分层对社会秩序的维护作用；马克思主义阶级观和冲突论学者则更多地关注社会分层中所体现出来的社会不平等一面，以及这种不平等对社会稳定所造成的持续性压力，认为必须通过改良或者改革才能改变这种不平等的局面，促进人与人之间的公平。两种理论观点的激烈争论也促使学者们寻找两者沟通的途径，由此，以伦斯基为代表的一些学者提出了一种相对折中的理论，形成了社会分层与分化理论中的综合学派。他们认为把功能主义和冲突主义两种社会分化理论结合起来反而更有利于准确把握和分析社会分层状况，以历史的眼光来看待社会分化就可以发现在社会阶层分化的发展过程中是既有整合，又有竞争的，社会为了求得生存需要的基本资源是按照功能主义者的方式进行分配的，但是社会的剩余资源分配则是通过相互竞争的集团间的冲突来实现的，① 两者之间并不是互相排斥的对立面。为了解释具体问题，有时我们不得不从二者中进行选择，但是在社会学分析的概念库中，它们是相互支持的，② 也就是说，功能分层理论和冲突分层理论都只是解释了社会的一个方面，而社会是一个多面体，呈现多样化的姿态，只有综合使用两种理论才能较为合理地解释社会现象。

四　韦伯的多元分层理论传统

德国社会学家马克斯·韦伯的分层理论是社会分层与分化理论的代表性理论传统之一，他对分层和分化的理论的贡献主要集中于他对社会分层标准的探讨。他认可马克思在社会阶层研究中对经济因素的强调，同时也提出在研究社会不平等现象时，虽然把经济作为分层标准是必要的，但是除了经济因素以外，至少还有声誉和权力两个重要的因素也应该纳入其中。这样在韦伯的社会分层理论架构中，就出现了经济标准、社会标准、政治标准三项标准，所以韦伯的社会分层理论通常被称为多元分层理论。

---

① [美] 戴维·波普诺：《社会学》，李强等译，中国人民大学出版社2003年版，第258页。

② 荣娥：《西方社会分层研究述评》，《社会工作》2007年第1期。

在社会阶层的三项标准中，韦伯仍然重点强调了经济因素的重要性，并认为经济因素是对阶级进行划分的依据，在这一点上，韦伯与马克思达成了一致。但与马克思的观点不同的是，韦伯所指的经济利益是一种与市场紧密相关的利益形式，也就是说，只有那些与市场紧密相关的财产才能决定阶级的划分，脱离了市场的个人财产不再具有划分阶级的意义，这就是韦伯所强调的阶级划分中的市场条件。① 除了经济标准，韦伯还提出了社会标准和政治标准，其中个人的身份地位来自社会对某人或职位名声的评价，且可以在脱离市场的情况下发生作用；政治标准主要体现为权力，它意味着在一个社会关系中，无视他人意愿贯彻个人的意志，进而支配他人的能力，韦伯采用的上述三个标准可以概况为"利""名""权"，而这三种东西在任何一个社会中都是稀缺的，因此也总是成为人们争夺的对象，三种标准或者身份可以一致，也可以不一致，还存在三种资源高度集中的情况。

韦伯的社会分层理论建立之后就成为许多社会学者进行研究所依据的重要理论资源，原因有三：一是大大拓展了社会分层的标准，这极大地丰富了社会分层的理论和实践研究，韦伯之前的分层理论中多强调经济因素在界定阶层中的关键性地位，经济因素作为分层指标具有客观性、易测量等优点，也是最为根本的指标，但是单单用经济指标还无法解释某些社会现象；二是采用了具有连续性的定量标准，在韦伯模式中，经济地位依据财富数量来划分，声誉地位依据社会评价高低来划定，权力地位则取决于人们强行贯彻自己意志的程度和可能性，也就是说各种社会地位主要是量的区别，基本上无质的差别，这种划分标准也削减了阶级对立的程度；三是引进了主观分析标准，声誉地位的划分和确定直接取决于人们的主观评价，尽管评价具有一定的普遍性和一致性，但仍然属于主观的范畴，② 也就是说，相对于马克思的阶级观，韦伯的阶层理论则更多地以个人特征的不同从微观上

---

① 牟少岩：《农民职业分化的影响因素分析》，博士学位论文，山东农业大学，2008年，第18页。

② 郑杭生：《社会学概论新修》，中国人民大学出版社2003年第3版，第226页。

来解释人与人之间的社会不平等,① 就两者的比较来说,马克思的阶层观强调社会冲突,用于引导阶级斗争实现社会制度的替代与革命,而韦伯的阶层观则更强调社会协调,用于引导利益整合,达到社会合作与改良。

五 精英学派的分层与分化观

意大利社会学和经济学家维尔弗雷多·帕累托在1916年出版的《普通社会学总论》一书中比较系统地阐述了精英阶级理论,从而开创了西方社会分化研究中另一独树一帜的分层理论传统。帕累托认为社会本身就是一个非同质性的系统,人们之间存在着身体、道德和智力上的差别,如果在一项社会活动中,对每个人的能力打一个类似考试时得的分数,然后依据得分而进行高低的划分,就得出了阶级,②而那些在评分中得到最高分数的杰出人才就是精英,他们精明能干、生机勃勃。可见,帕累托在对精英的界定中强调了精英个人素质的重要性,另外,帕累托还指出精英阶级的构成及其地位也不是恒定的,随着时间的推移,精英也在不断地循环和流动,或升或降都有可能,而社会的平衡状态则会在精英的循环和流动中得以维持稳定。帕累托精英理论因其在研究社会分层中的独特视角以及对动态精英流动的研究而吸引了大量的追随者,这些学者不断将精英理论加以完善和发展。例如莫斯卡的研究将统治阶级的特质更多地归因于社会因素,从而对帕累托过多强调精英个人素质的观点作出了修正;又如米尔斯对美国社会进行了分析,将其结构区分为三个等级,其中处于第一等级的就是权力精英阶层;另外,吉登斯也发展了帕累托的观点,他认为应该通过两个步骤来更为合理地确认一个社会中的精英所在,首先是确定一个社会中哪些组织是最重要的,其次再确定那些重要组织中真正掌握实权的是哪些人,则那些人就是精英。

可见,精英主义理论家们关注的是精英的界定、精英的流动和选

---

① 李路路:《论社会分层研究》,《社会学研究》1999年第1期。
② [意] V. 帕累托:《普通社会学纲要》,田时纲等译,三联书店2001年版,第296页。

择，他们以一种动态的视角去审视社会权力阶层的变迁，政治变迁在他们的眼中既是精英流动的一般表现形式，又是精英流动的后果；与冲突理论和功能理论关注静态的分层结构不同，精英主义更关注各阶层之间流动即精英阶层和非精英阶层的转换，以及流动的渠道问题，他们认为：要保证社会秩序的稳定，执政精英就应该不断为非执政精英的向上流动提供顺畅的渠道，从缓和阶层冲突的角度来说，这是精英理论对社会分层理论最重要的贡献；精英主义在解释社会分层时也存在着重大局限，如精英主义理论试图从"能力"来区分精英与非精英，而没有找到精英划分的最根本指标——经济因素，因而不能真正找到社会变革的根本动力，是一种缺乏革命性的理论。

六 现有分层和分化理论的启示及不足

理论是前人对经验研究的思想升华，又是我们展开后续研究的基础，只有把研究建立在理论的基础上，才能高屋建瓴地认识今日之社会生活。以上讨论的前人思想成果将为本书提供丰富的思想宝藏，当然笔者也认为现有研究中存在着一定的不足，这是笔者在本书中所试图突破的。

（一）现有分层和分化理论对本书的启示

1. 分层和分化理论对我们正确合理地选择分层标准具有重要启示

想要对社会群体进行分层，首要问题是分层的标准，也是以上一些理论家们争论的焦点问题，马克思提出了一元的分类标准，韦伯进一步将之丰富为三位一体的分层标准体系，帕累托及其精英学派更注重从精英个人的能力上进行区分。综合这些理论的研究，笔者认为，生产资料的占有与否应该是最为根本的分层标准，但在具体的研究中，对其他指标的考察也应该依研究的目的而定。

2. 分层和分化理论对分层和分类研究具有重要启示

社会科学的研究对象是人，人本身是异常复杂的群体，因此在社会科学研究中，分层或分类研究是进行社会研究的基础，也是基本方法，只有对复杂群体进行分类考察，才能准确地识别问题，才能更合理地回答问题。如马克思将资本主义社会区分为资产阶级和工人阶级两个阶层，达伦多夫将社会成员区分为有权威者和无权威者，功能学派按照职业的不同来解释社会各个阶层之间的合作关系,等等,这些理论都认识到了分类或者是分层研究在社会科学研究中的基础性地位。笔者在本书中也将对研究对象进行类别化研究,以期获得对群体内部差异的具体认知。

3. 分化和分层理论也为我们正确看待社会分层问题提供了有益的启示

在现有的理论中,理论家们对分层和分化现象持有两种态度,马克思阶级观和冲突学派从社会分层所造成的社会负面影响来看待分层,而功能学派则更看重分层中各个阶层之间的合作关系以及这种合作关系对社会秩序的积极作用,可以说两种观点都对我们正确合理地认识社会分层问题提供了宝贵的理论借鉴,应进行综合的考虑。所以在本书中笔者将坚持辩证地和多角度地看待分层现象,以期对失地农民中出现的分化和分层现象作出客观的解读。

(二) 现有分层和分化理论中的不足

1. 现有分层与分化理论中对静态分层理论研究较多,对动态分化的研究不足

综观所有的社会分层分化理论研究,就可以发现其中对分层的研究占据了绝大多数,而对分化的研究明显不足。笔者认为造成这种状况的原因就在于分层研究是一种相对静止的状态,对研究者来说,比较容易把握,而分化研究往往是一个动态变动的过程,研究起来稍显困难,但是过于强调对静态分层状况的讨论使得现有的相关理论变得越来越僵化和缺乏新意,同时也造成了社会分层始终处于静态,而不变化发展的刻板印象,将不利于分层理论研究的进一步推进。因此推进社会分化的动态理论研究是十分必要的,笔者认为要推进社会分化的理论研究、摆脱静态僵化的叙述,解决办法就在于在研究中注入新的动态的研究视角,以动态的视角审视分层与分化研究,才能得出具有动感的理论归纳。本书试图在失地农民分化与分层研究中加入风险视角的研究,借助流动性的风险审视失地农民的分化过程,从而作出这方面的尝试。

2. 现有分层与分化理论中对造成分化与分层的因素研究较多，对这些因素发挥作用的机制研究较少

不管是马克思强调的生产资料所有状况，还是韦伯强调的三位一体的分层模型，抑或是帕累托一再提及的精英们优秀的个人品质等，现有的分化与分层理论中对造成分化与分层因素的讨论向来是不缺乏的，涉及个人品质、个人能力、社会经济、社会政治、社会文化观等方面，他们之间的争论也往往发生于个人和社会两种因素中，究竟哪一种因素对分化与分层的影响更大。当然这种争论对于我们探讨分化和分层的影响因素是有利的，但是仅仅停留在对因素的寻找、列举和讨论并不会有助于我们认识分化和分层形成的真正机理，各因素是如何发挥作用的，相互之间有没有相互关系，各因素是单独推进分化的，还是形成了某种合力，这些问题都不是单纯进行因素讨论可以解答的。笔者认为，要改变分层与分化研究中的这种状况，就必须研究分化和分层的内在机制，把握各因素的真正作用方式，而要达到这一点又必须寻找一个真实具体的分化或分层过程，在对一个具体过程的讨论中探讨分化与分层产生发展的内在机理。在本书中，笔者将失地农民分化研究置于我国宏观城市化这一特定的社会背景之下，试图通过对失地农民分化过程的详细解剖来获取对分化和分层内在机制的理论认识。

第二节　失地农民研究综述

一　对失地农民现状的研究

当前针对失地农民的研究主要集中于对失地农民现状的研究，得出了一些共性的结论，即认为在城市化进程中，失地农民作出的牺牲和损失是综合性的，他们不但失去了土地、房屋、集体资产，还失去了低成本的生活和发展方式,① 因此遭遇的风险也是全方位的,体现在生存、发展、保障和认同等多个方面。

首先,失地农民面临着生存风险。土地是农民基本物质收入的来源,因此,土地的丧失直接威胁到失地农民的生存问题,典型的表现就是失地农民的贫困问题。对失地农民贫困问题的实证研究很多,大多证明了这一点,如九三学社的一项调查就表明:60%的农民在失地后失去了基本的收入来源,收入急剧下降,不仅如此,他们在新的生活环境中的生活成本也大大增加,在购房、结婚生育、水电、取暖、物业、饮食等方面的支出都比失地前高出很多,一些失地农民只能以捡废品为生,还有的失地农民舍不得点灯、到农贸市场捡菜吃、在楼下支锅做饭,以最大限度地节省开支,生活上陷入贫困状态。② 其次,失地农民面临着就业发展上的风险。农地耕种是农民所从事的职业,失去了土地也就意味着农民失去了职业,没有职业也就丧失了发展的可能,因此失地对农民来说也意味着就业发展上的风险。当前这一风险在失地农民群体中表现得相当突出,有学者基于对成都市失地农民的调查发现,有71.8%的受调查者目前的工作状态是不稳定的或根本就是失业的,占调查对象的绝大多数,而且就业的层次普遍偏低,从事公务员工作的占3.8%,教师占5.8%,企业工人占8.3%,有6.0%的失地农民继续从事种植养殖类农业活动,15.8%的失地农民从事个体生意,48.2%的失地农民继续打零工或者通过其他方式不稳定就业,就业层次普遍比较低。③ 浙江省农调队的调查数据也显示出相同的问题:仅有3.6%的失地农民得到有关部门的安置实现了就业,其余的均为自谋职业,自谋职业者中不低于40%的失地农民一直失业在家。④ 更进一步地,有学者将失地农民在就业中面临的问题进行了

---

① 张寿正:《关于城市化过程中农民失地问题思考》,《中国农村经济》2004年第2期。
② 安华、张伟:《关于妥善解决失地农民问题的思考》,《农村经济》2004年第12期。
③ 冯晓平:《失地农民就业风险研究》,硕士学位论文,华中师范大学,2008年,第13页。
④ 李向军:《个体化视角下失地农民的风险困境》,《理论与改革》2008年第1期。

概括，认为失地农民就业中存在着低就业层次、低工资待遇、低技术含量、低稳定性"四低"特征。① 再次，失地农民在保障上的现状也不容乐观。被征地后，农民失去了土地上附着的相关保障权利，同时又无法享受与城市居民同等的社会保障权利，使得失地的农民成为既有别于一般农民，又不同于城市居民的边缘弱势群体。② 由于缺乏相应的保障和支持，失地农民大多面临着养老、失业、疾病等诸多风险，极易成为城市贫困群体中的一员。③ 最后，除了以上三项风险内容，失地农民城市融入中的认同状况也引起了一些学者的关注。一直从事农业生产的农民在剧烈的城市化征地中被推向了城市，进城后，他们需要在生产生活方式、人际交往以及身份等方面进行一系列的转变，以便适应新的生活境遇，进而融入到城市社会生活中去；然而，生活习惯、旧有社会交往网络以及传统观念的根本性转变都是不能轻易实现的，④ 在此过程中往往会遭遇到诸多困难。

关于造成失地农民现状原因的研究，是当前学术界研究的一个热点，形成了非常丰富的研究成果，通过对这些文献的整理，笔者甄别出三种主流的研究视角，即社会结构视角的研究、社会制度视角的研究和博弈论视角的研究，笔者的综述也将围绕这三种研究视角展开。

（一）社会结构视角下的失地农民研究

社会结构视角认为中国社会长期以来一直存在着城乡二元的社会结构，户籍制度又强化着城乡的分离状态，这种社会结构中隐藏着不平等的基因，成为造成失地农民现状的根源。⑤ 学者们认为，城乡有别的政策体系，对农民多索取、少投入，对农民利益忽视，实施重城轻乡的二元社会福利保障制度、工农有别的金融信贷及文化教育等农

---

① 谢华、李松柏：《失地农民城市适应困境与对策研究》，《乡镇经济》2008 年第 10 期。
② 鲍海君、吴次芳：《论失地农民社会保障体系建设》，《管理世界》2002 年第 10 期。
③ 胡平：《构建失地农民的社会安全网》，《农村经济》2006 年第 12 期。
④ 袁方成、姚化伟：《政策推进、社会流动与利益分化——我国城市化进程中的社会风险及其特征》，《理论与改革》2011 年第 4 期。
⑤ 冯晓平：《三种视角下的失地农民权益研究》，《北京工业大学学报》2011 年第 4 期。

民非国民待遇造成了农民的权益损失。① 同春芬也认为二元社会结构是农民土地权益受到侵害的根本原因，因为二元结构的存在，尽管国有土地使用权在完全市场化的环境中取得了巨大的增值，但是农村中的集体所有的土地无论是所有权还是使用权都被拒之于市场大门之外，无法参与这种市场化的土地升值过程，农民更加无权分享收益。② 还有的学者认为，严格的二元户籍制度下，农民与城镇居民在户口登记、劳动就业、社会保障、就学就医、税费负担等方面都享有和承担了完全不平等的权利和义务。如在迁徙权上，农民被人为地限制和剥夺了自由选择的权利，这些差异性的存在就使得农民失地进入城市后面临着多个方面无保障、无权利的状态。该视角除了考察城乡二元社会结构和二元身份结构对失地农民风险的塑造以外，还考察了二元劳动力市场对失地农民风险的影响，如分割性市场安排使得失地农民无法在城市中正常就业而引发了就业风险等。

（二）社会制度视角下的失地农民研究

这方面的研究以农民是一个规模庞大的弱势群体为出发点，通过对失地农民现状的定量与定性调查，对比现有的政策法规后得出结论：失地农民风险的真正成因来源于不合理的社会制度，进而提出规避失地农民风险的制度改革建议，主张从制度政策上消除不合理的因素。学者们对现有制度的考察主要集中于现行土地征用制度、相关法律制度和社会保障制度三个方面。

1. 土地征用制度

学者对我国现行土地征用制度的关注主要集中于征地程序和征用标准两个方面，认为土地征用程序不合理和征地补偿标准过低是造成失地农民现状的重要原因。在我国的征地及补偿实践中，往往由政府土地管理部门和村委会举行谈判，以决定征收补偿的有关问题，农户

---

① 刘文烈、刘晨之：《试论城镇化进程中失地农民权益保护问题》，《齐鲁学刊》2007年第3期。

② 同春芬：《转型时期中国农民的不平等待遇透析》，社会学文献出版社2006年版。

被排除在谈判主体之外。① 政府的土地征用垄断造成了土地征用方和被征用方地位的不平等,② 而农民诉求表达渠道的不畅通是失地农民权益遭受损失、被迫承担征地风险的一个重要原因。另外,很多学者都提出了我国目前征地补偿标准偏低的问题,③ 征地补偿的现行标准是由《土地管理法》规定的,这种征地补偿办法既没有考虑今后农业产出逐年增加的因素,也没有考虑以后物价上涨的因素,更没有考虑今后土地的升值因素,④ 明显是不合理的。但是仅提高补偿标准也解决不了问题,因为土地涨价是否归公问题的实质,就是谁是土地所有者的问题,⑤ 农村土地产权不清造成了失地农民风险的凸显。

2. 相关法律制度

从法学的角度来看,对物权保护的轻视和对失地农民土地权益的法律保护研究的不足造成了失地农民严重的权益损失⑥以及不利的现实处境。虽然《土地承包法》等法律对农民的土地承包经营权给予了一定程度的保障,但中国的农民实质上并不具备多少个人选择的权利,农民的土地产权保障程度偏低。钱忠好认为法律规定土地征用须以公共利益为前提,但却未对公共利益作出明确的界定,未对国家行使土地征用权力作出具体的限制,从而导致失地农民权益受损。⑦ 在目前的法律制度下,相当一部分农民的权利和利益被剥夺、被忽视了。另外,失地农民对法律法规了解、掌握得还很不够,对自己应当享有什么样的权益知之甚少,当自己的权利受到侵犯时,寻求法律保

---

① 吉朝珑:《农民权益保障视野下的农村土地征收制度重构》,《河北法学》2008 年第 26 (9) 期。
② 钱忠好:《中国农村土地制度变迁和创新研究(续)》,社会科学文献出版社 2005 年版,第 156 页。
③ 孔祥智、王志强:《我国城镇化进程中失地农民的补偿》,《经济理论与经济管理》2004 年第 5 期。
④ 赵明学等:《城市化进程中失地农民利益保障问题初探》,《经济论坛》2006 年第 5 期。
⑤ 周祖文、王志远:《美国"不挂钩收入支持措施"的经济学分析》,《农业经济》2007 年第 11 期。
⑥ 郑功成:《农民权益需要用法律制度来维护》,《学习与探索》2007 年第 3 期。
⑦ 钱忠好:《中国农村土地制度变迁和创新研究(续)》,社会科学文献出版社 2005 年版,第 156 页。

护、运用法律手段的意识很薄弱，也是造成现实困境的重要原因[①]。

3. 社会保障制度

社会保障制度的缺失是目前农民失地后面临诸多困境的重要原因之一，从当前的情况来看，农民在失去土地后并不能获得城市市民所享有的社会保障待遇，同时因为脱离了土地，又无法再享受到土地提供的基础保障，因此失地农民的保障处于一种真空状态，这也造成了他们在失地后的脆弱性，是造成他们现实状况的制度根源之一。针对这一点，诸多学者都建议建立和完善针对失地农民的社会保障制度，且已经形成了一定的共识，认为要切实地对失地农民形成保障，就必须将失地农民及时纳入社会正规的保障体系中去，要赋予他们与城市市民同等的国民待遇，为他们提供基本的社会保障。[②] 不局限于对失地农民保障理念的阐述，还有一些学者对失地农民社会保障制度的具体架构进行了设计，如廖小军认为失地农民社会保障应包括生存保障和发展保障两个方面。[③] 卢海元提出"土地换保障"的解决思路，明确补偿安置费用主要用于失地农民的就业和社会保障，从土地出让金中分割一定比例来支撑保障资金。[④] 常进雄在此基础上详细阐述了失地农民的合理利益结构和保障成本。[⑤] 鲍海君、吴次芳则建议将征地中土地补偿安置费以及土地转用后的增值收益作为保障基金的主要来源。[⑥] 还有学者建议建立土地股份制或股份合作制，以最大限度地挖掘土地潜在收益并实现集体分享，这种观点允许农民将土地作为生产要素投入生产过程，并允许农民在生产过程中逐步获取收益，投入方式包括入股及合营等多种方式，土地价值中的大部分都应作为农民失

[①] 刘文烈、刘晨之：《试论城镇化进程中失地农民权益保护问题》，《齐鲁学刊》2007年第3期。

[②] 钱忠好、曲福田：《规范政府土地征用行为切实保障农民土地权益》，《中国农村经济》2004年第12期。

[③] 廖小军：《中国失地农民研究》，社会科学文献出版社2005年版，第325—349页。

[④] 卢海元：《土地换保障：妥善安置失地农民的基本设想》，《中国农村观察》2003年第6期。

[⑤] 常进雄：《城市化进程中失地农民合理利益保障研究》，《中国软科学》2004年第3期。

[⑥] 鲍海君、吴次芳：《论失地农民社会保障体系建设》，《管理世界》2002年第10期。

地后的社会保障基金的来源。

（三）博弈论视角下的失地农民研究

区别于社会结构的宏观视角，也不同于社会制度研究的单一性制度，博弈论的研究视角在相对微观的层次上对不同行为主体在征地这一过程中的行为进行考察，进而探寻形成失地农民现状的原因，这些行为主体包括中央政府、地方政府、村集体、农民（失地农民）、开发商等，博弈论视角考察这些不同行为主体间的合作、冲突、妥协等各种互动行为[①]。

沈飞、朱道林认为征地制度矛盾的本质在于政府和集体经济之间的经济关系紧张，即政府对经济关系的强制性造成的政府与集体经济之间的产权经济关系紧张，导致集体经济福利严重受损，失地农民成为最终的利益受害者。[②] 廖小军指出造成失地农民现状的一个重要原因是各级地方政府的角色不当，他指出各级政府既是国土资源的宏观管理者，又是国有土地所有权的实际行使者，两种职能相重叠使其具有了政治利益最大化和经济利益最大化的双重目标，最终导致其具体行为上的偏差，同时，政府在博弈中的信息优势地位也使其有了弄虚作假的可能，[③] 而作为征地过程中的另一重要主体的失地农民却没有与之相抗衡的组织，信息渠道闭塞，文化和社会资本相对薄弱，也没有相应的法律条文作为保障的基础，因此在征地这一过程中自然处于弱势，只能被动地承担风险性后果。所以说，在征地过程中存在着多方利益主体之间的互动和博弈，农村土地征收中的主要纠纷从本质上说都是缘于与土地征收相关的各方主体的利益之争，而且由于不同主体所处地位和占有的资源的差别，其获益和利益受损的程度也有很大不同，[④] 在征地这场多方参与的博弈过程中，失地农民成为最大的输

[①] 冯晓平：《三种视角下的失地农民权益研究》，《北京工业大学学报》2011年第4期。

[②] 沈飞、朱道林：《政府和农村集体土地收益分配关系实证研究——以我国土地征用—出让过程为例》，《中国国土资源经济》2004年第8期。

[③] 廖小军：《中国失地农民研究》，社会科学文献出版社2005年版，第325—349页。

[④] 王庆功、张宗亮：《农村土地征收中的利益博弈及其解决途径》，《东岳论丛》2009年第1期。

家，而开发商和地方政府成为最大获益者，国家土地在这个过程中受到侵害。因此，要维护农地的基本权益，就必须允许和支持农民建立自己的维权组织，防止既得利益集团结成分利联盟并主导改革路径；同时，政府要充当公共利益的代言人和各利益集团的仲裁者，为多元利益集团的博弈提供制度平台。① 于建嵘还提出了成立农民工会让农民自己当家做主的建议，② 使被征地农民具有参与权、知情权和监督权，并能够在被征地前就能充分参与决策。杜受祜更是提出了参与式管理的模式，认为参与式管理可成为保护农民权益的政策法规正式制度安排的必要补充③。

二　对失地农民发展趋势的研究

通过对失地农民现状研究的综述可以看出，由于多方面的原因，失地农民这一群体在失地后面临着各种各样的困境，这些困境将如何影响农民失地后的城市化之路，对他们失地后的身份变迁又会产生怎样的影响？沿着这种思路推进，失地农民未来发展趋势的研究也就成为失地农民研究的应有组成部分，当前对这个问题的研究还很缺乏，这里笔者仅对这些有限的研究进行综述。

紧承对失地农民现状的研究结果，学者们大多认为失地农民在失地后并没有完全地实现城市化转变，而是出现了不同程度的分化，这种分化主要表现在两个方面，一方面是失地农民与城市市民之间的区隔和分化，这方面的研究普遍关注了农民失去土地后在城市融入中面临的问题，认为由于各个方面原因的影响，失地农民与城市市民之间产生了明显的分化，涉及收入的分化、消费的分化、文化的分化、居住区位的分化、权利的分化等多个方面。如有学者对征地后集中安置失地农民的问题进行研究后就发现，对失地农民的集中安置模式引发了失地农民与城市市民之间在居住空间上的分异，而这将会带来城市

---

① 魏福明、刘红雨：《利益集团视野下的农民权益保护》，《江苏科技大学学报》（社会科学版）2005 年第 4 期。
② 于建嵘：《农民有组织抗争及其政治风险——湖南省 H 县调查》，《战略与管理》2003 年第 3 期。
③ 杜受祜：《参与式管理与农民权益保护》，《农村经济》2004 年第 1 期。

居民与失地农民之间新的隔阂和城市内部新的"城乡"分裂。① 另一方面是失地农民内部的分化,其与本书要研究的主题紧密相关,但相关研究成果很少,现将已有研究综述如下。

职业是最明显和外在的指标,也是考察分化的便利途径,近年来随着各种非农就业渠道日益增加,中国农民的就业也呈现出了显著的非农化趋势,对土地的就业依赖正在逐渐减弱,因此土地征用并不会对所有农民的就业产生冲击,一个显著的表现就是失地农民失地后并没有完全陷入困境,而是出现了显著的职业分化。谢勇以南京市失地农民为例,对土地征用所导致的就业分化进行了实证研究,他认为:受到就业冲击的失地农民之间出现了明显的就业分化,主要表现为外出打工和陷入失业,他认为失地农民的这种就业分化与征地的用途、土地补偿金以及生活费补助之间存在一定的关系。② 还有的学者在针对具体村庄的研究中对失地农民的职业分化结构进行了总结,认为失地农民失地后主要分为七类从业者,包括以低廉价格租种他人土地,实行规模经营的菜农、果农及各类养殖专业户;自身无生产资料,无须投入资本,受人雇用的商业服务业员工;各种小商小贩;在土地开发过程中,通过有关渠道进入工厂企业或商贸市场、有固定收入的工人;经营规模较大、获益较高的私营企业主;由兼职转为专职的管理公共事务的乡村干部;家庭妇女和无岗可上的无业者等。并指出农民职业的分化将会引发群体内部在收入、权力、声望等方面的分异和分层化③。

除了职业上的分化,失地农民的生活状态也发生了分异。许月明等对河北省农民失地后的生活状况进行了实地调查研究,发现失地农民的生活在失地后出现了明显的分异化态势,包括收入水平上的分

---

① 秦启文、罗震宇:《城市居住空间分异与群体隔阂》,《城市发展研究》2009 年第 1 期。
② 谢勇:《土地征用、就业冲击与就业分化——基于江苏省南京市失地农民的实证研究》,《中国人口科学》2010 年第 2 期。
③ 马忠才、赫剑梅:《失地农民职业结构变迁研究——关于失地农民被动城市化的实证研究》,《甘肃农业》2008 年第 4 期。

异、就业结构上的分异、生活消费水平上的分异，等等。他将造成失地农民分异的原因归结为五个方面，其中既包括农民自身素质和家庭主要收入来源等个体方面的原因，又包括土地所在的区位、当地的征地补偿安置状况以及社会保障水平等外在原因。① 对于这种失地农民分异的趋势，刘海云在其研究中也表达了相似的观点，她通过对廊坊和涿州两市的80个村庄中260户失地农民的调查研究发现，失地农民在失地后的生活表现出两个方面的典型特征，相对于城市来说，就是日趋边缘化的特征，而相对于农民内部来说，则是明显的分异化趋势，认为失地后农民已经分化成为发展型、稳定型和贫困型三类，并分别分析了三类失地农民产生分异的原因。② 刘海云等通过对河北省高碑店市周围9个村庄50户失地农户的调查也发现了当地失地农民中存在着分化现象，且分化比较极端，她把这种分化的表现归纳为四个方面，包括失地农民与未被征地的农民之间出现的两极分化，原来以务农收入为主的农户与原来以非农收入为主的农户之间出现的两极分化，村干部和村民之间出现的两极分化以及不同村庄之间出现的两极分化等。③ 章辉美等基于调查认为失地农民这一群体内部发生了明显的分化，获得了不同的生活机遇，已经处于了不同的社会阶层，她导致失地农民社会分层的因素归结为外在条件和内在条件两个方面，其中外在条件指的是国家政策和地理位置，而内在条件包括家庭背景、人力资本、社会资本以及权力市场化等方面④。

还有学者更进一步对失地农民失地后的市民化程度进行了考察，认为失地农民失地后出现了不同的市民化状态和发展趋势。如吴业苗在城乡一体化的框架下讨论了我国小农的前途及其最终的归宿，认为

---

① 曹红梅、梁山、许月明：《河北省失地农民分异化及其原因分析》，《贵州农业科学》2011年第39（3）期。
② 刘海云：《边缘化与分异：失地农民问题研究》，中国农业大学出版社2007年版，第33页。
③ 刘海云、王庆秀：《征地补偿制度实施中存在问题的调查》，《经济问题》2005年第8期。
④ 章辉美、何芳芳：《失地农民社会分层机制的实证研究》，《江汉论坛》2008年第5期。

时下由于快速的城市化,中国小农即将分化为城市市民和居村市民,其中居村市民主要包括居住在农村城镇、集中社区的市民和市民化农民或职业农民,因此他提出国家的市民化政策不仅要安排好农民工和城郊农民的市民化,还要大力推进居村农民市民化,使其过上与城市市民同等的社会生活。①对于失地农民市民化程度上的差异,有学者利用托达罗模型专门进行了研究,分析了从农民到失地农民再到市民逐步转化的过程中,其迁移决策以及实现市民化的特点和机理,认为失地农民的可行能力影响着他们的市民化过程,而城市正规部门与非正规部门之间的区分是造成失地农民市民化程度分化的重要因素②。

三 现有失地农民研究中存在的问题

(一) 对失地农民现状的研究偏多,对失地农民未来发展趋势的研究不足

从对失地农民研究的综述中可以看出,当前的研究中对失地农民现状的探讨是非常丰富的,涉及失地农民生活现状的方方面面,对造成失地农民现状的原因的探讨也比较深刻,涉及了社会制度、社会结构以及不同行动主体之间的博弈关系等,相对于对失地农民现状研究的丰富性,当前对失地农民未来发展趋势的研究是明显不足的。失地农民是我国当前社会中的一个重要的问题群体,该群体未来的发展趋势如何?其内部的结构又面临着怎样的变迁?分析和认识这些问题对合理解决失地农民问题、优化该群体的发展路径都有着重大的意义,而当前研究对失地农民群体发展趋势及内部变迁的关注不足是失地农民研究的一大损失。

(二) 静态视角的研究居多,动态视角的研究不足

通过综述失地农民的相关研究可以发现,当前对失地农民的研究大多是处于一种静态视角的研究,比如对失地农民现状的分析中对失

---

① 吴业苗:《小农的终结与居村市民的建构——城乡一体化框架下农民的一般进路》,《社会科学》2011年第7期。
② 陈绍军、李如春等:《征地拆迁中失地农民迁移决策模型分析》,《中国发展》2011年第4期。

地农民风险状况的分析就是一种静态的分析,只是强调失地农民面临的风险类型及其成因,对风险的形成过程及其中的变化机制缺乏挖掘,失地农民面临的风险是具有流动性的,它在城市化的过程中会因外界环境和人的行为而不断地进行生产和再生产。静态的研究不利于把握失地农民所面临的风险上的变化,又如在现有的失地农民分化研究中,多注重对分化现状,特别是职业现状的结构分析,缺乏对形成这种分化结构的过程、机制的分析,失地农民不是一个固定不变的群体,其内部结构在城市化征地过程中也不断发展和演化,从静态视角出发进行失地农民分化研究使得现有的研究表现得僵化并缺乏新意。

(三)对制度和结构的关注较多,对失地农民主体行动的研究不足

通过对失地农民研究的综述,我们还可以发现,当前研究中形成失地农民问题的结构和外在制度的考察较多,对失地农民主体性行动的研究严重不足。如当前对失地农民现状的考察中,诸多的学者都从制度和社会结构的层面寻找原因,而在分析失地农民分化现状时,也多是从征地补偿、安置政策等方面入手,在这类研究中,失地农民成为毫无作为的被动承受者,失地农民的主体性没有得到应有的重视,其在整个征地过程中的认知、失地后的应对行动和采取不同行动的深层机制都没有得到很好的关注,这将极大地削弱现有研究对事实的解释力。

第三章 隔离与流动：征地前农民之隐形的风险与隐形的分化

第一节 隔离与流动：我国特殊的城乡结构及农民身份状态

如果要选取两个词语来描述征地前我国农村的典型特征，笔者会选取题目中所用的"隔离"和"流动"，隔离下的生存状态是静态的，而流动下的生存状态又是动态的，这两个描述相反状态的词语看似矛盾，却又在我国农民身上得到了统一，成为一种共生共存的状态，表现为我国城乡之间既被深刻隔离又不断流动的独有现象，造成这种矛盾却又统一状态的原因就是我国特有的城乡关系。

一 城乡间的深刻隔离

新中国成立伊始，由于资源的有限性，在产业发展上选择了优先发展重工业的道路，在城乡关系上选择了优先发展城市的策略，为保障这些政策和策略的落实，国家相继出台了一系列的具体政策以保证农业对工业发展的支撑和农村对城市消费品的供应，同时又要保证农民不对城市资源和发展形成负担和压力。在这种政策思维下，一系列政策相继出台，如城乡户籍制度、农产品统购统销制度、人民公社制度和城市劳动就业制度、社会福利保障制度，等等，人为地在城乡之间竖起了一道藩篱，① 从而开始了我国城乡之间长达半个多世纪的城乡二元隔离，这种城乡之间的深刻隔离突出体现在城乡身份系统的隔离、生活系统的隔离以及福利系统的隔离等方面。

（一）城乡身份系统的隔离

过去的半个多世纪以来，我国国民的身份称谓有了很大的变化，从早期划分出的工人、农民和干部三种比较简单的称谓到20世纪末陆学艺提出的十阶层说，我国的社会结构不断复杂和分化。尽管如此，但有两种身份的区别和隔离一直是根深蒂固地存在于我国的社会结构之中的，那就是农民和市民之间的隔离，农民身份始终稳定地居于社会分层的底层，而市民身份也一直作为农民身份系统的对立系统而存在，造成这种状况的原因同长期以来我国城乡身份系统的固化存在有直接关系。

城乡隔离下，一代又一代农村人的户籍身份被打上了世袭的烙印，农民的制度身份被体制性地固定，且个人的这种体制性的身份很难靠自身的努力得到改变。根据我国户籍制度的相关规定，拥有非农业户口的市民身份和拥有农业户口的农民身份都是个体出生时就决定了的，子女的户口类型跟随母亲而定，也就是说，如果母亲是农业户口，即使父亲的职业已经转移到了非农领域并且拥有非农户口，子女的户口也必须登记为农业户口，纵使该子女已经长期跟随父亲居住在城市，那他（她）也无缘改变自己的身份。② 所以说，在我国传统的城乡关系下，个体一生中改变身份的机会很小，个体一出生，很大程度上他一生的身份以及他这一生可能获得的权利和生存状况就已经确定了，农民的儿子还是农民，一辈子种地，工人的儿子还是工人，可以享受国家养老失业的福利，代际流动很少，特别是对一个农民来说，除非参军、升学等有限的流动渠道，他们一般都很难改变自身农民的身份，流动性很低。

---

① 谢建社：《新产业工人阶层：社会转型中的农民工》，社会科学文献出版社2005年版，第254页。

② 何家栋、喻希来：《城乡二元社会是怎样形成的？》，《书屋》2003年第5期。

（二）城乡生活系统的隔离

城乡隔离下，农民虽然与市民同处一国，其生活却处于一种与城市市民生活截然不同的状况中，包括他们的经济、文化、社会和政治生活都分处于不同的空间和系统之中，从而形成了深刻的生活系统上的隔离。首先，在经济生活上，城乡居民基本处于两种水平和阶段，表现在消费上呈现出很大的层次差异，当城市地区的居民消费需求已经不再以高档耐用品为主要消费对象的时候，大量农村地区的居民仍然在温饱线上挣扎，对以家电消费为主的耐用品消费根本无法奢望；其次，在文化生活上，我国长期实行的城乡户籍隔离制度使得农村居民和城市居民文化之间长期隔离并缺乏必要的沟通和交流，造成了两种文化的巨大差异，如城市的高效率和乡村的慢节奏，城市人的理性权衡和农村人的人情关系等都形成了鲜明的对比；最后，在政治生活状况上，城市人和农村人之间的差别表现得更为明显，在享有怎样的政治权利、怎样参与政治权利、如何行使政治权利上都呈现出两种状态，比如城市人享有较为完善的政治参与权利，可以通过人民代表大会及基层选举等形式表达意见，而农村人参与政治生活的途径较少，一般通过民主自治的村集体来对村内事务发表看法。对于这种状况，孙立平在讨论社会断裂时曾经说"农民每天观看的电视节目和城里人几乎没有什么不同，但那些电视剧的内容，与他们几乎完全不相干，甚至不属于他们的时代"，[①] 在这里，孙立平将城乡居民之间生活的隔离比作不同时代之间的隔离，是对两种生活状态的深刻阐述，农村农民的生活与城市市民的生活已经处于一种断裂的状态，两者之间存在着无法跨越的鸿沟。

（三）城乡福利系统的隔离

与权利紧密相关的是这些权利所能够带来的福利，因此福利也是更为直接的权利。在城乡隔离的制度建构下，我国公民所能够享有的福利系统也被人为地割裂为两个系统，住在城市的居民基本上都是正

[①] 孙立平：《断裂：20世纪90年代以来的中国社会》，社会科学文献出版社2003年版，第13页。

式企业的员工或其家属，因而享有企业提供的多种福利待遇，包括工资、就业、住房、养老、医疗保险、子女教育、退休保障，等等；住在农村的农民，则依靠农民组成的集体进行农业生产，自谋福利、自行保障。不同的身份享受着截然不同的社会待遇，并通过一系列具体的制度建构起来，这些制度以户籍制度为中心，包括粮食供应、教育、就业、养老保险、医疗、劳动保护、人才制度、兵役，甚至是婚姻和生育制度等，十几种差异性的制度安排将中国农民置于近乎二等公民的境遇，这种分割的福利系统保证了城市的较快发展和城市市民的较好待遇，但对农民来说却是显失公平的，近年来虽有所改革，但是改革的成效并不大，两者之间的差异依然明显。目前，在城镇地区已经基本建立了包括养老、医疗、失业、工伤和生育保险在内的社会保险制度，最低生活保障制度也已经全面实施，而在农村地区，其福利系统的建立还处于一个初步探索的阶段，广大的农民还是以土地养老和养儿防老来解决养老问题，面临生病、事故、自然灾害等突发状况时还是要靠自身的积蓄来应对，缺乏必要的福利制度的支撑，极易陷入困境，因老返贫、因病致贫、因学致贫现象普遍存在。

二 城乡间的有限流动

随着社会的发展，特别是社会开放度的增加，城乡之间封闭的壁垒也出现了松动的迹象，造成这种松动的力量来自两个方面：第一股力量来自农村方面，中共十一届三中全会以后，农村开始大规模地推广家庭联产承包责任制，集体的土地承包给农户，极大地激发了以户为单位的农民的生产积极性，农业生产效率迅速提高，出现了一批农村富余劳动力，随着人民公社的解体，农民也获得了一定的自主择业和自主流动的权利，大量富余劳动力开始寻求更多的发家致富的机会，积极走出农村，到更为广阔的城市中寻找就业可能性；第二股力量来自城市方面，改革开放以来，随着大规模城市建设的展开，城市对建筑、制造等行业的劳动力需求大量增加，这些工作多具有脏、差、累的特征，也是多数城市人不愿意从事的工作，这就为农村人进城工作提供了可能，对农村富余劳动力形成了一定的就业拉动。

在两种力量的拉动下，国家政策导向也开始出现放松城乡隔离限

第三章 隔离与流动：征地前农民之隐形的风险与隐形的分化

制的倾向，逐步减弱了对城乡之间社会流动的控制，特别是中共十一届三中全会后，政府的这种政策调整的倾向性日趋明显，1980年9月，国家人事局、粮食部、公安部等联合下发了文件，着力解决部分专业技术干部在农村家属的城市粮食供应问题，允许符合一定条件的中级专业技术干部的家属逐步迁往城镇落户，此后陆续出台的几十项"农转非"政策又逐步解决了几类人员的家属落户城市或就地农转非问题。[①]虽然相关政策陆续出台，但主要还是针对"文化大革命"中所犯错误的纠正性措施，放开流动限制的对象也主要局限于技术性人员、党政干部人员（限于处级以上干部）、军政干部人员以及特定工种从业者（煤矿井下职工、三线艰苦地区职工、远洋船员等）等特定的人群，针对普通农民向城市流动的政策仍没有大的改变。直到1984年，中央下发的《关于一九八四年农村工作的通知》中明确确认了使越来越多的农民离开土地耕地、转入工业和服务业是一个必然的历史性进步，同时也开始在各地试点，允许农民自理口粮到集镇务工、经商、办服务业。1984年10月，国务院在《关于农民进入集镇落户问题的通知》中又明确规定：对那些到集镇（仅指县以下集镇，且不含城关镇）经商、务工或者办服务业的农民，只要满足一定的条件（包括有一定的经营能力、在城镇有固定住所，或在乡镇企事业单位长期务工），公安机关应发给《自理口粮户口簿》并准予其落户成为常住户口，至此，农村居民社会流动的自由度大大提升[②]。

在城乡之间流动的大门被逐渐打开之际，我们也可以发现，这种流动是有着诸多的附加条件的，如居住年限、经营能力、固定的住所，等等，更为重要的是维持城乡隔离的政策体系没有得到根本的改变或者废除，如城乡差异性的就业制度、差异性的教育制度、差异性的户籍管理制度以及差异性的社会保障体系等都仍然在发挥着作用，农民的流动依然是在城乡隔离的状况下进行的，即农民虽然可以到城市中经商、务工，但却不可以留在城市长久定居，不能获得城市市民

---

① 何家栋、喻希来：《城乡二元社会是怎样形成的？》，《书屋》2003年第5期。
② 同上。

的身份，不能享受城市市民的各项福利待遇，甚至在城乡之间流动的可能性不断增加的过程中，政府也不断用新的政策法规来限制农民流动，不时地体现出城乡之间这道深刻存在的隔离。如在20世纪90年代，为了阻止进城的农民大军，相关城市部门就设置了各种各样的障碍以增加农民进城的难度，在当时的情况下，农民想要进城务工是要多证齐全的，如务工证、暂住证、生育证、身份证、结婚证等，一个都不能少，如果证件不足，很可能就要被收容和遣送；又如在城市房价飞涨的最近几年，国家就利用农村和城市户籍的差别进行限购，变相地把农民想通过进城买房实现流动的大门关闭。可见在我国传统的城乡关系中，隔离是深刻地嵌入到城乡关系中去的深层次关系，而流动是有限的表象，多表现为一种对临时性就业形式的放开。

三　隔离与流动的城乡结构下我国农民的身份状态

按照一般含义来理解，农民作为对一种职业从业者的称呼，其身份状态自然应该是农业劳动者，且各个农业劳动者的身份状态应该表现出较高的同质性，这与其他职业应该没有本质的区别，就如同医生的身份就是医务工作者，从事治病救人的工作，而教师的身份就是教育者，从事教书育人的职业一样，农民的身份就是农业从业者，从事农林牧副渔的生产并获得产出，因此似乎对农民的身份状态并没有加以讨论的必要，但是在我国特殊的城乡——既隔离又流动——关系结构下，我国农民的真实身份状态与"农民"二字的表面含义之间已经产生了很大的出入，呈现出一定的复杂性特征，值得仔细讨论。

农民在我国作为一种职业并没有获得与其他职业相同的地位，特别是在城乡间长期隔离的情况下，农民所享有的权利和福利都远远差于城市市民及其他职业，在这个含义上，农民这种职业又被赋予了很强的弱势性特征，成为一个弱势群体的代称，因此改变自身的农民身份也就成为了许多农民穷其一生所努力的方向。特别是从20世纪80年代城乡间流动的大门开启，城乡间的深刻壁垒被打开了一道口子，这也就预示着农民想要改变其身份有了更大的可能，普通农民进城务工或者经商不再是奢求，在这种机遇下，一些农民积极地行动起来，靠着智慧和胆量，踏入了陌生的城市环境，对他们向往的生活和新身

第三章　隔离与流动：征地前农民之隐形的风险与隐形的分化 | 59

份发起了冲击，在这种不断的冲击之下，他们当中出现了一批经常到城市打工的农民，被称为农民工群体，还出现了一批家中种田、出外经商的农民，被称为农民经商户群体，另外，还存在农民技术人员、农村脱产干部等新的不同的身份群体，原来单一同质的农民内部在身份上出现了分化。在中国，"农民"一词已经不能完全从单一的职业来加以理解了，而是成为诸多种职业身份状态的混合称谓，具有了复杂的内涵。

对于农民中产生的这种分化以及分化的具体形态，学者们已经进行了大量的研究，在此我们可以借助他们的研究成果对征地前农民不断冲击新身份下造成的农民内部身份结构的变动有所把握。如有学者认为城乡流动下，农民内部产生了务农、务副、务工三个阶层，[①] 又或者是农业劳动者、农民工和雇工三个职业阶层，[②] 而大量的学者认为三分法过于简单，难以全面认识农民内部存在的分化，进而提出了四阶层说、五阶层说、六阶层说、七阶层说以及划分更为详细的八阶层说、十阶层说等多种观点。持四分法的学者如林坚，他以职业为基础，以不同职业农民的收入为依据，将农民的社会阶层进一步归结为上层、中上层、中下层和下层四大类，各自包含着多种职业的从业农民；[③] 姜长云按照农民的就业模式分化将农民划分为完全脱离农业的纯非农民，以非农产业为主、辅之以农业生产的二兼农民，以农业为主、非农产业为辅的一兼农民以及完全从事农业生产的纯农民四类；[④] 陈东平等按农户分化的性质和程度将农民分为户口已经迁入城市并实现了农转非的农民，户口未迁入但暂居城市务工经商的"城区农户"，仍居住在农村发展第二、第三产业的"兼业农户"以及单纯经营农业

[①] 刘洪礼、李学广：《试论现阶段我国农民队伍的构成》，《学术月刊》1983年第6期。
[②] 李腊生：《当代中国的阶层分化与利益整合》，《社会主义研究》2004年第5期。
[③] 林坚、马彦丽：《我国农民的社会分层结构和特征——一个基于全国1185份调查问卷的分析》，《湘潭大学学报》（哲学社会科学版）2006年第1期。
[④] 姜长云：《农民就业模式的分化与经济行为——对安徽省天长市农户的问卷分析》，《调研世界》1995年第2期。

的自耕农户四类。① 持五分法的学者如马夫，他基于田野调查，将农民的职业划分为农村干部、私营企业主、农村智力劳动者、个体工商劳动者、农业劳动者五个阶层。② 武言等将农民划分为农业劳动者、兼业农民、农民工、个体工商业者、乡镇企业家、农村管理者、职业乞讨者七个阶层。邹农俭以社会分工为主标准，以社会地位的差别为辅标准，将农民区分为农业劳动者、亦工亦农劳动者、乡村干部、乡镇企业管理者、知识分子、私营企业主、个体工商业主、雇工八个阶层。③ 最广为人知的划分应属陆学艺的八分法，陆学艺围绕20世纪80年代末的中国农民分化问题进行了科学研究，得出农民已分化为八大阶层的结论，即农业劳动者阶层、农民工阶层、雇工阶层、农民知识分子阶层、个体劳动者和个体工商户阶层、私营企业主阶层、乡镇企业管理者阶层和农村管理者阶层八类，④ 当然将农民进行了更多种类划分的研究也大量存在，在此不再一一详述。

　　农民内部产生的分化是农民在城乡既存在深刻隔离又有着有限流动的制度安排下，对新的职业和社会身份不断冲击的结果，这种分化造成的影响不仅体现在他们职业称谓上的变化，还体现在他们生活以及风险状况上的改变，即农民之间的生活状况随着他们的职业的变化开始发生分异，他们所面临的风险状况也出现了不同的走向，但是所有这些分异和变化均建立在他们依然是农民的基础上，这是他们身份状态上的共性，也正是因为他们身份状态上的共性和差异性的并存，他们的生活才既在总体上表现出了一定的总体性特征，又在内部表现出了一定的差异性特征。下面笔者将分别对征地前农民的总体性和差异性生活及风险状况进行考察，以对农民在征地前风险和分化状况的特征有所把握。

---

　　① 陈东平等：《经济发达地区农民分化现象考察与思考——以无锡市华庄镇的调查为例》，《南京农业大学学报》（社会科学版）2001年第1期。
　　② 马夫：《固原市农村社会分层的现状、特征及其对贫富分化的影响》，《宁夏社会科学》2007年第2期。
　　③ 邹农俭：《农民非农化的阶段、形态及其内部关系》，《江海学刊》1999年第3期。
　　④ 陆学艺、张厚义：《重新认识农民问题——十年来中国农民的变化》，《社会学研究》1989年第6期。

第二节 特殊城乡结构下我国农民总体性的生活及风险状况

在我国传统的城乡结构下，由于长期与城市生活相分割，我国农村展现出了一种特有的生活面貌，具有一定的总体性特征，这种特征也成为农村留给人们的最普遍印象。

笔者以所调查的D村为例，对农民在征地以前的这种总体性生活状况进行了描述。韦伯在进行阶层的划分时着重对三个方面进行了考察，即经济的层面、政治的层面和声望的层面，他认为这三个层面的综合考量将有利于对一个个体社会阶层的确定，按照韦伯的这种观点，社会身份的确认要进行物质、政治和文化认同上的考量。因此在本书中笔者从三个方面来考察农民在征地前的生活状况，即物质生活状况、文化生活状况和权利生活状况。

在实际的调查访谈中，笔者又对以下三方面分别进行了进一步的细化，具体为：考察他们的物质生活状况着重从基本口粮消费、住房和穿衣消费三个方面进行，通过这三个方面的调研对失地前农民的基本物质生活状况进行细致的展现。考察文化生活状况主要从分析他们的休闲文化生活和文化观念入手；对休闲文化生活的考察主要从他们生产活动之外的日常活动种类和方式入手，文化观念则从直接和间接两个方面进行整理和分析，直接的资料来自他们的口述，这带有较强的主观色彩，间接的资料则来自对他们一些旧家什和典型行为的分析和理解。权利生活状况是决定一个人身份的重要维度之一，拥有怎样的权利将对他们的社会身份和生活状况起到重要的作用，针对农民这个群体，这里将农民的权利具体界定为就业权、资源分配权和保障权三种，其中，就业权是指取得就业岗位参加劳动的权利，是公民赖以生存的基本权利；就业权中还蕴含了公民的另外一项基本权利，那就是从事一定劳动的劳动者都有获得合法收入以及参与资源分配的权利，本书将其称作资源分配权；第三项重要的权利是保障权，包括养老保障、医疗保障、教育保障等,在本书的讨论中,主要涉及的是养老保障权和教育保障权的状况。

一 农民总体性的物质生活状况

河南向来是农业大省,具有深厚的务农传统,务农传统以及这种传统的生活方式不但深刻地影响着他们的物质生活水平,还影响着他们的观念,包括婚嫁观和从业观等,"农"的思想已经深入到每个河南农民的骨髓之中,史书上对河南农民这种浓重的务农传统也有记载。

> 在这个北方"农国",人们无论贫富均讲究置地……至贩夫走卒,亦有十亩、八亩不等,传统的重农抑商、株守家园成为普遍的风习,清末经商者固然"率不齿于士夫",民国时仍积习不改,就连旧时手工业也因其连接市场而同样受到鄙夷,所用工艺产品,大半来自省外,因为认为经商者多欺诈,手工业者又低贱,所以子女婚嫁时多注意趋避[①]。

D村农民的主要职业也是务农,因此务农收入也成为征地前该村农民的基本收入来源,土地不但为他们提供了基本的物质——口粮的来源,还为他们提供了一些基本的蔬菜、瓜果和副食品供应,该村土地资源丰富,农田占有超过1300亩,但因人口众多,人均所有的土地并不多,只有6—7分地。

> 种地的时候,俺们家6口人,每人7分地,一家就有4亩强(多一点儿)的地,只要不是大旱大涝的年景,一亩地怎么也收个七八百(斤)的小麦,一口人能吃多少,大人百儿八十斤的粮食足够了,小孩儿吃得就更少了,就是半大小子儿,长身体的时候,吃得多些,又能多到哪里去,口粮是足够了,多的粮食还可以卖,或者换点东西。(原D村村民)

[①] 程有为、王天奖主编:《河南通史第四卷》,河南人民出版社2005年版,第640页。

第三章 隔离与流动：征地前农民之隐形的风险与隐形的分化

至今在河南一些农村仍然存在着物物直接交易的现象，有些到乡间叫卖的小贩被农民叫作"逛乡的"，他们经常带些日用品或者副食品与农民的小麦、大豆等农产品做直接交换，交换价格依照农户所提供的农产品品质好坏和商品市价进行调整，一般来说，1斤小麦能换2—3斤西瓜或者1斤桃子，农民通过这种方式可以获得一定的副食品和日用品。

> 跟你说吧，以前俺有地种的时候，俺就不用买吃的，村上一人7分地，口粮和吃菜都够了，家里2分的菜地，一到夏天，茄子、黄瓜、丝瓜、豆角结得吃不及（注：吃的没有结出的多，意思是吃不完），送给邻居人家都不要，谁稀罕这个，家里都种着呢，送给城里的亲戚，他们倒是稀罕得很，他们说俺们种的都是绿色食品，俺那时候哪懂得那个啊……（原D村村民）

对于农村居民来讲，住房问题远不如城市住房那么紧张，一是空间宽广，二是按人头分宅基地的方式基本上能够确保所有的村民拥有住房，而村民之间的互助又使得修房子的过程变得简单起来。

> 盖屋的话，都是自家的宅基地，村里面添一个儿子，就分一份庄基，都有的，（建筑用的）材料要自己筹钱……到盖的时候就容易啦，村上的（人）多少都会和个泥、上个瓦，不用找外面的人干，你帮一把、我帮一把，自己也要动手，房子也就起来了，都是乡里乡亲的，也不会给你要多少工钱，一般给每人送两包烟，请他们喝顿酒，管好一天两顿饭就行了。（原D村村民）

虽然不如基本口粮和食物那么重要，衣物也是人们生活的必需品，在传统的以农为生的农村中，农民的衣物购买资金也主要来源于农业相关的产出，乡村集市中廉价的衣物是他们进行衣物消费的主要来源，维持了他们的基本需求，以下是D村两位妇女对她们征地前衣物消费状况的描述。

俺们村上的人都要感谢"羊大仙",大家都是发"羊"财的,靠着一群群的羊养活孩子和一大家子的人。以前我们家的这几个孩子还小,整天闹吃闹穿的,家里的粮食是够吃的,但要穿新衣服的话,那还得靠放羊,一家养两三只母羊,养好了,一窝子两三个羊羔子,冬天一过,地里面就有草了,小心喂着的话,几个月就长成半大羊了,一只这样的半大公羊羔子能在羊市上卖个100多块钱,卖个两三只的话,这一年全家的衣服都不用发愁了。

买衣服,我一般不去城里,太贵,又怕上当,那些个卖衣服的都长着一张能说会道的嘴,专门骗我们这些下面来的人。下面的村三、六、九有集,小孩儿的衣服十几块钱买一套,拖鞋三五块买一双,可便宜。

可见,该村农民在征地以前的衣物消费来源也是农牧业生产,如养羊换钱;同时在衣物的选择上,也表现出自己的特征,如在购买衣物的时候较少考虑质量,挑选衣物也多以经久耐穿为主,对舒适度的要求较低,典型的表现为他们并不喜欢纯棉的衣物,认为这种衣物掉色又容易变形,而倾向于涤纶等材料的衣物,认为颜色鲜艳,又能够穿很多年,他们这种选择衣物的标准与城市人强调舒适为主的标准是有很大不同的。

当地农民更为集中和大型的消费行为体现在每年农历十月当地的交易大会上,为了进一步说明征地前该村农民在消费上的特征,笔者将该地交易大会的基本情况做如下介绍。

每逢农历十月,该县都会举办中原地区最大的衣物鞋帽交易会,每年的交易会持续10天,届时,不但有本地的商家,河南省的商家,河北、山东、安徽、湖北的商家,甚至是重庆、四川、福建的商家都会来P市进行商品展销,众多的商家把县城中几条主要的干道都占满了,绝大多数是销售衣物、鞋子以及日用品,价格非常便宜,而且可以买到不同地方的衣服。每年的农历十月,秋粮已经收割完成,羊也养肥了,正是该村农民手头上最为富裕的时候，P市十月大会的到来，也就成为他们集中消费（特别是采购全家人衣物）的时候。每到这个时候，成群结队的农村人涌入城里采购，一般是一大家子集体出动，熙熙攘攘的人群中，你能够很容易辨别出哪些是乡下人，他们不仅拖家带口，而且皮肤黝黑，带着浓浓的乡土气息；而女性的特征则更为明显，不论年轻的、中年的，还是老太太，她们大多会头扎一种颜色非常鲜艳的头巾，这是一种方形的头饰，展开之后有一米见方大小，可以被折成不同的形状，扎在头上，既起到很好的保暖作用，还具有美观的作用，这种头巾甚至还具有很多其他的功能，比如累了的时候可以当坐垫，买了东西可以作装东西的包裹，有的时候又是包裹小孩子的保暖品，功能多变，也正因为如此，这种头巾深受当地农村女性的欢迎，是每个女性必备的装饰品，也是她们每年都会添置的家当。而城市女性则没有这种偏好，她们把扎头巾看作农村女性的标志，甚至用"扎头巾的"来代指农村人这个群体。

从农民的这种消费行为中可以发现，传统的农村人的基本物质消费具有一些明显的特征，首先，多是集中性的、一次性的，他们一般在一个固定的时候统一添置衣物，这与他们进行的农业生产活动具有一定周期性有关，不管是种地，还是养殖，都有一定的成长周期，等到这些工作得到回报和产出之后，他们才有可能进行较为大量的消费，这也是他们生活上对土地依赖性较高的突出表现；其次，他们购置衣物时对衣物的品质要求较低，一般只是看重衣物的经久耐穿性，这与他们从事体力性劳作有关，更与他们的收入水平偏低直接相关，再者，他们对衣物的审美趣味与城市人有明显不同，偏重实用，如对头巾的偏爱就体现出这一点，颜色的鲜艳又反映出他们独特的色彩认知。

二 农民总体性的文化生活状况

文化生活状况表现在生活的各个方面，即使是消费中也体现出消费者文化的认知状况，由此也可以说，一切生活都是文化，因此文化生活状况的考察将是非常宽泛的，为缩小考察的范围，同时也可以对该村征地前农民的文化生活状况有一个较为准确的总体把握，笔者在这里选取了最具文化表现意义的活动进行考察，主要包括农民在征地前的日常休闲活动和一些具有典型文化意义的活动两类。对于日常休闲活动，我们可以通过村民自己的陈述来直接考察，以下是笔者通过小组访谈获得的一组访谈资料。

笔者：以前闲下来的时候都做些什么，平时有哪些娱乐活动？

A 妇女："也没什么好玩的，干了一天的活，都累啦，晚上吃饭的时候就想凑在一起笑笑、乐乐，街坊们都蹲在街边（村里面的路）上，边吃边聊……家长里短的，啥都聊，男的喜欢聊（国家）大事儿，姑娘媳妇们不懂那个，就说点家里面的事儿，要是哪家的姑娘还没定下来的（终身大事），我们也都帮着说合。"

B 妇女："串门子呗，女人们爱串门子，男人们也喜欢，每天吃完晚饭，东家西家地走动，每天都要这样的走动走动才是街坊啊，爱走动的都是好说话的，大家爱到哪家走动，那就是说这家人人缘好，大家都喜欢，那时候，他们都爱到俺家来，一坐就坐一晌午，大家一起绣花鞋垫，有说有笑的，觉得挺好。"

A 男子："我就歇着，能干啥呢，有时候上完了肥料，到下一次锄地还要十天半个月的，长活干不了，短活不来钱，只能歇着了。"

B 男子："我喜欢打牌，这几家的媳妇都爱打牌，我们从前就老在一起打花牌（一种窄长形状的牌，上面绘有图案，打这种牌可以赢钱），没事儿的时候就在院子里面摆上桌子，叫上几个媳妇（女性的中年朋友）一同打牌，我们一般来钱的，以前来钱少，一回一两毛钱，现在多了一些，一回一块钱，主要不是来钱不来钱，闲着干啥呢，就是找好玩儿。"

C 男子："看戏……每次县里的豫剧团来唱的时候，大人小孩都高兴得不行，晚上 7 点开演，我们都是早早喝了汤（吃了饭），搬着小板凳去村头占个好位置，有有名的唱家（演唱者）来的时候，十里八乡的人都会去，有打单去的，还有赶着车或者开着电动车拖着一家老小去的，主要唱的是豫剧、河南坠子，也有外地戏，弦子戏、大平调、四平剧、评剧啥的，都喜欢，热热闹闹的，大家都爱听，就是后来有了电视，还是有很多人去听，图个热闹，可有意思。"

D男子："要说最爱的，那还得数豫剧，老老少少的都爱听，最爱三国戏、瓦岗戏，大花脸张飞一声吼，一股子英雄气，心里那个痛快啊……也喜欢马金凤的《花枪缘》，唱得好，演得好，扮相可好看，就是名演员来得少啊……"

除了日常休闲活动外，最能够体现农村村民文化生活状况的莫过于他们的祀神烧香活动，这项活动遍布河南省内大部分的县市，但各地大肆祀神的时间各有不同，一般会在当地举行庙会期间举行。当地的祀神时间是每年的农历十月，为期一个月，正月里也有，从前一年的小年一过（腊月二十三），正月里的祀神活动就开始了，随着一天天临近过年，气氛越来越浓，在初一之后达到顶峰，活动一直持续到正月十五过后，期间的祀神活动异常热闹且形式有一定的讲究，河南的相关历史中对这种祀神活动也有记载。

> 参与祭祀的男女老少都有，或独家，或结队，从方圆几十里、上百里的地方会聚前来，除在神前烧香点烛和献供外，还随神庙的特色而进行特定的祭祀和祈祷活动，诸如"挂枷""挂铁锁""抱孩儿""摸金钱"等，有的庙会，除接纳大队善男信女入庙参拜外，还将庙中神像抬出，游巡行像，如"城隍出巡""游龙王"之类，自朝至暮，摩肩接踵，十分热闹……[①]

[①] 程有为、王天奖主编：《河南通史》第四卷，河南人民出版社2005年版，第635页。

D村的村民供奉城隍，对城隍庙中的神灵有着非常虔诚的信仰，每逢重要的节日，他们都要骑车赶十几里路到县城南边的城隍庙中烧香祭拜，这是一种集中形式的祭拜。平时每逢初一和十五，也都是农村人烧香拜佛的时候，该村人也不例外，该村的东头有一个老爷庙，庙中的老爷已经被供奉了很多年，一位经常去庙里面烧香的中年妇女说：

> 烧香最灵验了，神灵，我敬他，他敬我，多磕头，多来财，来年的光景风调雨顺的，家里面没病没灾的，要保佑我家多赚点钱……我信他，他就保佑我。

总的来说，征地前农民的文化生活有以下两个典型的特征：首先，很强的乡土性，他们的文化生活基本上是围绕农村和农村生产活动而展开的，如聊天的内容主要是农业相关的日常生活，对外界活动的涉及较少，这是一种与城市的文化生活方式截然不同的一种文化表现形式，具有浓郁的"泥土的气息"；其次，范围比较狭小，如交往的范围主要是邻里街坊，自我封闭性较强。

三　农民总体性的权利生活状况

（一）就业权和资源分配权

农民，顾名思义，是从事农业生产活动的一个群体，农业生产活动就是他们的工作，他们通过从事这样的工作获得基本的物质收入、基本的保障来源和社会认同。通过从事农业生产活动获取合法收入需要两个最为基本的先决条件：首先当然是要拥有一块土地，其次要具有法律上的获取土地耕种收入的合法性基础。按照我国法律，在我国农村中土地虽然归集体所有，但在统分结合的双层经营体制下，农民从事土地耕种，对土地产出的获取也是具有合法性的，即两项条件都得到了满足，因此在我国现行体制下，农民只要还拥有一块土地，其从事生产并获得产出的权利就是可以得到保障的，且在多劳多得、家庭分散自主经营的政策下，农民的这种就业权利还可以被农民自身所支配，使其生产活动受到较少的约束，表现出"自由"的特征。从以下三位原村民的话语中也可以明显地看出这一点。

第三章 隔离与流动：征地前农民之隐形的风险与隐形的分化

以前，自己家地里的活，想干就干，不想干就不干，还不是自己定，天热的时候，我不想干活，躺在屋里睡大觉，又没人赶着你下地，可舒服，可自由。（村民 D）

要看天的，什么季节干什么季节的活儿，你比如吧，冬天的小麦，要及时给种上，春上的时候，要上肥料浇水，要不就要减产……除了这些时候忙活点，其他的时候，干农活还是挺自由的，又不是上班，自家的活自家说了算。（村民 L）

一年两季呗，春天那一季都是种小麦，原来要交公粮，后来不交公粮啦，我们自己做口粮，秋天那一季种啥的都有，都是自己家定的，大豆、绿豆、红薯、玉米、高粱，反正没谁要求咱，自己喜欢种啥就种啥呗，啥能换钱就种啥，大蒜贵的时候还种过一次大蒜，谁知道等长成啦，价钱又下去啦……整不准的。（村民 W）

可见，由于实行了家庭联产承包责任制的土地生产经营体制，以户为经营单位的农民具有了很大的生产经营自主权，除了受农业生产的季节性因素和天气性因素影响外，农民的农业生产活动基本是自主的，农民自身在这个过程中有相当的自由度，包括对农业生产的作息安排、产品种类等。

资源分配权是就业权的自然延伸，它与一个人的身份直接相关，对农民这个群体来说，资源分配权是与他们作为农业生产者的身份密切相关的，主要涉及两种资源的分配，即与土地相关产出的分配权和与村民身份相关的村庄资源的分配权。与土地产出相关的分配权与他们的土地经营产出权直接相关，在我国的土地产权制度上也有明确的规定，因此是可以保证的；与村民身份相关的村庄资源的分配权涉及村庄内部的多种资源，最重要的资源是土地。笔者调查的 D 村庄一直实行的是 5 年一调地，也就是每 5 年进行一次土地调整，每次调地的主要工作就是对已去世人员或者出嫁迁出人员进行注销、土地收回，对新生和新进人员进行登记、分配土地，以保证所有村民基于土地上就业的资源分配权。

（二）保障权

关于我国农村的养老模式，学界大多称之为家庭养老，这种提法强调了子女在承担养老上的功能，但是笔者认为，与这种提法相比，土地养老的提法更能准确表述我国农村的养老模式，在这里提出土地养老是要强调土地在农村养老保障中的更为基础性的作用，在这里可以举一个例子。

> H老太今是一个尚未被征地的T村的村民，今年已经75岁了，独居，虽然身体状况尚可，但是毕竟人生七十古来稀，已经不能到地里面干重活了，她的一份土地交由儿子打理，土地产出中留足老人的口粮，其余的收成归儿子家所有，另外儿子负责关照老人的生活。

H老太的情况看似是家庭养老的模式，其实存在不同的内在逻辑。如果是家庭养老，应该是共同居住，以便于照应，但H老太尚且靠自己独自生活，她之所以可以得到来自儿子家的照应，除了道德的因素外，更重要的是她仍然拥有土地，她将这块土地交由儿子家打理，可将其视为一种变相的再承包的行为，儿子家耕种她的土地并获得产出就有义务对她支付一定的承包费用，这是家庭养老内部的更为深刻的利益原因。因此，可以说，我国农村的养老模式更像是一种土地养老，老人正是依靠自己尚有的资本——土地来获取赡养。

（三）受教育权

土地除了能够保障他们的老年生活以外，土地的经营权和农村居民的身份也保障了他们子女基本的受教育权利。以D村为例，该村里有所小学，是十几年前由教育局发起并提供部分资金加村民自己集资建成的，当时的情况下，本村的儿童在此上学是不用缴纳学费的，但要缴纳书本费，教师大部分来自本村，少部分是外聘的。小学的主体是一座白色的两层小楼，上上下下有七八间屋子，除了1—5年级各一间教室外，剩下的用作教师的办公室。校园不大，有一个不算大，但足够学生进行课下活动的小操场，校园四周的围墙呈现出斑斑驳驳的灰色，许多地方的墙体已经严重老化，大门两边用朱砂写着"培育英才、兴国振教"八个字，字体上斑驳脱落的红色说明这所学校已经很久没有得到修葺，当地的村民也说现在的村小学基本上还是维持了十几年前的样子。但就是这样一所小学，在10年前对村民的重要性却是非常大的，一位妇女如是说：

> 早先小孩上学都是在村里，上自己村上的小学，不用交那么多的钱，放心又很近。在外面的实验小学上学，要这钱那钱的，我们种个地，一年打的粮食还不够学校要的呢。

可见，村内小学的正常运转至少保证了村中适龄儿童最基本的受教育权的实现，如果不考虑教育质量的话，该村农民在征地前所拥有的教育机会基本上是平等的，特别是在义务教育阶段，村民子女的基本教育状况因这所小学的存在而得到基本保障，不致因交不起学费等原因而过早辍学。

通过对征地前农民的物质、文化和权利状况的考察可以发现，他们的物质生活是以土地为根本来源的，文化是以乡土文化为核心的，权利状况是以农民身份为最终保障的。总结这三个方面可以发现，农民这个群体生活的方方面面都是离不开一个"土"字的，他们浑身上下洋溢着一种"土"气（这里并无贬义），正是这种"土"的本质保证了他们的基本物质生活、填满了他们的休闲文化，并保障了他们最基本权利在农村范围内的实现，离开这种"土"气，他们也就失去了他们的特色，不能再被称为"农民"。因为在诸多的英文解释中，包括《莎士比亚大辞典》对农民的英文"peasant"也都赋予了乡土的、乡村的含义，以"土"为生并获得相应的文化生活的意义和相应的权利保障，这就是农民在征地以前总体性的生活图景。

四 农民总体性的风险状况

（一）物质生活风险不大

从对征地前农民的物质生活状况的考察可以发现，该群体在征地以前的基本口粮是可以保障的，特别是在农民获得土地生产经营的自主权以后，农业产量有了大幅的提升，这确保了他们基本口粮的稳定供应。除了基本口粮以外，他们的住房、穿衣的改善都与他们的农业生产状况紧密相关，只要农业生产活动得到保障，他们的住房、穿衣都可以得到基本的保障，尽管按照现在的标准来看，这仅是一种低标准的保障，但是借由这种保障形式，他们基本的物质生活需求也得到了基本的满足。

（二）文化生活风险很小

通过对该村在征地前的文化生活状态的考察可以看出，在征地以前的该村，村民的文化是具有典型的乡土特征的，他们有自己的喜好、自己的趣味、自己的业余时间安排方式，等等。以共同生活的乡村作为背景，村民之间形成了很高的文化认同，表现出相似的文化行为，比如大红色艳丽的头巾如果被他们所共同认同，那么他们就认为扎这种鲜艳的头巾是美与时尚的体现，那么他们就不会在意其他人，特别是城里人对他们略带讽刺的称呼"扎头巾的"，他们会成群结队地穿过城市的街道而不顾他人的看法。

因此，笔者认为在征地以前的传统社会中，农村社会中的文化是自成一体的，在农民内部获得了高度的认同，因此即使他们与外界文化存在着巨大的差异，也并不会造成他们在文化认知上的太大困惑，也就无法形成文化风险。同时还发现，传统农村社会的文化具有一定的自我封闭性和单调性，这种封闭性也使得农民群体的文化生活保持了一份远离城市喧嚣之外的宁静，当城里人忙于熙来攘往，为生活而奔波的时候，农民们正扛着犁耙，牵着羊儿，走在田间的和风里，他们翻耕着肥沃的土壤，撒下希望的种子，不能不说，这就是一种幸福。

（三）权利风险在农村范围内可以得到有效的规避

从农业生产者的权利状况可以看出，他们的权利有多少、能否得到实现都是与他们土地资源的占有与否紧密相关的，如对土地资源的占有保证了他们的自主的就业权和自由的劳动安排，对土地资源的占有也保障了他们作为一村村民的各项权利，包括对相关事务的决策权和村中公共资源的分享权等。对这种权利状况，农民可能无法从权利的高度进行理解，但农民们有他们自己最为真切和朴素的表达，除了村长和村委的成员被村民们称作干部之外，其他村民在他们眼中的差别并不大，即使被他们称为干部的人员，在与村民的直接交流中，也只是用互相之间的亲戚关系来称呼，比如说，如果按辈分算，村长在该村中是某个村民的侄子，他们就称这个村干部为"侄儿"，这是按照亲属关系进行的称呼方式，而不会直接称他为"村长"，从这种称呼方式来看，至少在村庄内部，农民的权利观念不强，意识到的权利差别不大，农民的基本权利可以得到保障。

总的来说，由于受长期城乡隔离的影响，在征地以前的农村内部形成了一种具有典型乡村风格的总体性生活状态，这种生活状态下，农民之间分享着相似的生活状态、承担着相似的风险状况，具有一定的总体性特征。

第三节 特殊城乡结构下我国农民内部分异性的生活状况

在我国特有的城乡关系下，农民的生活在呈现总体性特征的同时，其内部也存在着分异，这种分异首先就体现在他们的生活状况上，接下来，笔者将以 D 村为例对农民内部生活上的差异进行描述和讨论。

本书选取的村庄处于农业大省——河南省，世代以务农为主，因此在征地前的内部分化比较简单，但仍然存在着差异，按照当地的说法，他们这个村子，以前除了种地，就靠两样东西过活，一个是泥兜子、一个是羊鞭子，这句话简单生动地说明了该村内部村民在征地以前的分异状况。

该村百年来一直有从事建筑业的传统，村子男女老少齐上阵修房子的场景并不少见，搞建筑是他们的传统项目，很多小孩子一过十四五岁就跟着大人们到处打工，做的工作就是给别人修房子，揽私活，小孩、大人、女人各自分工鲜明，互相照应，一个泥兜子就是他们的全部家当、赚钱娶老婆的本钱和闯天下的家什,这样的建筑队是由村民自发组织和管理的,在农闲时候集体外出打工,这就是一个泥兜子的含义;第二个是羊鞭子,顾名思义,该村有养羊的传统,打不动工、提不起泥兜子的老人、妇女都会养上一群羊,村子四周的大片田地和草地为羊群提供了丰富的食物来源,秋天田里收割后剩下的干草可以保证羊群一个冬天就变得膘肥体壮,对条件稍好的家庭来说,"一群羊儿养得好,孩子们的学费就有着落,零嘴(副食品)就不愁",对条件不好的家庭来说,养羊就成为种地之外的最重要的收入来源。除此之外,还有少量经商的农户,他们除了农业劳动以外,还从事一定的商业经营活动,经营资本不大,他们常年经商,虽然并未放弃农业生产,但其收入来源和劳动的重心已经不在田地里,对农事"整整就中",并不会精耕细作,他们将重心已经转移到经商上。以前每年收割夏粮小麦时,经商户往往不采用人工收割(当地人均土地为8分多,规模较小,所以一般采用人工收割),而是雇用农业机械进行收割,虽然要为此支付一定的费用,但是却节省了时间。在时间的选择上,很多经商户农民收割农作物的时间都选在晚上,"前一天看着还好好的,第二天再看地里就啥也没了",这种收割方式用他们的话说就是"不耽误生意",由此可见他们对待经商和农业生产的差异性态度。

结合本个案的实际情况,本书将D村征地前农民的种类区分为以下三类:

第一类,纯农业生产户。笔者调查的D村所处的P市为农产品重要产区,农民世代以从事农业劳动为生,农民的土地情结很深,即使近年来外出打工的人很多,但是在征地以前,单纯依靠耕地或主要依靠耕地收入作为其主要收入来源[①]的农户仍然很多,占到D村农户总数的一半以上,但从人数上来看,D村中以农业经营活动作为其主要生计活动的农民要占绝大多数。

第二类,半工半农的打工户。半工半农群体也就是平时所讲的农

[①] 其他收入主要是来自农畜养殖,也属于农业性收入。

民工，他们忙时种地、闲时打工，是工农兼顾的一个群体，他们常年外出打工，大部分时间从事的是第二、第三产业的劳动，但享受不到城镇居民的各种补贴和待遇，他们的户籍仍然在农村，且保有土地，因此其身份依然是农民，在笔者调查的 D 村中，他们是人数仅次于农业劳动者的一个群体，征地前该类型的农户约占 D 村征地前总户数的 40%。

第三类，经商兼农户。经商兼农户往往具有某项专门技术和技能，或者具有一定手艺和经营能力，长期经商却并没有放弃土地耕种，在笔者调查的分化程度不高的中部农村 D 村，该类农户所占的比例仍然比较低，只有不足 20 户，占征地前总户数的比例不足 10%。

以上对农民内部类型的区分虽然相对简单，但基本上包含了征地前农民的所有种类，且便于讨论，符合研究便利性和分类的完全性。三类农户中纯农业生产者的生活状态具有典型的农村生活风格，符合农民生活的总体性特征，对半工半农者和经商兼农者的生活状况的考察将在与纯农业生产者的生活状态的比较中展开，以凸显农民内部生活上的分异性。

一 农民内部在物质生活上的分异

随着城市对低端体力劳动者的需求增加，一批身强力壮、具有一定人力资本的农民开始外出打工，成为不同于纯农业生产者的半工半农者，打工收入成为这一群体家庭收入的重要经济来源和土地收入的重要补充，有时甚至成为其家庭收入的最大来源，但是土地产出作为一种稳定的口粮收入，土地依然是该群体口粮和基本物质需求的稳定来源。也正因为如此，他们往往投入更多的劳动和时间在土地上，这首先表现为该阶层农户并不是举家外出务工，绝大多数的农民工都采取了"半边式家庭"的模式，即一人外出务工，一人在家种田；其次表现为农忙时外出务工人员一般会赶回去干农活，而不会完全忽视农业生产。[1] 半工半农者具有双重身份，作为从事农业生产劳动的人，

---

[1] 冯晓平、江立华：《阶层分化下的失地农民风险研究》，《中州学刊》2011 年第 5 期。

他们具有职业农民的身份，但是作为一年花费几个月甚至是大半年时间在非农劳动上的人，他们又明显具有工人身份的某些特征，这使得他们的物质生活状况有了一些新的表现，其中最为重要的一个表现就是他们在打工与务农之间的权宜性安排。

> 基本的口粮还要靠种地，以前的时候我们家每人划8分地，加上我老娘的一分地，全家6口人，每年能建（注：收获）个三四千斤的麦子，十几袋子的粮食堆在堂屋里面，都能占大半个堂屋，吃到来年都够。春天这一季的小麦是最重要的，种好了，吃的就不用愁了，出去打工也没啥后顾之忧了。秋天那一季我们一般就不咋操心了，小麦收了，种上玉米，就随便了，能招呼下就招呼（打理）下，不能招呼也没办法。有活的时候就出去打工了，种地总没有打工来钱快……（打工者LHL）

通过打工者LHL的表述，我们可以发现，在半工半农者的生产安排中，土地生产仍然占据了重要地位，特别是出产口粮的夏粮耕作，更是不可忽视，在保障了基本口粮的夏粮收割以后，他们才会更多地考虑外出打工。

该村的农民外出打工大多是从事建筑业，这是同该村的务工传统密切相关的，那么一个从事建筑打工的该村农民的打工收入又如何呢？这里就将10年前该村建筑队打工及收入的基本情况做下介绍。

> 该村的建筑队并不是具有专门资质认证部门认证的专业建筑队，而是由该村村民自发组织、自行管理的一支建筑小队，具有很大的随意性。一般遵循谁揽活、谁负责的原则，"找活的话，要去找熟人联系，或者走街串巷地找活，也有找上门的活"，谁找到的活，谁就是领队，领队按照所揽活的大小决定施工人数的多少（施工队伍规模从三四人到20多人不等），然后去村里面各家各户找相应人数的施工者。但是也有例外的时候，比如说，有的人急需找个活干，只要和工头说上一声，也可以加入这一次的

施工，而在特别时期，如夏粮收割或者施肥灌溉等农忙的时候，就很少有人愿意打工，即使工头揽的活再好，也很难找到足够的人手，当工头找到自己的施工队伍之后，就一同去打工，工期是他们自己根据经验来定的，有很大的浮动性，如何盖、如何修，都是口口相传的本事，靠着经验动手。早期的时候，报酬是"百家饭"，即不要报酬，只要管饭就行，但是这种情况只限于熟人或者亲戚邻里之间，到外面做工，每个人的工资从10元/天到20元/天不等，这种工资水平一直持续到21世纪初都没有多大变化。工人之间的报酬差别按照大小工来区分，大工包括垒砖工、扒梁工等，每天的工资为20元，能吊线装门窗的每天的工资还会更高一点，掌尺的（相当于建筑队中的工程师）最高，有时可以达到每天40元，而小工包括水泥工、抛砖工等，也就是打下手的，每天只有10元，这基本上是依据所从事的复杂性而进行的收入分配，体现出能者多得的原则，一般引起的分歧不大。

可见，在早期的打工经历中，打工者们可以获得的收入并不高且不稳定，因此在基本的物质生活方面，半工半农者的基本物质收入还是来自土地。家庭成员的内外分工协作保证了基本的口粮来源和一定的额外收入，这部分收入在本书调查的村庄中并不能起到保障性的作用，但是却为该村的半工半农从业者改善纯粹的农村生存条件起到了一定的补充性作用。这种补充性作用主要体现在两个方面：对基本物质生活的改善作用和对大宗家庭支出的支持。首先，打工为他们的基本物质生活提供了更多的可能。如打工者F姓男子就认为打工为其家庭，特别是为孩子带来了很大的物质上的改善，他说：

以前俺就打工，地里的活儿都交给俺娘和俺媳妇，农忙的时候，（自己）还是要回来，活太多，（她们）干不了，当时觉得打工挺好的，能挣多少挣多少，总比只种地强吧，好的时候，出去3个月，仨小孩儿的零嘴钱（零食钱）就有了，还能给家里人添点新衣服，城里的衣服好看，花裙子啥的，打工回来，给孩子买上一件，都喜欢得不得了。早些年，这村里的小女孩哪有穿这种花裙子的，我家小闺女有一件，是我打工挣了钱给她买的，穿上好看得不行，真像电视上的小孩，穿上了在大马路上噔噔地跑，邻居家的小孩都羡慕得不行。

其次，打工也为农民家庭的大宗支出提供了支持。在该村，年轻男性农民在成家之前一般会同父母住在一起，父母所住的屋子被称作"老院"，待到年轻男性到了结婚年龄，父母便会想办法修建一处新的住所，与自己的成年儿子分开居住，也就是分家，这处新的住所被叫作"新院"，新院一般要比老院子盖得更好一些，而在农村仅靠农业收入是很难支付新院的建筑费用的，而打工的收入则是这种建筑费用最重要的来源。因此很多农村男性一旦不读书了，十几岁的年龄就会外出打工，一般好好干个四五年就可以挣出三间平房的材料钱来。这种肯勤勤恳恳打工挣钱盖房子的农村男青年一般都会得到极高的认可度，当然也包括年轻姑娘的认可，认为他们是"勤劳、可靠和有本事的"，婚姻大事自然也能水到渠成。

我15岁就跟着（村里建筑队的）打工，开头啥也不懂，他们让我干啥我就干啥，就是提个泥兜子，打下手呗，那时候没啥钱，有时候就是跟着吃两顿饭，后来我学会了和泥，泥多少、沙多少、水多少，该是个啥比例，慢慢就把握准了。再后来我学会了吊线安门安窗，一天的工钱就有20元了，活多的时候，我们接一个活能干两三个月，能挣个2000多元钱，（就这样）我打工了4年，盖了三间全新的房子，22（岁）的时候经人家介绍认识了我现在的媳妇，下了聘礼，结了婚……没钱买房子，没钱下聘礼，哪家的（姑娘）看得上你……（中年男子ZY）

从这个例子来看，如果该男子不外出打工，而是一心务农，那么他在盖新房娶媳妇等大事上就会面临困难，而正是由于其外出务工的经历，他才有能力支付人生几件大事所需的费用，显然，半工半农者

第三章　隔离与流动：征地前农民之隐形的风险与隐形的分化 | 79

的物质生活条件是要明显好于纯农业生产者的。

经商兼农者多从事个体经营等小本生意，开夫妻店或家庭店，具有一定的经济资本，他们的年收入多少不等，少的为三五万元，多的有十几二十万元，他们平时忙于做生意，种田的活"随便整整就中"，投入的时间、精力不多，也并不去计较土地上产出的高低，土地产出在他们的收入中所占的比例很小。以笔者调查的 D 村为例，当地亩产平均为 900 斤小麦，每斤小麦市价 9 毛钱，除去化肥等投入，一亩土地可以使每人每年获得 750 元左右的收入，征地前该村每人只有 6—7 分土地，以村中开修车铺的农民 ZTX 为例子，他每月可获得的稳定非农收入为 3000 元左右，则他每年的非农收入有 36000 元，家中四口人中只有他一人有非农收入，这样算下来，土地收入仅占 ZTX 家庭年收入的 5.5%，是非常少的一部分。[①] 当前，农业收入主要表现为实物形态，越来越多的农民不再以农业为盈利产业，如果农民不种地就必须用现金来支付开支……农民继续种地是理性的，即使不挣钱也至少能节省开支，[②] 因此，土地在经商兼农群体的收入结构中仅表现为一种补充性收入，起到节省开支的作用。

> 那时候我们也种地，种得好不好，都要种着，就是我们天天在外面忙生意，地里的事儿没别人招呼得那么好，每亩地一年也都能有点收成，收多少不重要，毕竟靠这个（土地产出）也过不好，但是有总比没有强吧，家里的口粮都不用买了……生意没有好做的，早出晚归的也不能保证每天都有好买卖，毕竟不像城里人有工资的，钱月月发，都是有保证的，我们全要靠自己，都是小本生意，家里面有点儿地好，心里安定些（没有生意的时候就回去种地）。（经商农民 ZTX）

[①] 冯晓平、江立华：《阶层分化下的失地农民风险研究》，《中州学刊》2011 年第 5 期。

[②] 吴力子：《农民的结构性贫困——定县再调查的普遍性结论》，社会科学文献出版社 2009 年版，第 113 页。

在 D 村，谁家是做生意的，通过房子就可以直观地判断出来。经商兼农者的房子在村中往往是比较好的，虽然村中盖的都是平房，但是差别也比较大。穷的人家一般会盖砖土混合的房子，房子周围以泥土砌墙，这样可以节省不少买砖的花费；经济状况好一些的会盖砖瓦结构的房子，院子周围为砖墙；经济情况更好的家庭会在大门处盖门楼，以两个口含宝珠的石狮子作为装饰，既显得非常威武气派，又充分显示了他们丰厚的家底。一位经商户妇女在谈起以前自家的住房状况时，充满了自豪感。

> 以前我们的房子是村子上最好的，半亩的宅基地，亮堂堂的堂屋，体面的过道，（房子的结构是）明三暗五的（一种比较气派的房屋建筑结构，修这种房子要比修一般的房子花费更多的钱），硬背墙上贴的都是瓷砖，上面是两棵气派的黄山迎客松，最好的就是大门口那两个石头狮子，气派，谁见了谁夸……

在衣服的穿着上，经商兼农者因其所从事行业和其个性的不同而表现出差异，但是有一点可以明确的是，他们明显地比村中的纯农业生产者和半工半农者具有更大的衣物购买力，其服装品位也略显不同。从以上对纯农业生产者和半工半农者衣物的考察可以看出，农业生产者对衣物的选择明显遵循实用经济的原则，并且具有明显的中国乡土审美趣味，半工半农者对衣物的选择则更多地体现出他们的乡土本色，这点与农业生产者的表现是一样的，不同的是半工半农者对衣物的选择开始受到外界的影响，表现为既接受又排斥的复杂状态，与这两者的表现均不同的是，经商兼农者在衣物的选择上更倾向于城市人，较为偏重对衣物的美观性、场合性、装饰性、时尚性的追求。

在 10 多年前的该村，人们对衣物的高标准要求并不是大方，而是"洋气"，这个词从表面上来看似乎是以国外的着装为标准的，其实不然，它更多的是以城市人的审美趣味为参照物，从下面这位 W 姓妇女的话语中就可以看出来：

> 好多农村女人就那两件衣服，走到哪里都穿那两件，土得很，我是卖衣服的，每次去南方进货，看人家城里人穿啥我就进啥，自己喜欢的，多进两件自己穿，洋气得很。自己打扮得体面些，生意也好做，你自己都穿得没个样子（难看），谁会买你的衣服。

对时尚的追求实际上代表了对获得某个群体认同的追求，正如该经商妇女注重"洋气"，"城里人穿啥"，她就穿啥，这种穿衣方式就是为了向城市人的着装形式靠拢，也是为了获得城市人对其外在的认同，进而能够购买她所销售的商品。马斯洛的需求层次理论告诉我们，认同的需求是更高层次的需求，它必须建立在基本物质需求得到充分满足的基础之上。因此我们可以更为清晰地看出，经商兼农者的物质生活条件远高于传统的农业生产者，同时也与那些半工半农者的物质生活条件拉开了差距。另外，该村在征地前对通信工具的拥有状况也可以说明经商兼农者的物质生活水平，至20世纪末，依据当地统计局的数据，1999年该市每万人所拥有的电话数量仅为20部，当时D村全村仅有两部电话，其所有者均为经商兼农者，这也说明农民中的经商兼农者的物质生活水平明显高于其他两类农民，甚至某些农民的物质生活水平已逐步接近城市人。

二 农民内部在文化生活上的分异

总体上来说，与纯农业生产者相同，半工半农者在本质上还是以农为重的，这就决定了外出打工的兼业性质无法改变他们骨子中深深的乡土烙印。因此，他们的文化生活与纯粹的农业生产者的文化生活状态具有很大的同质性，即男人外出打工经历城市文化的冲击，女人和孩子还留在农村过着传统的耕作生活。持家的女人爱打牌、爱听戏、爱赶会，与同乡的女性们分享着穿衣心得，逐渐形成了共同的审美趣味，而男人们在外面经历风雨，受到城市这一异质文化的冲击并把这种异质性文化的影响带到处于农村的家中，形成了城乡文化在农村打工者群体中的既冲突又融合的局面，造就了半工半农者文化生活状态中不同于农村传统文化的异质性裂变，两种文化的冲突和融合体现在有形的物质文化和无形的观念文化两个方面。首先体现在有形的物质文化上，务工人员对所带进的新型物品的态度直观体现出他们对外在物质文化的矛盾心理，正如打工者 DSC 所说：

> 那时候出去打工，见人家城里的女人都用护发素，我哪里知道是咋用的呢，觉得没啥用，但是城里人都用的，我就给孩儿他妈带了一瓶，村上的人都不知道是做啥使的，反正是抹在头上的，又不是头油，不知道咋整，就扔那了。

可见，DSC 对新生的城市事物是有着一定的向往的，买了"护发素"回来，但是他又觉得"没啥用"，最后"扔那了"。可见，对城市中的新事物，他们表面上虽有接受，但心理上更有排斥，在生活中也并不会真正运用。

其次体现在观念文化上，打工经历所带来的新观念也冲击着他们的传统文化观念，一位中年妇女讲述了打工对其结婚观念的影响。

> 我 1998 年结的婚，当时我就向男方要一台电视机，当时我们这里的姑娘都要这个，有电视可以知道外面都有啥事，比要什么金啊银啊强多了……我见城里的人结婚都穿婚纱，一水的白，可好看，可是俺妈说穿白的是要死人啊，谁家结婚不是穿红的，多吉利，死活不让（穿白婚纱），就连俺一块出去打工认识的那个对象，也不让俺学城里的，他觉得农村人有农村人的办法，在家里结婚，不用学城里的……后来也就没弄。

该妇女想要改变结婚传统形式的打算没有得到实施，受到了以其母亲为代表的传统观念的抵制，这种抵制有时候表现得非常强烈，甚至上升到对人格的否定。

> 我看不惯那些打工回来的，回来后学得不好好说话啦，穿个裤子瘦得死，扒身子那么紧，就像用线缝在身上似的，难看死

第三章　隔离与流动：征地前农民之隐形的风险与隐形的分化 ▎83

了，那时候老张家的那个孩子才去北京几个月啊，回来后都不好好叫爹叫娘啦，改叫爸啊妈啊，我们当时都看不惯这种人，觉得他们做人都不本分了。（农民ZCB）

对半工半农者的这种文化生活状况，可以总结为一种以传统为主，向现代文化状态转变和融合的复杂状态，处于一种既吸收又排斥的矛盾阶段，他们文化生活中已经渗透进了一些城市文化生活的因素。具体来讲，他们接受的更多的是物质文化，如将新型的物质产品带回农村等，他们深刻排斥的却是观念上的文化因素，如新娘结婚不能穿白色的衣服，而必须穿红色的衣服等。但总体来说，他们与城市文化仍然保持着相当大的距离，隔离的城乡制度使得他们在城市中无法找到真正的归宿之地。因此，可能他们的外表与城市人已经没有多大的差别，但是他们的乡土之气已深深印在了他们的骨子里了，这种印记既来自制度的限制，更来自他们对城市生活欲迎还拒的含混态度，还因为他们内心的漂泊感使得他们清醒地认识到城市对于他们来说只是一个驿站，他们在内心中所坚守的依然是他们土生土长的乡土文化。

经商兼农者的生活状态明显具有商农两栖的特性，而且与半工半农者的农工两栖性明显不同。半工半农者是以农为主，兼职务工，这突出体现在他们的时间安排和人员分配上，而经商兼农者则是以商为主，兼职务农，这在他们的收入构成和对农业生产的态度上就可以体现出来，这种特殊的两栖状态造就了他们独特的日常文化生活状态。他们的日常生活状态是兼顾着两种工作，表现得非常忙碌，与传统农业生产者慢节奏的生活状况已经完全不同，正如一位长期做小饭馆生意的农民所说：

那时候既要做买卖，又要顾着地里的活，生活就像打仗似的，两脚踩着风火轮不停转，不沾地。但是地里面的活又不能丢了不要……后来就让我两个兄弟给帮忙照顾着（地里的活），他们不做买卖，有时间，帮一把手够了，但是收麦子的时候就不行了，他们也有活儿，我们地里面的活就不能完全靠弟兄们了，非得关门面两天，跑回来收麦子，收完立刻打（麦子），打完了立刻装包，再赶回去开门做买卖，这不但浪费时间，还浪费路费，有时想想都不值。村上有在附近城里做生意的，晚上抢收的多啦，晚上收麦子，白天做生意，两不误啊……

也正是由于这种紧张的生活状态，他们日常文化休闲反而显得单调和乏味。正如该农民接下来所讲的：

打牌啥的，我都不会，怎么跟人家玩，主要是没那个时间，打牌的都是人家没事干的人才玩的，我们一早就要开门做生意，跟他们耗不起。

显然经商者的生产状态已经影响到了他们的文化状态，使其文化生活上更多地表现出对传统农村慢节奏文化生活状态的远离。

在文化观念上，由于受到了更多的城市文化的影响，他们表现出比半工半农者更为突出的对农村文化生活的排斥和对城市生活的向往。首先，他们对农村文化生活有着主动的排斥，一位开书店的妇女的态度非常明确。

我不喜欢农村的生活，没有出路，也不讲究。城里人的生活多好，拿个工资，一天到晚干干净净的，风吹不到，雨淋不到的，不像咱们这种农村的平头老百姓，一天到晚累得要死，出一身的臭汗，脏死了，还挣不了几个钱呢。我1996年嫁过来的时候就跟孩子他爸说，我坚决不当老农民，我不下地（干活）。

后来该妇女真的如愿以偿，没有下地干农活，但是她家里的土地还是没有丢，给家里人种了，每年产的粮食给她两袋，现在他和丈夫在城里开了一家书店，专卖儿童画书和学生参考书，对农村文化的排斥促使了该妇女在行为上对农村的远离。

其次，他们对城市文化有着深刻的向往，H姓妇女毫不掩饰地表达了她对城市生活文化的向往和主观的认可以及她为成为城市人所作出的努力。

> 城里的生活好，干净还讲究，穿衣服也体面，20年前我们村上老张因为在市里的文化局找了个看大门的活，我们都羡慕得不行，觉得他们就坐在那里啥也不干，按月开钱，多好啊，比我们乡下人累死累活种地强多了。我那时候就发誓，我拼死了都一定要成为城里人。我高中毕业的时候，是村上学历最高的，家里给介绍了不少对象，我都没答应，原因就是他们都是农村人，跟着他们很难成为城里人，但是我一个农村姑娘找城里人也不好找啊，很少有城里人愿意娶个乡下媳妇的，就这样高不成低不就了很多年，我快30岁了才成人（指的是结婚），后来找了我现在的老公，虽然他也是农村人，但是却和我有一样的想法，都想做城里人。靠种地是不行的，我们从在街边卖雪糕做起，后来到开饭店，把生意一点一点地做起来，现在终于积累了一点钱……即使我成不了城里人，我的孩子也要当城里人，我给我的儿子取名叫'留城'，就是要他将来留在城里面、做城里人的意思。

从对城市文化生活的认可到坚决要嫁个城市人到最后为儿子取名为"留城"，H姓妇女表达出了她强烈的接纳城市文化和融入城市文化的愿望，但是因为土地和农民身份的依然存在，该妇女最后还是没能嫁给城市人，但是她已经进城经商，迈出了向梦想进军的第一步。

三 农民内部在权利生活上的分异

正如笔者之前的分析所得，农村权利体系的获得是以土地资源的占有为基础的，既然是这样，那么作为乡村土地占有者的半工半农者也拥有相应的一整套农村权利，如从事农业生产的权利、获取农业产出和乡村公共资源的权利以及子女接受本村村建小学教育的权利等。

半工半农者与纯粹的农业劳动者所不同的是，他们在从事农业生产的同时，另一只脚踏进了城市生活的系统中，在城市系统中的生活和行动就涉及了另外一套权利系统——城市权利系统。在世界上大多数的国家中，城市人与农村人之间只是存在居住地的差别，并不分属于不同的权利系统，但是在我国特殊的二元城乡体制下，城乡之间的权利状况有着很大的差异。城市人和农村人基本上分属于两套权利系统，因此作为一个工农兼顾的群体，半工半农者权利的实现就依赖于城、乡两个权利系统，即城市权利保障系统和农村权利系统，这使得他们的权利状态出现了一些不同。

首先，从就业权和资源分配权来看，半工半农者的工作性质为处在农业生产活动和非农生产活动之间进行主动迁移式的模式，农业生产和非农生产两种活动同时兼顾是通过以家庭为单位的人员分工合作来实现的，而我国农村劳动力是比较富足的，因此这种男女分工或者是年龄分工可以确保两种工作同时、顺利展开，且打工者家庭中的主要劳动力还可以在两种工作之间做较为自由的转换甚至取舍，具有一定的自由权，正如一位经常外出打工的泥瓦匠所说：

> 以前，打工我想去就去，不想去就不去，全在我，有时候他们来叫我去修房子，而我觉得上次去打工的时间太长，想多在家里待些日子，我就不去了……有时候老提泥兜子烦啦，我也想换个活儿干。上次我在青岛找了个活，是一个灯泡厂，活儿很简单，就是安灯管上的小零件，一按一个，不难，就是太无趣儿了，没多久就觉得烦了，在心里琢磨了两天，不干了，就回来啦。

虽然半工半农者具有打工或者务农的自由转换权，但是与务农不同的是，他们从事非农工作的资源分配权无法得到根本的保障，而是经常受到不同程度的侵害，拖欠农民工工资就是农民工资源分配权受到侵害的突出表现，典型案例如陈桂棣、春桃所著《中国农村调查》中的那位蹲在路边干活却巧遇温家宝同志的幸运农妇，她家被拖欠打工工资的事也因此得到顺利解决。然而并不是每位权益受到侵害的农民工都能有这样的好运气,大量的农民工辛苦工作却不能得到合理的报酬,这个问题直到今天都普遍存在。据新民网报道,全国工会系统配合相关部门于 2011 年 1—7 月,展开了针对农民工工资支付状况的专项调查,共为 105.8 万名职工追回被欠工资 24.5 亿元,其中,涉及农民工 93.4 万人,追回的农民工被欠工资达 22.6 亿元,占到拖欠工资总数的绝大部分①,可见农民工工资被拖欠的问题仍然非常严重。相比之下,经商兼农者因为一般做的是自家生意,靠自己的智慧和勤劳获得经商收入,自己投入,自己获得产出,所以其就业权和资源分配权都能够得到较好的保障,在这一点上,他们与农民工的状况就有了显著的区别。

其次,从受教育权利上来看,农民的受教育权主要体现在其子女的身上,半工半农者子女受教育权利的实现与他们特殊的就业状态紧密相关,半工半农者流动的务工状态以及在城市中的弱势地位都使得他们子女的教育状况受到了一定程度的影响,常年到各地打工的 ZXG 就遇到了这种问题。

> ZXG 是一个常年外出打工的农民工,当他的孩子还很小的时候,就将其留给孩子的爷爷奶奶照顾,等到了入学年龄,就让他的孩子在本村上学。上了两年之后,ZXG 发现孩子基本上没有学到什么东西,村办小学的老师竟然随意放学生的假,放假的原因五花八门,有时候是老师家里面要浇地,有时候又是老师要出去赶集,甚至有的时候老师还要求学生放下书本到其家里帮忙干活,而 ZXG 的孩子在这样的环境下也变得比较散漫,经常不去学校,跟着村里面的其他孩子到河里抓鱼,或者到地里抓麻雀,一玩就是一天,他的爷爷奶奶根本追不上孙子这"风一样的少年",也只能放任不管。ZXG 认为这样的教育太不正规,孩子再在这样的学校学习不会有大的出息,就决定以后打工就把孩子带在身

---

① 新民网:《全国工会系统前 7 月为农民工追回拖欠工资 22 亿》,2011 年 8 月 17 日, http://ent.xinmin.cn/2011/08/17/11754030.html,2012 年 2 月 18 日。

边，一可以监督管教，二可以使其得到更好的教育，虽然这样会让ZXG花费不少的借读费，但是为了孩子的未来，他也认了。他先后带着他的孩子到过西安、青岛、北京还有福建的一些城市，每到一个地方，ZXG首先就把孩子送到联系好的学校里去学习，3年不停地转战各地学习，除了让他的孩子练就了一口谁也听不懂的话（掺杂了各地口音，用一位这个孩子老师的话说就是"这孩子说话像是在说外语"），学习成绩并不如意，由于经常转学，他的孩子很难交到朋友，性格变得非常孤僻。

因为教育具有较长的周期性，并不是一蹴而就的，这就要求接受教育的孩子能够长久地待在某个固定的地方进行持续的学习，然而半工半农者游击式的就业方式，造成了其子女的受教育状况具有不稳定性，其受教育权利面临无法保障的风险，即使能够读书，教育的效果也明显偏低，质量难以保证。正如ZXG的孩子由于多次转学，学习成绩较差，且说不好普通话，也很难像正常的学生一样融入班级，交到朋友。与半工半农者的状况有所不同，经商者所面临的子女教育问题并不是如此突出，由于经商地点一般相对固定，而经商者的财力也相对充足，这使得他们可以放弃农村的教育权利，通过借读等方式将子女带到城市中入学，并实时地加以照顾和督促，在周口经商的L姓妇女就是这样来解决孩子的教育问题的。

L姓妇女，30多岁，常年以来一直和丈夫在周口市做生意，开了一家服装店，她认为自己可以兼顾生意和孩子的教育。"我原来是把孩子放他爷爷奶奶那儿，后来在外地做生意吧，都还挺想孩儿的，等有了点钱的时候，就把他带着，做生意忙，没时间在家待着，没时间给他做饭，每天早上给他几块钱，让他在上学路上买根油条、喝碗胡辣汤就行了，中午饭他自己买着吃，下午下学了到我店里面来，我一边做生意，一边看着他做作业，省得他到处乱跑，跟人学坏了……我儿子还好，挺听话的，就是成绩上不去，太笨了，跟他一样的小孩儿都能考个八九十分，他才刚刚能及格，跟不上，以后看情况吧，实在不行，就把他送回老家上学去，那里至少能混个初中毕业证，以后跟着我学做生意也行。"（L姓妇女）

可见，对L姓妇女来讲，因其"做生意"的原因可以使孩子获得较好的城市教育，不管是在物质上，还是在孩子的照顾和监管上，都可以兼顾到，即使孩子在城市中不能取得较好的学习成绩、不能获得向上提升的途径，也可以在家乡——农村获得低水平的教育资格证书，农村教育系统的存在和他儿子依然作为农村户口的现实保障了这种可能性。从这种意义上来说，跨越到城市权利系统中的经商兼农者能够更好地利用城市权利系统，并保有退往农村权利系统的余地，尽管他们对城市权利系统的利用仍然受到一定的排斥，如他们仍然要缴纳外来人口子女入学的借读费等，但城市权利系统毕竟也为他们提供了获取更多权利的可能性。

最后，从受保障的权利来看，城乡二元结构导致大量农民工未被纳入城镇工伤、基本医疗以及养老等社会保障范围，对农民工来说，生病了到医院看病由政府出钱、年老了靠拿着养老金安度晚年永远是城市人的特权，都是他们不敢奢望的，城市生活只是他们生活中的一段插曲，落叶总要归根，他们最终能够依靠的养老仍然来自土地，这是由他们农民的制度身份所决定的。经商兼农者虽然从制度方面而言仍然属于农民，但他们较强的经济实力使得他们能够在不享受政府保障制度安排的情况下，自行购买较贵的商业保险，进行自保。如该村的WF，他常年在城市中经商，又无法享受城市保障制度的保护，他就自行购买了商业医疗保险，每年需要缴纳1600元保险金，相比之下，在城市中就业的收入较少且不稳定的农民工是没有能力也不愿意花这个"冤枉钱"的。因此，从保障权的状况来看，经商兼农者在仍然没有脱离农村权利系统的同时也在积极地参与和融入到城市的权利系统中去，且比半工半农者表现出了更强的参与能力和运用能力。

第四节 特殊城乡结构下我国农民内部分异性的风险状况

征地前农民内部生活状况上的分异也直接导致他们所面临的风险类型和应对风险的方式分别产生了分异。

一 风险类型的分异

（一）农业生产者的主要风险来自物质生产

在征地以前，农业生产者的生活状况基本上是自成系统的，物质收入来源比较单一，他们与城市生活生产保持了一定的距离，基本上不受城市环境变化的影响。但由于他们的生产生活以农业生产活动为中心，所以能够对他们造成重大影响的因素就是那些对农事活动造成威胁的因素，主要包括两类：第一类是自然造成的风险，农业生产者以从事农业生产为生，其物质来源依赖于土地上的产出，而土地产出多少受到自然状况的影响，如天气、降雨、季节变换等对土地产量的影响。如该村所处的P市虽属于温带大陆性气候区，自然条件比较适合农作物生长，但也受到四季转换的影响，灾害频发，特别是冬季旱、夏季涝的年份很多，再加上每年入夏以后，雷雨冰雹等灾害性的天气频现，常常造成秋粮减产，甚至颗粒无收。如在1998年黄河泛滥，该市持续多日暴雨倾盆，暴雨过后，D村秋种的大豆、玉米基本全部倒伏，陷进泥里面，颗粒无收，造成了极大的农业损失。第二类是人为的因素，对一个传统农民来说，农事是最重要的生活内容，而如何确保粮食丰收又是农事活动的根本目的，因此购买好的种苗、适当施肥促进农作物的苗壮成长成为农事活动中的重要内容，而购买到假种苗和假化肥将对农民的农业生产造成巨大的破坏，对其生活造成极大的风险。这样的例子很多，典型的事件如2010年河南省驻马店市确山县双河镇邓庄村农民彭公林就因为购买到了假种子而上吊自杀[1]，可见，农民在被征地以前的物质生活的风险主要来源于农业生产活动本身的脆弱性，购买一次假的种苗就足以毁了他们一年的生活，把农民逼上绝路。从根本上来说，农业生产者的这种脆弱性缘于他们对土地生产的高度依赖性，而农业生产本身就是一种具有很高风险性的脆弱行业，如恶劣的天气状况、水患、干旱等自然因素以及影响农业产量的种子、化肥和农事因素等人为因素都会对农业生产造成很大的影响，但总的来说，因自然环境造成的风险基本上还属于一种传统风险，其产生于人类实践范围还比较狭窄的时候，对人类的危害可大可小，但是随着技术手段的进步，这些风险的危害性可以在一定程度上得到减弱。

（二）半工半农者的物质风险较小，但文化处于冲突之中，在城市中的权利无法保障

在农业生产上，半工半农者也受到自然灾害和一些人为因素的可能性损害，但是他们在物质上的状况由于他们外出打工的原因得到了一定的改善，丰富了他们的物质来源，使得他们抵御物质上匮乏风险的能力较强，陷入物质风险的可能性变小。"出外打工一人，脱贫致富一户"，民工们寄回家的打工收入大大提高了农民的购买力和发展商品经济的能力，[2] 但也不排除其物质状况因为打工意外而陷入困境的可能，总体上来看，半工半农者的物质生活水平因其外出打工而得以超过普通村民，表现出的物质风险较小。邱蓉认为农民工由于实现了劳动力的跨地区跨行业的转移，其收入形式已经摆脱了实物化而实现了完全货币化，农民工对土地收入的依赖性在减弱，但是土地仍然是他们最后的保障来源……但不管怎样，正是由于农民工收入来源上的这种多样性使其经济权利大于了（纯）农民[3]。

半工半农者独特的生活状态使得他们的文化状态始终处于一种介

---

[1] 新浪网：《村民买假种索赔无果上吊》，2010年4月2日，http://news.sina.com.cn/s/2010-04-02/054519993699.shtml，2012年2月18日。

[2] 谢建社：《新产业工人阶层：社会转型中的农民工》，社会科学文献出版社2005年版，第61页。

[3] 邱蓉：《土地上的权力、阶层与利益共容》，《江汉论坛》2010年第1期。

于传统与现代之间的状态，特别是在刚刚进城打工的时候，这种从传统乡村文化突然跃进现代城市文化中的"文化堕距"感对农民工来说就更加强烈，往往让他们无所适从，这种文化差异一直与他们相伴相随，即使在他们重新回归农村之后，这种差异也会对他们造成一定的困惑，例如村民 W（30 多岁，高中文化程度）就向笔者讲述了他年轻时第一次出门打工的经历。

> 我第一次出门打工的时候才 20 多岁，可年轻，从没有出过河南，第一次出门就出了个远门，去了北京。都说北京好啊，首都是啥样子呢？真想去看看，到了北京，在海淀区找了个活儿，没见过世面，哪里知道城里的事情啊，刚去的半年也不知道怎么跟人讲话，一开口就是家里面说的土话，人家说的都是普通话，老是让人家笑话，就只能埋头干活，有话说不出，真是难受。后来那里有个管事的见我是个高中毕业的，算账快，有时候也让我帮忙算账，熟了，他就教我说普通话，我也有意地学着他们的样子讲话，比如说城里人说的昨天，我们家里说"夜哥儿"，我都注意着，改着，慢慢地才像点儿样子了。有一年打工回到家在村里面碰见我四叔，他问我啥时候回的，我随口想回他"昨天"，话到了嘴边上，都快出来了，硬是被我咽下去了，回了句"夜哥儿"（注：当地方言，意为昨天），脑子差一点就转不过来啊……不光是说话，哪方面都别扭，跟家里不一样，每次不论是刚回到家，还是刚外出打工的时候，都要别扭一阵子，才能适应过来……城里面也啥都复杂，有一次跟两个同乡来的一起逛京城，不知道咋上了立交桥，转了大半天，咋也下不来，后来还是被警察给领下来了。

可见，频繁地转换于城、乡两种文化状态之中，造成了农民工在语言及思维上的过渡转换，使得他们的文化状况始终处于一种两头不着边的状态，矛盾和冲突以及困惑贯穿其中。

另外，从权利状态来说，农民的身份使得半工半农者的农村权利可以得到基本的保障,但是伴随着半工半农者特殊生活方式的是另外一些权利风险,典型的如:过多的迁徙使其孩子受教育的权利受到威胁,广泛受到关注的留守儿童问题就体现出半工半农者子女受教育权利上面临的这种困境。农民在外出打工时,对子女一般进行如下两种方式的安置,第一种,把孩子留在家中,由家人代为照看,照顾孩子的学习生活,而能在家中照顾孩子学习与生活的人往往是老人,因此形成了老的老、小的小的情况,而老人能对孩子学习上的辅导和社会知识上的引导明显不足;第二种,把孩子带在身边,走到哪里,就让孩子在那个地方就近入学,在外地进入较好的学校,依据各地规定都是要缴纳一定的借读费的,而在收费较低的民工子弟小学就学,教育质量又很难得到保障。

半工半农者的城市就业权也不能得到稳定的保障,其城市就业的不稳定性极高,失业问题在半工半农者中十分突出,处于不稳定就业、不完全就业状态的打工者较多,这既有他们工作时间严重不足的原因,也有可获得的工作机会越来越少的原因。首先,从工作时间上来看,打工者的工作时间与社会的经济发展状况、用工单位的订单状况等密切相关,经济状况不好、用工单位无工可作的时候,农民工就无法实现完全就业。以建筑业为例,一个砖混结构的建筑项目大致需要10个月的建设周期,其中木工可以有80个工作日,瓦工可以有120个工作日,钢筋工可以有90个工作日,壮工可以长一些,一个项目完成后如不能及时转入下一个项目,民工们只能回乡待业,等待下一次的就业机会。[①] 其次,从市场所能提供给农民工的工作机会来看,虽然打工可以在短期内为打工者提供高于农业产出的收入,不失为失地农民谋生和发展的理性选择,但是,在科技进步以很快速度物化为生产力的现代社会,低技术岗位必然是逐渐减少的,像五类农民工就业的优势行业如建筑业、制造业、交通运输业、批发零售业和餐饮业

[①] 吴力子:《农民的结构性贫困——定县再调查的普遍性结论》,社会科学文献出版社2009年版,第16页。

等所能提供给农民工的低技能岗位将会越来越少。① 因此，从长期来看，缺乏专业技能的农民工群体面临的失业风险很大。最后，与就业权利相关的资源分配权也很难得到保障，拖欠农民工工资的问题是长久以来一直存在的问题，即使是现在，经过了连续几年的治理之后，农民工工资仍然很难按时发放，可以想象，10年或者15年前，国家对农民工工资关注得更少的时候，农民工劳而无"工"（工资）的情况比当前要严重和普遍得多；与城市打工就业相伴随的还有工伤无保障等相关的风险，这些都损害了半工半农者的权利状况。

（三）经商兼农者的风险主要来自经商的不确定性

在所有的村民中，经商兼农者面临的物质风险最小，他们的主要生活支出已经开始从农业转向非农业，经商收入并不像半工半农者一样只是一种补充性的收入，而是逐渐成为他们最为重要的收入来源，并且使其物质生活条件明显强于同村的农业生产者和半工半农者，其物质消费在农村看来甚至具有了一定的炫耀成分，但是经商兼农者的这种相对"优质"的农村物质生活很可能因为经商上风险的突然降临而受到极大的影响甚至是终结，如W姓妇女所讲述的经商经历中，一场突如其来的大火就终结了她的经商生涯。

> 在这个村上俺们家（那时候）算好过的，种地毕竟没有做生意来钱快。俺两口子从1986年就开始学做生意，那时候俺儿子还没出生，女儿也只有5岁，就带着孩子做生意。后来看服装生意好做，就做服装生意，在中心街有个摊位儿，每个星期去南方进一次货，回来很快就卖完了，那时候好东西都是从南方来的，特别是服装，新款式都是那边过来的，十几元，二十几元一件的都好卖，干了七八年积累了点底子，给家里盖了新房子，要不是1998年的那场大火，现在还做服装生意呢。那场大火烧了我们几万元钱的货，很多商户都被烧得啥都不剩了，俺们做生意那么多

---

① 吴力子：《农民的结构性贫困——定县再调查的普遍性结论》，社会科学文献出版社2009年版，第94页。

第三章 隔离与流动：征地前农民之隐形的风险与隐形的分化

年，剩下的就这么一个院子。（W姓妇女）

W姓妇女这里所讲到的中心街是该地城区里最大的服装贸易中心，20世纪90年代，这里的服装交易非常火爆，在这个地区的商户是该市最早富起来的人。但是1998年发生了一场火灾，由于该街商铺林立，消防车难以通行，最终只能眼睁睁地看着大火把整个街道烧光，之后政府强制对该街道进行了改造，减少商铺，拓宽街道，以保证消防车能够顺利通过，但是大火伤了很多商家的元气，他们逐渐退出了该商业街，之后这条街道在附近地区的商贸中心地位也渐渐衰落了。

通过对经商兼农者文化生活状态的考察可以发现，与半工半农者面临很强的文化冲突不同，他们在面临城乡文化差异的时候更加倾向于城市文化，且这种倾向行为表现为他们的一种主观意愿，正是因为他们的这种选择，在文化认同上，他们面临的矛盾和冲突并不如半工半农者那样激烈，而且从现有的例子来看，他们还有很强的文化适应能力，在面对不同的文化情境的时候能够较快地转换状态和认知，这也在很大程度上防止了文化上不适应感的产生。该村原来的经商者WXZ就是一个很好的例子。

WXZ 22岁结婚，结婚后不久就带着妻子开始学做生意，他认为在自家门口容易碰见熟人，就去了西安，在西安待了一段时间，又跑到山东，后又回到西方的著名风景区——华山开店。每到一个地方，他都能很快地学会当地的方言，不出3个月就能同自己生意圈子里的人混熟，他还根据自己所做生意的不同而不断转换行头。开始的时候，他做药材生意，他们夫妻二人都会穿着白大褂出场，以凸显专业性；现在改做烧鸡生意了，他又改换成一副非常整洁的形象。他告诉笔者："做生意的就是要靠脑子活，不能死脑筋，到一个地方就得适应一个地方，要干啥像啥，走的地方多了，其实哪里都一样，入乡随俗，生意才能做好，你说是不？"

虽然他们在本质上处于农村的文化系统之中并且认同这种文化状况，但是他们长期的经商经验使得他们与不同的生活境遇有着频繁的接触，并逐渐培养出了较强的文化适应性，即使身处不同的状态，也能够灵活应对。除了文化状态之外，经商者在城市中的权利状态因其丰富的财力得到了一定程度的保障，如他们可以自己出钱买保险、可以交大笔的借读费送孩子到市里面的学校读书，等等，因此其权利状态并不像农民工那样处于非常弱势的地位。归根结底，经商兼农者的经商行为使得他们在物质、文化以及权利上的风险状况得到了较好的规避，同时也正是因为经商在他们生活中的重要地位，经商的不确定性风险就成为可能导致他们生活整体被颠覆的最大风险来源。

二 风险应对的分异

（一）农业生产者的风险应对方式

农业生产者在风险应对方式上比较单一，以土地为主。土地是纯农业生产者生产和生活风险最为根本的保障来源，是他们应对一切风险时的诉求对象，比如说，经济出现困难，他们就会热切地期盼着来年的庄稼有个好收成，到时候经济状况就可以得到改善，这是可以预期的，或者改种更具经济价值的作物，如芝麻、大豆等油料作物，这样就可以对其经济状况的改善有更高的预期；又如家中的儿子到了该结婚的年纪，当父母的也会更好地照顾庄稼，待粮食丰收后，卖粮换钱，为儿子准备聘礼，等等。因此，当一个纯农业生产者的日常生活将要面临困难的时候，他们规避这种不良状况的方式是直接而明确的，这就是土地和土地上的产出，除此以外也没有别的途径，甚至在更早的时候，他们也从未想过还有其他的途径。在访问中，笔者曾问一位身体完全健康的农民不外出打工的原因，他的回答多少体现出了这种态度，"打工？人家行啊，我哪里行，我就是个老农民，农民就该干农民的事儿，在家里种种地就行了，自在！就这就中，不想其他的了。"从这位农民的回答中，或许可以认为他是因为自信心不足而拒绝外出打工的，但是笔者认为，比自信心更有解释力的是认同。这些农民对自身所从事的职业和自身的生活情景存在高度的认同，这就好比铁匠的儿子多半是铁匠，剃头匠的儿子还是剃头匠一样，更多的

第三章　隔离与流动：征地前农民之隐形的风险与隐形的分化 | 97

是缘于他们的自主选择，对农业生产者来说，或许存在着改变身份的机会，但是他们对自身职业的坚持使他们并不会主动地寻找改变的机会，靠地而生就是他们的生活。因此土地在纯农业生产者的生活保障和风险规避中是居于核心地位的，且这种保障作用有时还是强有力的，可以起到较好的抵御风险的作用，如该村一对夫妇不打工、不经商，只靠种地，家里培养出了三个大学生，在该村成为独一家。

可见，对农业生产者来说，土地依然是相当一部分农户的"保险田""保命地"，这是因为土地不仅能帮助农户实现粮油和蔬菜自给，农业收入也为那些缺乏基本社会保障的老年农民安度晚年提供了可靠而有效的经济来源，从这个意义上说，土地（即便是小块土地）提供的食品以及随之而形成的低成本的生产生活方式，为这样的农户抵御各种生活风险构建了一道最后的"安全网"，在没有其他收入来源或收入来源不稳定的情况下，部分农民如果再失去土地收益，就难免要陷入贫困境地[①]。在对中国农村经济问题的研究中，也有学者发现了中国农村这种特有的一种风险应对机制——土地型社会保障，他们认为，中国现行的土地制度事实上使土地成为社会保障的替代物，这种嵌入式的社会保障制度具有如下特点：首先，土地与农村低技术含量、低培训度的劳动力结合后可以为农民提供基本的食品保障；其次，土地也是一种财富，将其出租获得的收入也可以为那些年老者和丧失劳动能力者提供基本的生活保障；最后，土地还是一种生产资料，通过对土地的耕种，农民可以维持基本就业，在这个意义上，土地的存在又成为了农民的一种"失业保险"……这种土地型社会保障不但没有带来严重的效率损失，反而还会带来效率的提高，这主要是由于其在提高农村教育水平和促进劳动力流动方面的积极作用，可见中国农村现行土地制度下土地所能提供给一个纯农民的保障是全方位的[②]。

[①] 王峰：《现阶段破解"三农问题"的制度分析》，博士学位论文，厦门大学，2005年，第84页。
[②] 姚洋：《土地、制度和农业发展》，北京大学出版社2004年版，第109页。

(二) 半工半农者的风险应对方式

1. 风险应对以农村土地为根本，以农村生活为基础

正因为外出务工式的就业具有很大的不稳定性，土地的收入就成为他们在失业时的重要保障，虽然不能改善他们的生活，但至少可以提供口粮的来源，因此土地在保障他们的基本生活、应对外出务工等风险的时候发挥着无可替代的作用。也正因为如此，中国虽然有着为数众多的农民工，有些甚至是常年外出务工，但他们依然没能彻底地放弃土地生产，甚至还对土地生产付出了相当大的劳动，就是基于土地对其基本生活的这种保障作用。

除了土地所带来的保障，以土地为基础而形成的农村生活也是半工半农者保障的来源，如 D 村传统的村民组织——建筑队对该村外出打工者就提供了一定的保障。正如对建筑队进行描述时提到的，该村的建筑队并不是一支固定成员的建筑队，而是不断地进行着人员的调整和配备，比如，一次工作中有人受伤，那么参与这一次工作的所有人都有义务出钱出力为受伤人员提供基本的救助，并有照顾其基本生活的义务，虽然这种保障方式很不完善且保障的水平很低，却能够为早期的该村打工者提供最为基本的保障来源，让其在打工中多一些安全感。

2. 外出务工是他们规避农村生活风险的重要方式

半工半农者因其社会生活实践范围的扩展面临着不同于农村生活的新风险，这就使得半工半农者的生活风险来自两个方面，即农业生产的风险和城市务工的风险，具有两重性。需要指出的是，因为这两种风险分处于不同的系统之中，所以一般情况下并不互为加强，反而可以互相抵消，半工半农者经常用其中的一方作为抵消另一方风险的有力工具。

半工半农者的优势在于他们拥有健康的体魄和较好的教育背景（相对于一般村民而言），即具有一定的人力资本，因此面对风险的不确定性的时候，半工半农者首先想到的应对方式就是利用这种人力资本，也就是进一步打工。比如他们的孩子面临的乡村教育资源不足的问题，作为一个资深打工者首先想到的就是打更多的工，给孩子改善

第三章 隔离与流动：征地前农民之隐形的风险与隐形的分化

受教育的环境，正如我们在上面讨论的那位打工者，他不断地变换打工地点，除了赚钱为孩子提供良好的物质生活条件之外，应该还有不断为儿子寻找更好的教育资源的含义在其中。打更多的工、赚更多的钱成为他们规避生活中多方面风险的首选方案，这既源于以前自身打工的经验，也是他们为数不多的选择之一。

半工半农者虽然在城市打工生活中受到了很多不公平的待遇，但是从风险的保障方面来看，在农村内部，该群体仍然是村民中最具有保障的一个群体。从这个角度我们就可以理解，为什么在城市打工的极其恶劣的环境下他们依然能够坚持，这是因为不管受到多少歧视、住房多么简陋、工资多么低，他们始终坚信着，只要回到家乡，他们就有大房子住、有稳定的土地产出、有平等的权利，只要有这种信念在心中，再恶劣的环境，只要他们愿意，他们都是可以面对并坚持下去的，因此在农村，很多农民以自己能够经常出去打工而感到自豪。他们对自己的评价也很高。首先，他们认为自己是见过世面的人，在与同乡人交谈的过程中，他们的打工经历和见闻往往是他们"炫耀"的资本，特别是在21世纪初打工还没有如此普遍的时候；其次，一个具有丰富打工经验的人往往也是一个被认可度较高的人，这对他们自信心的增强具有很大的作用。

或许这里对农民工的定位与主流文本的解释有较大的出入，自从农民工问题出现以来，特别是最近10年，学界、政界对农民工处境的描述充满了同情和怜悯之情，在他们的眼中农民工做着城市人不愿做的脏乱差的工作，忍受着城市人的白眼，承受着最为不公正的工资待遇，他们的衣着是最为单调的、他们的生活条件是最低水平的、他们的内心又是极为痛苦的，这样一种对农民工生存状态的描述应该说是真实的，但却是一种从特定的外人视角得出的特定的结论，如果我们换成农民工自身的视角，又或者从普通村民的视角来看将会产生截然不同的认识。在笔者的调查访问中，村民对打工持消极态度的很少，他们在讲述打工经历的时候并不会去刻意渲染他们所经历的痛苦和遭遇的不公，相反地，打工在他们眼中是相对美好的一件事情，打工可以在种地之外获得额外的收入，这些收入可以用于购置新的衣物、新的家电，盖新房子，能种地又能打工是幸福的，他们并不觉得苦和累。

（三）经商兼农者的风险应对方式

1. 土地是他们经商失败时的最终退路

对经商兼农的农民来说，土地在他们日常的生活中并不占有很重要的地位。首先，土地收入占其总收入的比例很小，其绝大部分甚至是全部的收入都来自经商所得；其次，土地生产占其总时间安排的比例很小，正如前面例子中提到的，很多经商者并不愿意因为农业生产而耽误经商，他们对土地的收割和耕种往往同时进行，收完小麦，立刻种上秋粮，而且多从经商中压缩很少的时间进行农业劳作；最后，土地人力投入占其总人力投入的比例很小，很多经商者并不将自身的人力投入到农业生产中，而是交由务农的亲戚或者租给其他农民耕种。综合以上三个方面的原因，土地对经商兼农者来说意义并不大，但是大多数的经商兼农者都没有完全抛弃土地，不管是交给他人耕种，还是没时间的时候进行短时间的抛荒，他们都仍保留着自己的土地，其根本原因就是：土地是他们经商失败时的最终退路，为他们不确定的经商生活提供了一种风险的应对方式，如前面提到的W姓妇女在经商遭遇大火、损失惨重的情况下，就回到农村种起了地，虽然这种大型的、能够对经商兼农者的个人生意一次性造成重大打击的情况并不多见，但是只要土地存在，这些外出经商的农民就有了定心丸。

2. 以资本应对风险是他们经常采用的风险应对方式

虽然土地为经商者提供了最后的保障和归宿地，但是一旦出来经商，即使遭遇到困难，他们也不会轻易地打道回府、返回农村，以长期经商所积累的资本应对各种风险是他们更为经常采用的风险应对方式，当笔者询问他们应对困难的方式时，经商农民ZDS表达了他的看法。

那要看啥事儿，不一样的事儿，不一样的走法，有的要用钱，有的要用人，有的既用钱又用人，比如说，做生意的家当被工商局的（人）给没收了，多送两包烟，多说点好话，也就要回来了，有的事儿就不这么容易，我儿子上初中那年，想到市里的二高上（学），我想着交上借读费就行了，也就一年2万元钱，我还交得起，就拿着钱去了，谁知道人家咋都不收，说是俺们到那里上学是跨区的，交了借读费也进不去……后来，我找到做生意的时候认识的一个在教育局上班的人，他领着去找他们校长说情，最后总算是把钱收下了……

从ZDS的讲述中可以看出，经商农民对资本的运作是很娴熟的，会因人因事不同而转换资本的运作方式。在ZDS儿子上学这件事情上，他首先运用了自己丰富的经济资本，希望通过交借读费使儿子进入市里面的高中，但遭遇拒绝时，他又很快地转换形式，使用了其拥有的社会资本，托人找关系，讲情，终于将儿子送进了理想中的学校。经商兼农者之所以能够运用资本应对各种可能的风险，一方面是缘于他们在经商中积累了较为丰富的经济资本以及一定的社会资本，一年2万元钱的借读费对普通农民来说是难以承受的，而与教育局工作人员相识也不是一个普通农民所能做到的；另一方面也是缘于他们在经商中所培养起来的进行资本运作的灵活思维，这种运作资本的思维方式和运作能力将在他们应对征地风险时发挥重要作用。

第五节 征地前农民之隐形的风险与隐形的分化

一 征地前农民之隐形的风险

通过对征地前失地农民生活及风险的分析，可以发现，总体上来说，农民所面对的风险呈现出了隐形化的特征，这种隐形化的特征主要体现在两个方面：一是征地前失地农民风险的来源是比较明确的，产生的渠道是较少的，总体风险不突出；二是征地前失地农民所面临的风险整体上具有可转移性，这也使得农民征地前的风险得到了一定程度的规避，其危害性处于一种隐形状态。

（一）征地前农民的风险来源少而明确

征地前失地农民的风险来源比较明确，主要来源于自然风险对农业生产的威胁和农民实践的扩展为其生活带来的不确定性。

1. 自然风险是征地前农民风险形成的最主要来源

传统农业时期，由于市场发育缓慢，农业剩余产品有限，对生产者而言，农产品流通规模小，生产者主要面临的是来自自然环境变化所导致的生态风险，表现为频繁的自然灾害对农业造成的损失。[①] 中国的农业生态系统十分脆弱，各种自然灾害发生频繁，对仍然处于传统阶段的我国农民的生产生活造成了极大的威胁，自然风险突出。据国家统计局资料，20 世纪 50 年代我国出现灾害的频率为 12.5%，此后，受灾的次数和频率不断提高，90 年代几乎年年遭灾。[②] 这些灾害包括干旱、雨涝、洪水、地震、热带风暴、地质灾害、农业病虫害等，自然灾害的发生对农业产量有着直接的影响。据《中国统计年鉴》的数据显示：1991—1999 年，平均每年因自然灾害而造成的粮食损失量为 2842.30 万吨，约占粮食总产量的 6%，而 2000—2004 年，平均每年因自然灾害而造成的粮食损失量上升为 5000.00 万吨，约占粮食总产量的 11%，[③] 灾害损失量大幅上升，但通过两千年农耕生活的实践以及我国农业防灾技术和能力的提高，自然风险对农业的影响已经可以得到一定程度的控制，很多时候，通过现代预测技术，这种自然风险甚至是可以预见和加以规避的。

2. 实践是征地前农民风险形成的又一重要因素

马克思指出："他们是什么样的，这同他们的生产是一致的，也即和他们的生产一致，又和他们怎么样生产一致……个人是什么样的，这取决于他们进行生产的物质条件。"[④] 延伸到马克思主义风险理

[①] 潘晓成：《转型期农业风险与保障机制》，社会科学文献出版社 2008 年版，第 103 页。

[②] 同上书，第 105 页。

[③] 同上书，第 106 页。

[④] 《马克思恩格斯选集》第一卷，人民出版社 1985 年版，第 25 页。

第三章　隔离与流动：征地前农民之隐形的风险与隐形的分化 | 103

论中则是认为，现代风险的产生是由于现代人实践范围的扩张而引发的，这种提法是尊重历史发展事实的深刻见解，社会发展的事实可以证明这一点。例如，人们如果没有深入地涉及商业活动，特别是资本大量运转的资本主义商业，也就不会面临金融、股市等风险；人们若不是发现了以前人们未知的元素从而开始利用核能，也就不会面临切尔诺贝利核电站爆炸、日本核电站泄漏这样的巨型风险的威胁，风险随着人们的时间范围的扩大而得到不断的再生产。

在中国，农村社会和城市社会是被分开的，这里暂且不讨论这种区分的合理性，只是陈述这是一种事实，在这种事实下，农民与城市人处于两个生活服务系统之中，更为极端地说，他们过的是两种生活，从上面对半工半农者和经商兼农者两类农民的分析中可以看出，他们是现有系统下"不安分"的一个人群，他们超出自身的活动范围，进入了城市人的生活空间，在没有得到制度性认可的情况下，他们的这种新型的实践不可避免地使得他们面临着不属于他们，也不接纳他们的生活系统，使得他们面临一系列的生活风险。

也正因为如此，风险的规避可以通过控制或转变实践的范围或者方向来得以实现，这也是征地前农民普遍采取的一种风险规避方式。正如我们在上面提到的做服装生意的夫妻，他们在面临一场突如其来的大火的时候，损失惨重，他们这时候就可以退回农业生产领域中休养生息；又如对一个进城的打工者来说，当他们在城市的权益受到损害的时候，他们也可以通过返回农村将自身的实践范围缩小，恢复一个农民的身份，就不必受到城市系统对他们权益的继续损害，这也是我国形成了特有的钟摆式的农民迁移的原因。最近几年突出的民工荒问题也可以从一个侧面说明这个问题，民工技能的缺乏与用人厂家对技术性工人的需求之间的供需差距固然是形成民工荒的原因之一，但农民工权益常年得不到保障也是很多农民工不想进城打工的一个重要原因，他们辛辛苦苦工作大半年，工资不一定可以拿到，他们打工受了伤，医疗费没人支付，他们进城打工也是冒着很大的风险的。因此，在农产品价格不断提高的情况下，有些农民工就不愿意再冒这个险，他们退回到乡村，继续做农民，不仅风险小，而且其权益还可以得到保障，民工荒就此形成，这正说明了为什么在工厂提高工资并签订劳动合同的情况下，一些农民又重新做回了农民这种现象。

（二）征地前农民风险具有流动性和可规避性

农业生产者、半工半农者和经商兼农者三类农民之间的差别根本上缘于他们从事的生产活动上的差别，正是这种差别造就了他们不同的身份状况，而且这种身份状况又具有流动性，在他们依然拥有土地的情况下，土地产出为他们提供了一份稳定的收入来源，使得他们可以在不同身份间进行短期或者长期的转换而不必担心失去基本的物质来源、权利保障以及文化上的归宿之地。也就是说，征地以前农民身份上的这种游动性使得因实践而涉及的不同种类的风险并不能在他们身上得到固化和停留，他们可以通过转变身份得以转变风险系统，规避风险较大的境遇，风险在征地以前的农民身份上呈现出较大的流动性。

现代风险社会中，风险无处不在，就像每个事物都具有两面性一样，有阳光的一面就有阴暗的一面，风险与我们所开展的每次实践行动如影随形，但是评价一种风险状况的高低，不应该从有无风险来进行，更重要的是，这种风险能否得到有效的转移和控制，即对一个个体或群体来说，即使其面临着很大的风险境况，但是如果其能够靠着自身的行动加以摆脱或者转移，这种风险就不会固定在其身上，也就不能造成无法挽回的后果。因此，笔者认为，征地前农民通过不断转换自身的实践系统使得风险具有了一定的流动性，从而使得征地前农民的风险境况整体上处于比较低的水平上，表现为隐形的不突出状态。

二 征地前农民之隐形的分化

虽然农民之间存在着生活状况上的差异，但各种群体的农民身份依然是根深蒂固存在着的，并没有因其职业的改变而得到根本的转变，无论是经商还是打工，他们都还是农民，这是他们怎么努力都很难脱去的身份外衣。因此在征地以前，我国农民内部是既存在共性，又存在分异的，分异是掩藏在共性之下的真实存在，又因共性的存在而并不能完全脱离其中，甚至在我国特殊的城乡社会结构下，这种共性还为其提供了一种风险规避的屏障，使不同的农民依然对农村生活和农民身份具有一定的依赖性。这就使得农民被征地以前的生活呈现出一种同中有异的复杂状态，农民之间的身份分化并不明朗，处于一种隐形分化的状况，进一步考察这种隐形的分化，可发现其隐形分化的特征主要体现在分化边界不清晰造成的不彻底性和身份流动造成的不稳定性两个方面。

（一）不彻底性：分化的界限不清晰

按照经典的阶层划分方法，生产资料的所有权应该是划分阶层最主要的依据，对于农民来说，最重要的资源莫过于土地。在我国现行的土地制度下，虽然农民不能获得土地的所有权，但拥有土地经营权和土地产出收入权，在形式上，土地仍然是农民最重要的所有物，因此，只要仍然在农村这个场域中，所有农民平等地分享土地及其产出，农民之间对生产资料占有上的差别就不明显，即使存在差异，也只是处于一种隐形的状态，并没有明显地表现出来。

当前研究农民分化的主流做法就是以职业作为分层的基本标准，同时兼顾其他因素。对此，虽然学界还存在一些争论，但已经形成了比较一致的看法，即在我国农民中职业分工已初具规模，并将继续深化，其他的一系列变量，基本上都是以职业为中轴而变动的，我们只要知晓了农民个体的职业，就大致可以判定其社会地位、经济收入、社会影响等方面的状况。[1] 职业变量中包含着权力、财富和声望等多个方面的内涵，但尽管如此，我国农村的农民分化仍然还只是一种职业上的差别，我国目前从农民转化而成的各种新群体，还不是一般社会学意义上所说的"社会阶层"或"阶层"，通过仔细对照可以发现，其"社会阶层"的形象至少是不完整的……将之称为"职业阶层"比较恰当[2]。

我国农民的分化具有非常明显的不彻底性，例如在职业分化上，绝大多数农民在外打工或经商的同时并没有放弃农业生产，在他们身上承载着双重或者多重的身份，根据需要而进行转换。比如，一个打工者，在农闲的时候，他外出打工，身份是工人，而在农忙的时候，

---

[1] 邹农俭：《论农民的阶层分化》，《甘肃社会科学》2004年第4期。
[2] 同上。

他又回乡干农活,俨然是一个农民;对于一个经商者来说,他平时在外以经商为生,作为一个商人参与城市生活,而一旦他面临风险或者生意失败,他又举家回到农村种田,过起了田园生活。对这些农民中分化出来的群体来说,农民的先赋身份就像风筝上的线一样,始终牵引着他们,无论他们从事什么样的非农工作,农民身份这条线都决定了他们身上始终背负着这重身份,不能与其彻底脱离。

(二) 不稳定性:身份状态具有流动性

在征地以前,农民大多具有兼业的特征,这也就使得学者在研究该群体时遇到了困难,"农民"这一概念一时成为最难以对其下定义的概念之一,譬如很难对其进行分类。正如前文所述,一些学者采取了职业分类的方法对农民群体的内部结构进行描述,但是我们不得不承认的是,即使最为"老实巴交"的种田人如今也都可以讲出一两段他曾经外出打工的经历,而每一个打工者身上都承载着做自家生意、当自家老板的梦想,并为此进行过尝试。

农民在保持他们农业生产者身份的同时,还在不断尝试着多种新的身份,他们的身份是复杂而多变的,特别是在对农民进城打工的限制逐步放开以后,随着市场经济条件下城市对廉价劳动力的需求加大,农民无论务工、务农,还是经商都有了更大的自主空间,因此他们的身份并不像很多学者所认为的是被固定在了土地上,不得更改。笔者认为更为确切的说法应该是,他们被固定的是他们因土地承包而产生的政策意义上的农民身份,其实质身份可能早已经被改变,或者处于持续的改变之中,其身份具有很高的流动性特征。

可见,在征地以前的农民身份分化中,农民自主的因素起到了重要的推动作用,在制度(制度放开后允许农民外出务工和经商)和自身条件(有劳动能力和经商经验)允许的情况下,是否外出打工,是否兼业经商更多的是一种自主选择的过程,其中充满了农民各个群体对自身条件的理性思考和对自身能力的反复考量,他们在尝试新职业和新生活的时候,又与传统的农业生产和土地保持了适当的距离,以确保他们在面临风险境遇的时候可以及时地恢复其传统的身份,这不能不说是农民自身智慧的体现。

第四章 冲击与挣扎：征地中农民之凸显的风险与凸显的分化

第一节 我国城市化征地背景下的 D 村征地

当前我们讨论较多的征地问题其实是近 20 年才真正出现的问题，因征地而引发的社会问题集中出现缘于我国 20 世纪 90 年代以来特定的社会宏观制度背景，这种宏观制度背景深刻影响着我国农村土地征用的具体过程和结果。因此，本节将首先对我国城市化征地展开的宏观制度背景进行分析，其次对宏观制度背景下 D 村的征地过程进行具体呈现。

一 我国城市化征地的宏观制度背景

我国城市化征地的展开是在一系列社会宏观制度下进行的，这些宏观制度从根本上决定着我国征地城市化的基本思路、价值取向和最终可能造成的风险后果。笔者认为：中央和地方财政分离的财政体制模式、官员的选拔任用和绩效考核的行政体制模式、先天弱势的民主法制模式以及以经济发展为核心导向的社会发展模式共同构筑了影响我国城市化征地具体过程的宏观制度背景。

（一）财政体制模式：中央和地方财政分离制度

在计划经济时期，我国实行的是"统收统支"的财政体制，即各种收入都要层层上缴中央，各种支出也都由中央向基层逐级拨款。改革开放以来，为分担中央财政负担并调动地方积极性，国家在财政上开始实行"分灶吃饭"的体制，即划分中央与地方收入和支出的范围，再按照各地方的情况来确定其要上缴的比例或中央要发放的定额补助。从1980年改革起，中央政府开始不断下放财权，如1985年的"划分税种、核定收支、分级包干"体制，1988年的"财政大包干"体制等，特别是1994年的"分税制"体制改革之后，中央和地方开始各自掌握不同的税种，从而形成了各自独立的财政收入。这次财政变革对地方政府的发展产生了深远的影响，因为在计划经济时期，权力高度集中于中央政府，地方政府主要是作为代理中央对地方进行行政管理的基层行政机构，其自身并没有独立的经济利益，因此也不会形成强烈的发展地方经济的内在驱动力，中央和地方财政分权制改革以后，地方肩负了更多的责任，也拥有了更多的经济自主权，为促进地方经济增长和财政增加，地方政府逐渐以一种经济人的行为模式运作，成为了地方经济发展的主要推动力。在地方所能支配的税种中，城镇土地使用税与耕地占用税占据了较大比重，以征地的名义获取土地财政也就在地方政府中成为一种普遍现象[1]。

(二) 行政体制模式：官员的选拔任用和绩效考核制度

在官员考核制度上，我国实行的是以政绩为主要标准的考核制度，依据的法规是2002年公布并实施的《党政领导干部选拔任用工作条例》，该条例对党政干部选拔任用的原则和标准进行了规定，要求选拔任用党政领导干部，必须全面考察其候选人的德、能、勤、绩、廉，并注重考察工作实绩。但是在任用党政干部的具体操作中，只有"实绩"这一条较为容易量化和操作，因此也逐渐成为选拔干部的主要标准，甚至是唯一标准。这些容易进行比较的"实绩"其实就是一些可以拿来进行大小高低比较的，诸如GDP增长速度、GDP总量、人均GDP等经济指标，[2]而对其他方面的要求如社会公正程度、社会秩序和谐度、文化发展水平、民众满意度等指标的要求相对较为模糊，也难以量化，因此并没有受到相应的重视。另外，该条例还规定了确定提升选拔干部和官员的具体方法，要求人选应由上级党委常

---

[1] 李龙浩：《土地问题的制度分析》，地质出版社2007年版，第98—100页。
[2] 同上书，第96页。

委会提名，由委员会全体会议进行审议并进行投票表决，据此，政府主要领导干部的选拔任用实际上是由上级党委决定的，虽需经过本级人民代表大会或其常委会选举产生，但事实上人民代表大会或其常委会对干部的任用并没有决定权，选举只具有一种程序上的意义。① 既然下级是由上级任用和提拔的，那么相应地，下级官员也只需对上级服从和负责，也就是说，党政官员只要能够在实际工作中作出实效，得到上级的赏识，就能够得到任用和提拔，而不需要对其下级负责，因此，无人负责的农民的利益自然成为这种体制下的牺牲品。

（三）民主法制模式：先天发育不良、后天发展受限的基层自治组织

我国传统上缺乏民主自治的基础，村级自治组织从一产生就存在严重的缺陷，存在严重的先天发育不良。1987年我国农村正式开始建设农民自治组织，但是由于各种原因，村集体作为农民基层组织一直缺乏真正意义上的现代民主参与基础，加上农民的民主参与意识不强，民主一直未能真正确立起来，最终沦落为执行各上级政府部门指令的工具，本应由农民自治的组织成了政府主导下的基层行政部门，其大部分工作就成了贯彻上级的方针和政策。② 除了先天因素之外，我国农村基层自治组织的后天发展也受到了很多限制，首先，法律上对村集体保护村民利益的责任约束性不强，致使村委会并不能真正践行民主以有效保护和代表村民利益；其次，村级自治组织——村集体在行政体制上始终受到上级制衡，其行为受到来自上级的诸多限制。因此，在面对征地这种大事件的时候，村集体的行动和意志必然受到上级行政部门的制约，征地对村集体来说，就不再是一次简单的土地交易，而变成了一项必须完成的政治任务，在上级政府的压力面前，村集体只能为贯彻政府意志而成为妥协的一方，村民的真正利益很难得到保障。

（四）社会发展模式：以经济发展为核心导向的社会发展路径

改革开放以来，我国从以阶级斗争为纲转变为以经济建设为纲，

---

① 李龙浩：《土地问题的制度分析》，地质出版社2007年版，第95页。
② 同上书，第200页。

社会发展指导原则的转变对中国产生了深远的影响，在这个发展原则的指导下，我国社会经济的高速发展已经延续了 30 多年，创造了世界经济发展的奇迹，巨大经济成就的取得也使得经济建设的核心地位得以进一步确立，以经济建设为中心成为中国各项事业的核心，一切工作都要围绕经济建设为中心展开。为了突出经济建设的重要性，该原则被写进了《宪法》并在一切法律中有所体现，如官员的任用选拔制度就规定官员发展地方经济的政绩就是任用和提拔官员最重要的指标。

但是，以经济发展为导向的社会发展原则也导致了负面的结果，经济发展需要的是资本，在全球化背景下，资本在更为广阔的范围内寻求其价值的实现，哪里能够给资本提供更大的利润回报，资本就流向哪里，这可以说是全球化背景下资本流动的铁律，地方政府也都取到了这些发展的"真经"，认识到了"要想发，搞开发"，纷纷招商引资，大搞形象工程，树立地方投资的良好形象，并在与开发商的博弈中不断作出让步，甚至不惜出让正在耕种的高产田、压低地方土地出让价格来博得开发商对当地投资的青睐。有些地方政府还在投资环境上做文章，对开发商作出诸多承诺，如保证征地后农民不闹事，保证不要求开发商优先安置被征地农民等。片面追求经济指标造成的直接后果就是：地方政府在与开发商进行博弈时并没有站在被征地的农民一边，而是在地方财政收益和官员政绩的驱动下出卖了农民的利益，他们更多地奉行资本至上的行动观，将坐拥大量资本的开发商奉若神明，对农民的利益和征地可能造成的不良社会后果考虑得较少。

二 我国宏观制度背景下的 D 村征地

一般来讲，失地包括两种，一种是因长期从事非农业生产、对比农业与非农业的比较效益之后，自愿放弃农业生产而导致的失地；另一种是因城市扩张将一部分原有的村庄包进了城市的区划范围，在被包进城市扩张区域的原农民就因为城市的扩张而失去了耕种的土地，成为失地农民，这个失地的过程是一种被动的过程，而并非农民的主观意愿所致。D 村所经历的失地过程，属于后一种情况。

第四章　冲击与挣扎：征地中农民之凸显的风险与凸显的分化

2010年的那次征地十分突然，该村村长是这样介绍他是如何得知征地消息的：

> 记不清楚哪天了，县里的人叫我过去一趟，我就去了，他们就跟我说，县里经过商议决定要征你们村的地，是香港的开发商，要投资修厂，还要开发住宅小区，明天县里的人、国土局的人要去你们村里面（丈）量地了，公安局的也会去，你好好接待下。我就说："那等我回去先跟村里说一下，跟村委会的人商量下吧。"没想到，那个人立刻就火大了。让我抓紧回去，做好协调组织工作，我也不好说什么，回来后就通知了村里的人。

通过村长的表述，可以发现，当地政府在此次征地过程的一开始就占据了绝对主导的地位，甚至越俎代庖地代替村集体和农民与用地单位达成了征地意向，确定了征地时间、补偿方式等，这种征地决策的方式自然也引发了农民的反抗。

> （征地那天，）大家一大早都到地里去了，坐在地头上，不让外面的人量地，闹了一天，地也没有量成，县里又叫我去了，跟我讲了很多，大意是让我好好配合县里的工作，跟群众讲清楚征地的好处，做好他们的思想工作，还说对补偿不满的还可以商量研究。（D村村长）

D村村民的反抗总算起到了一定的作用，当地政府在口头上同意就征地相关事宜与村民再进行商量，同时在村民的要求下，当地政府也派人在村委会工作公示栏中张贴了征地公告，公告中对此次征地的面积和具体位置做了说明，并依据当地征地区片综合地价对D村被征用土地进行了地价评估，对土地补偿费、安置补偿费、青苗补偿费以及地上附着物补偿费实行包干补偿，总共为每亩6.6万元，对被征地的农业人口实行一次性的货币安置，并指出，征地后原农业人口自谋出路，在公告的最后，还注明了如村民对此次征地方案有异议可以提出听证申请,但不影响本次征地的组织实施。

但是公告仅仅张贴了3天,铲车就开到了D村的土地上,一位村民讲述了当时的状况:

> 那天来人要动村里的地,我们不愿意,僵持了两天,在没谈妥的情况下,他们还是要征地,把地里面的苗子都碾了,我们很生气,都围到政府门口去静坐,好多家把拖拉机、马车都弄过去了,堵在县门口要说法。

可见,即使张贴了公告,农民的意见也并不能真正得到表达,农民的反对也不能真正地阻止地方政府征地的行为,农民的民主权利受到了忽视。

征地中矛盾的突出性造成了征地过程中各方关系的紧张,特别是征地执行者与村民关系的紧张,正如一位老人所讲:

> 看看那些贴告示的人,都是半夜去贴,贴了就跑,要是白天去贴,谁看见了谁打!

这种突然性的征地急剧地改变了该村村民原有的生活状态,扰乱了他们自然的社会发展进程,对他们将来的生活发展产生了巨大的冲击,这种冲击不但意味着从传统生活中的解放,还意味着传统物质、文化及权利方面的失去,即征地城市化既带来了新的机会,也孕育出了新的社会风险。

第二节 征地中的风险冲击

一 征地中的风险冲击——解放的维度

对农民来说,征地最为显著的影响就是他们祖辈通过艰苦的斗争得来的土地将从他们这一代开始彻底消失,这种消失不是短暂性的,

第四章　冲击与挣扎：征地中农民之凸显的风险与凸显的分化 ▎ 113

而是具有不可预期的时间长度，不仅是他们这一代，他们的后代都不再与土地存有直接的联系，若干年后，他们的子孙很可能成为他们过去常常嘲笑的"四体不勤、五谷不分"的城市人中的一员。他们彻底地从土地中解放了，包括从土地的束缚、传统的生活方式、传统的人际关系以及传统的家族组织中脱离和解放出来，这是分析征地冲击的一个维度。除此以外，征地对农民来说还意味着失去，特别是在我国现行的土地征用制度下，这种失去不但是指土地的失去，还意味着一种相关文化和相关权益的丢失。因此，失去是讨论征地冲击的又一个重要维度，这两个维度分别代表了征地给农民带来的两方面影响，其中解放的维度意味着传统保护屏障的消失，失去的维度意味着风险冲击的可能，两种维度相伴相随，共同构成了征地中失地农民的风险状况。

（一）从土地束缚中的解放

土地是农民的基本生产资料和生活资料，失去土地就意味着从此失去了劳动对象、工作场所，失去了赖以生存的资本和持续生计的能力。但是，土地对于农民来说，也意味着很大的束缚性，首先，土地的不可移动性决定了工作地点的固定性，由于土地的不可移动性，农业劳动就必须在土地所在地进行，这就使得从事农业生产活动的劳动者必须长久地处于土地所在地，而不能经常性地转换工作地点，工作地点的固定性对劳动者的自由流动产生了很大的束缚；其次，土地生产的长周期性需要持续的人力投入，土地生产不是一蹴而就的，农作物的生产都有其一定的周期性，如小麦的生长周期就比较长，在北方气候环境下要230天左右，大豆等经济作物的生长周期较短，也要4个多月，而且土地生产具有天然的脆弱性，容易受多种因素的影响而减产，因此，农作物生长期间就需要农业劳动者根据农作物的生长状况适时地进行施肥、灌溉、除病害、松土等，人力在固定的土地上的持续性投入对农业生产者转换其他生产活动造成了一定的阻碍，束缚了他们就业的灵活性；最后，土地价值的体现方式是一种长期慢慢显现的过程，不能在短时间内获得，如果单从土地一年的产出来看，其产出值是很小的，其价值体现得也不是很明显，土地的价值在于它多年持续地为耕种者提供物质生活来源，其价值体现在积累的过程中，农民在对价值的守望中也将自身束缚在土地上。

土地的束缚随着土地的丧失而消失，农民不必日复一日、年复一年地固守在土地上，为获得土地缓慢的价值产出而付出持久的守候，失去土地后，他们就有可能更为灵活地转移自身的工作地点和转换工作类型，他们生活和工作的自由度将会大大增加，从这个角度来讲，征地使得农民从土地的束缚中获得了解放。

（二）从传统生活方式中的解放

生活方式中，最重要的就是生产方式，一个人具有怎样的生产方式，就将具有怎样的生活方式，征地剥夺了农民最重要的生产资料——土地，他们的生产方式和生活方式也得到了彻底的颠覆，失地农民Z讲述了他的个人生活方式在征地前后的变化：

> 以前的时候，每天早上起来，不吃饭，就得先到地里看看，看看苗长得咋样了，该除草的，就除除草，该松土的，就松松土，天热的时候，都是趁着早上干一会儿，大半晌午了，俺老婆就把饭做好了，跑到地头上来喊俺（吃饭），就扛着锄头回来，等吃完了饭，继续去地里面干活，这时候都是两人（夫妻）一起去，地里面很多人了，都在干活，大家有说有笑的，时间很快就过去了，等到下午太阳慢慢沉下去了，大家渐渐都回了，顺便把除下的草、捆好的树枝带回去喂家里面养的羊，回去烧汤做饭，说话聊天的，一天也就这么过去了，晚上躺下，累得很，一天天地过日子，没啥其他想法，心里倒是觉得很踏实，说起来，真跟做梦似的，这地说没就没了……现在早上醒了，不用下地了，学人家到处走走，锻炼呗，也不知道去干啥，就瞎溜达。

失地农民Z通过对征地前其生活的描述展现了一幅普通农民典型的生活图景，其一天的基本生活都是围绕着土地展开的，包括早晚饭的时间安排、作息等都仅围绕着农业生产进行。土地丧失了，他们也就失去了原有生活方式的核心，再也不用安排农活，也不用围绕着农业生产安排作息和三餐饮食，原有的具有浓郁土地气息的生活方式失去了其合理性，早上起来，不用先去田里干活，而是外出锻炼身体，新的生活方式取代了原有的生活方式。

（三）从传统人际关系中的解放

调研中，当笔者要求村口一位老大爷指出马路两边的门面中有哪些是原来村中的人开办的时候，那位老大爷感到颇为为难，他指着路边的小门面说：

> 好像有两个是我们村上的，那一家日化门面和那一家搞建材的是我们村上的，其他的都认不了啦，可能有外面人的吧……以前我都认得的，（因为）各个村子老是集体开会，大家伙都认得，现在地也弄（卖）完啦，再也不开会了，也不搞其他事儿了（注：指的是各种文体活动等，以前都是相邻的村子合办，各村村民都有份，都可以去看，形成几个村子较为紧密和熟络的人际圈子），现在都是各搞各的，也就疏远了。

可见，随着土地被征用，因土地而被连接起来的各个村庄之间的联系变少了，传统的乡村集会也因土地的丧失而失去了乡村市场，原村民之间相识交流的场所变少了，乡村之间的人际关系变得生疏，不仅如此，原来同村之间的人际关系也随着土地的失去而发生了一定的变化，突出地表现在人情关系的淡漠化：

> （以前）送人情是很重要的，红白事情也都是躲不过的，红事还好说，村上哪家的闺女结婚了，送上（钱），放那就行了，不用走礼仪和吃席面……白事儿比较麻烦，（人死的）当年是一定要去的，一年过了，还有二年的事儿，二年过了，还要过三年，有的甚至还要过个十年，哪一年过事儿不要送啊？！都是乡里乡亲的，不送以后见面都不好意思，再说自家也免不了有点事儿的，人家还不是要送，这都是互相的……即使没有这些个红白事儿，谁家没个做难着急的时候，还不是要靠村上的这些人互相

帮一把，才能过去；你不送行啊，到时候没人理你……送人情不是小钱儿啊，一年少说也有个两三千元，有时候挣的那点儿钱都送了还不够，但也没办法啊，借钱也得送，也得把这个面子给撑上啊。（原村民W姓妇女）

在传统的农村中，人际关系是一种较为紧密的、具有互惠性质的关系形式，形成这种人际关系的基础是因土地形成的村落文化，这种性质的人际关系在为农民提供规避日常风险的社会关系网络的同时，也给他们的物质生活造成了一定的负担，送人情往往占到农民支出的很大一部分。随着土地的失去，以土地为维系纽带的村落人际关系开始弱化，一些农民开始主动地远离这种人际关系，一原村民告诉笔者，现在再有人结婚，他也不会再送了，他认为："现在各做各的事情，互相也帮不上啥忙，自己说不定啥时候就搬走了呢，也不想送了，送了也得不到回礼。"可见，人际关系在他们心目中是一种非常理性的考量，他们建立或者不建立某种人际关系都基于他们对利益回报的深刻考虑，失地促使他们重新考量他们长久以来加以维持的人际关系网络，由于互惠性的降低，他们不但在客观上失去了由土地加以维持的乡土人际关系，还主动地远离这种关系网络，从传统的人际关系中解放了自身。

（四）从传统组织中的解放

与土地同时失去的是农民千百年来所传承的传统组织形式，不管他们自愿与否，这些传统组织都在征地的过程中逐渐破裂，离他们渐行渐远了，最为突出的表现是家族组织的弱化。

性别、辈分和年龄是建构传统家族体制的三大原则，通过这三大原则构筑起了家族中的等级制，每一个家族成员要依据他（她）在这一等级制中的地位参与资源的分配，[1] 原来的家族关系是以血缘和姻亲为纽带维系的，建立这种关系的初衷也是为了农业生产上的互惠

---

[1] 谢建社：《新产业工人阶层：社会转型中的农民工》，社会科学文献出版社2005年版，第75页。

第四章　冲击与挣扎：征地中农民之凸显的风险与凸显的分化

性，因此从根本上来说，农村中的家族也都是一种以土地为根本维系纽带而建立起来的互助性传统组织，家族的强大与否将直接决定着其利益能否得到维护，因此也是传统农村中重要的组织形式。家族的功能具体体现为：对家族内部来说，促进家族内成员间的生产互助（包括各种农用工具等）和家族内部最为重要的资源——土地资源的合理分配和使用；对家族外部来说，一个家族就是一个小的团体，在与其他家族产生纠纷的时候——这种纠纷主要也是由于土地而引发的——维护本家族的利益，[①] 由此可见，家族存在的根本原因在于传统农业生产和农村生活的需要，与农事密切相关，如互相提供农业生产的工具，在农业生产中互助合作等。

因此，不管是对内还是对外，家族所起到的主要作用就是调整农村生活和生产引发的各种纠纷，促进利益和资源的公平分配，为了确保公平性，家族长多由德高望重的老者担任，MK 是一位 D 村健在的最老的一位家族长，他在征地中的经历真实地体现了征地对传统家族组织威严的冲击。

MK 已经有 70 多岁了，全白的山羊胡子被打理得整整齐齐，给他平添了几分家族长的威严。MK 是远近出了名的资历最老的羊经纪，逢三、六、九当地羊市开市的时候，他都要穿戴整齐，戴上自己多年的老花镜，到羊市上走走看看，给那些前来买羊卖羊的说合生意，并从中抽取费用，在市场仍不发达和 D 村养羊仍然非常普遍的时候，这种羊经纪的地位是比较高的，因为他代表着公平和合理的交易，对买卖双方的基本权益也可以起到一定的保护作用，因此 MK 在当时也是很受人尊敬的家族长，其意见都会受到重视。但是他讲起现在做家族长的情况，又显得有几分失落，"现在地没有啦，村里的人想干啥干啥，谁也不想守着农村这个摊子，以前谁家有事，结婚出嫁、出殡上梁、修屋盖房，大事儿小事儿的都要找我商量，不一定听我的，至少听听我的意

[①] 贺雪峰：《乡村的前途》，山东人民出版社 2007 年版，第 298—299 页。

见，现在谁还问你，人都不知道哪里去了，想怎么搞就怎么搞，那不是有个人出去做生意在外面又找了一个（媳妇），回来非要跟家里的媳妇离婚，闹得打架，我去说说，人家还嫌我多嘴，以前哪儿敢这样？"

MK这位家族长所感受到的权威没落，也证实了征地对农村家族组织的冲击。土地被征用后，土地生产活动随之消失，以土地为根基的农村生活也随之解体，新的生产和生活状况下，家族长常年积累的调整家族内外矛盾的经验也变得不再适用，家族要调整的农村矛盾和相关土地的利益关系不再存在，传统的家族组织的权威面临冲击。

二　征地中的风险冲击——失去的维度

除了从解放的维度分析征地冲击外，征地对失地农民来说也意味着一个失去的过程，但是对农民中的不同群体来说，他们在征地中失去的东西是不同的，而现有的研究中对这种差异性的分析比较缺乏，下面笔者将阐述征地对农民中不同群体的不同影响。

（一）征地对农民生存状况的冲击

传统农村社会中，土地对农民来说具有双重意义，即提供农民自身消费品、维持农业劳动者自身生存的保障意义和提供农民可用来进行商品交换产品的产业意义。吴力子通过对定县的长期调查认为农业的保障意义已经远大于产业意义，在非农业收入远大于农业收入的时候，农民仍然从事农业种植的主要原因就是农民更看重土地的保障功能。[①] 土地所能提供的这种保障中最重要的就是为农户提供的基本消费保障，换句话说，越是依赖土地收入作为其主要收入的农户，即对土地依赖度越大的农户，在土地被征收时，自身的基本消费越是面临威胁，所面临的生存风险也就越大。从量化的角度来说，土地产出占其家庭总收入的比例越大，其在失地后面临的生存风险也就越大。笔者对所调查的个案家庭收入中土地产出（说明：农业产出的形式是多

---

① 吴力子：《农民的结构性贫困——定县再调查的普遍性结论》，社会科学文献出版社2009年版，第11页。

第四章　冲击与挣扎：征地中农民之凸显的风险与凸显的分化 | 119

种多样的，包括种植各种经济作物、养殖等，这里土地产出特指土地粮食产出）所占比例做了简单的计算（见表4-1），借此对农村中各农民群体在失地后的物质损失大小进行简单的估测。

表4-1　失地前各类农民家庭土地产出占其家庭总收入的比例①

个案	职业身份	非农收入	土地收入	土地收入占总收入的比例（%）	对土地的依赖度
ZTS	修理店老板	约5万元/年	交于亲戚耕种，每年只得两袋口粮，可忽略	可忽略	低
ZDT	日杂生意	约4万元/年	2800元/年	7	低
LHL	打工者	14000元/年	4200元/年	23.1	中
DXD	打工者	打工9000元/年，给村里帮忙补贴500元/月	2100元/年	12.3	中
LHQ	打工者	7500元/年	2100元/年	21.9	中
DFL	纯农户	无	土地：1400元/年 养殖：1500元/年	48.3	高
LFX	纯农户	无	725元/年	100	高

注：所有家庭的收入均按照D村2005年征地前的年收入进行统计，且以户为计算单位计算年收入。

根据我们对征地前三类群体基本收入中农业收入所占比例的估算，可以明显地看出，纯农业生产者在被征地前，其家庭收入中的一半以上甚至全部都来自土地上的产出，即使有养殖方面的收入，其收入的获得也是建立在拥有土地的基础上的。如纯农户DFL养羊，草料也是从土地上获取，因此，纯农户对土地的依赖性最高，自然地，征地对物质生活的影响中，纯农户遭遇的影响也就最大，仅从土地的粮

---

① D村每人拥有8分耕地，当地小麦亩产均值为800—900斤，小麦单价以1.1元计算，据此估算得出家庭总人口的务农收入为：春季小麦收入为每人700—800元。秋粮收入极不稳定且品种多样，不易计算，故未计入。

食供应功能来看，土地的失去就使得该群体丧失了将近一半的收入。在河南北部，一年两季的土地产出，除了提供基本口粮外，还为农民提供各种经济作物、蔬菜，甚至是购买或者换取基本消费品（如衣物、日用品等）的物质来源。因此，实际上，土地的丧失对纯农户物质生活的影响还要高于表4-1中的估计值，征地对纯农户的基本物质生活的冲击最大，涉及纯农户吃、用、穿等物质生活的方方面面。

相比之下，土地对半工半农者的物质生活冲击略小，这是因为打工工资对一些打工者家庭来说已经超过了其农业收入，农业生产占其家庭收入的比例并不算太高，打工收入对农业收入形成了有利的补充。但是值得指出的是，农业收入虽然占该类家庭年收入的比例不高，但却是他们家庭收入中最为基础和稳定的部分，提供了其家庭消费的稳定来源，从这个意义上来说，其农业收入又是他们打工收入的有利补充，且这种补充是相对稳定的。半工半农者的非农收入具有极强的不稳定性，据笔者的调查，D村中绝大多数的打工者经常处于半失业的状态，平均一年中有4—6个月都赋闲在家，因此打工收入并不能为该群体提供稳定的收入来源，对土地收入也不具有替代性，土地被征用对半工半农者的物质生活的影响也不容小觑。

通过表4-1中对三类农民物质状况的比较，我们可以明显地发现，土地的失去对经商兼农者的物质冲击是最小的，因为该类农民的家庭收入并不依赖于农业耕种活动，可以说对土地的依赖性很低，所以土地征用补偿金对他们来说只是一份"额外收入"，土地的丧失并没有使这些农民的实际收入减少，他们有足够的非农收入支付其基本生存需要，虽然征地损害了他们的部分收益，使得该群体的年收入减少、支出增加（如失地后需要购买一部分农产品），但土地的丧失并没有威胁到经商兼农者的基本物质生存情况。通过对D村该类农民的调查发现，他们的月收入都在3000元以上（如果低于3000元，他们更愿意外出打工），年收入均超过3万元，如果四口之家中仅有一人有非农收入的话，则该家庭的人均年收入也将超过7000元，远高于当地农民人均年收入。

（二）征地对农民发展状况的冲击

发展指的是事物由简到繁、由小到大、由低级状态到高级状态、由旧的性质到新的性质的变化过程，是在基本物质需求得到满足之后个体的一项重要需求。在发展的各项表征中，职业是最能够体现一个个体能力发展进程的场域，随着职业地位的提高，个体所经历的发展层次也随之由低级向高级发展，职业在个体的发展中占据着核心地位，所以对一个个体来说，发展主要体现在其职业上。考察征地对农民发展的影响就要考察征地对农民所从事职业的影响，在征地前土地对其职业意义越大的群体，征地对其发展状况的影响也就越大，如半工半农群体和纯农业生产群体；而经商兼农群体由于其在征地以前就将职业重心转移到了非农行业，在土地被征用中其发展所受到的影响也就较小，[1] 下面将对此进行进一步说明。

1. 征地对经商兼农者发展状况的冲击

如果从职业的角度来理解务农，那么这种职业对经商兼农群体的意义并不大，特别是那些经商大户，他们在征地以前的职业发展基本上就已经与土地脱离了联系，其发展自然不会受到征地的影响。如 D 村征地前唯一的一位经商大户 GN 常年在外经营玻璃生意，年收入超过 15 万元，已经很多年没有耕种土地，他的发展状况并不会受到征地的影响；普通的经商兼农者虽然在经商的同时还兼顾着土地，但是其土地也多由亲属代为耕种，在经商上，他们一般从事自己的小本生意，开夫妻店或者家庭店铺，自主安排劳动、自负盈亏，独立性非常强，除了转换行当的间歇期，基本上不存在失业或待业的现象，所以笔者认为征地对这些小经商兼农者发展的影响也不大。不但如此，土地的失去甚至可以在一定程度上促进经商兼农者的职业发展，使其有机会扩大经商的规模，实现职业发展上的一个跨越，[2] 关于这一点，笔者将在后面进行进一步讨论，在此不再赘述。

---

[1] 冯晓平、江立华：《阶层分化下的失地农民风险研究》，《中州学刊》2011 年第 5 期。

[2] 同上。

2. 征地对半工半农者和纯农业生产者发展状况的冲击

征地以前，失业问题在半工半农群体中就较为突出，他们往往处于不稳定就业、不完全就业的状态，造成这种职业状态的原因主要来自两个方面，一方面是他们工作时间严重不足，待业时间长；另一方面也与社会能够提供给农民工的工作机会越来越少有关。从近期来看，打工可以为该阶层提供高于农业产出的收入，但是在科技不断进步的现代社会，低技术的岗位数量将会越来越少。据统计，2006年外出农民工中，受过职业教育和技能培训的只占14.4%，[①] 这使得农民工被现代社会职业系统接纳的程度日益下降，农民工的这种职业特征就使得可以获得稳定收入的务农在他们的个体生活中具有了重要的职业意义，务农也成为他们职业生活的重要组成部分。因此，征地对务农权利的剥夺对他们的职业将形成较大的冲击，影响他们的发展状况。纯农业生产群体依靠土地耕种来维持自身的生活，务农对他们来说具有绝对的职业意义，农活做得好，他们的职业发展得就好，农活做得差，他们的职业发展得就差，对他们来说，失地即失业，因此土地被征用就意味着他们全部职业意义的丧失以及发展基础的丧失，征地对该群体的发展状况影响极大。

可见，土地对农民各群体具有不同的意义，因此各群体农民对土地征用的态度也呈现出了较大的差异。有数据显示：认为在土地纠纷易引发大的社会纠纷的人数中，纯农业生产者所占比例最高，为62.5%，这说明该阶层对土地征用问题最为关心；半工半农者次之，占22.1%；经商兼农者位列第三，占8.3%，私营业主等经商大户阶层对土地征用的态度则较为冷淡，[②] 态度的差异不但反映出征地对不同农民群体的不同影响和意义，同时也反映出不同农民对土地失去以后将要面临的生活的不同预期。

[①] 农业部农村经济研究中心主编：《中国农村研究报告2007》，中国财政经济出版社2008年版，第347页。

[②] 王春光：《农村社会分化与农民负担》，中国社会科学出版社2005年版，第192—193页。

第三节　空间伸缩：征地中农民的行动空间及其变化

在面对征地所带来的冲击时，失地农民也并不是完全被动的，他们仍然具有可以展开主体性行动的可能，在展现主体性的同时，失地农民也受到各种社会制度和宏观结构的制约，这种既能够让失地农民发挥一定的能动性，同时又对其行动具有制约性的结构就是他们可能的行动空间，失地农民在征地中的行动都是在他们可能的行动空间中展开的。笔者认为，资本的行动空间、政策的行动空间和传统的行动空间是农民在失地中行动主要借用的三种空间类型。

一　资本的行动空间

（一）资本可提供的行动空间

布迪厄曾经将资本的类型划分为三类，即经济资本、社会资本和文化资本，其中经济资本是指可以用于获取商品和服务的金钱以及物质性财富；社会资本指个体在社会或者群体网络中可获取的资源，它与个体在群体或网络中的位置有关；文化资本指的是那些附着在个体本身之上的、有形及无形的与文化相关的资产，此概念与舒尔茨提出的人力资本概念相似，舒尔茨的人力资本概念是指体现在劳动者身上的知识、技术、能力以及健康状况等方面价值的总和，这个总和越大，则人力资本越大。除了这些资本类型以外，权力资本也是一种重要的资本类型，它是一种通过对他人的支配而获取的资源。

通过对以上四种（这里根据研究需要只讨论人力资本，而不讨论文化资本）资本类型的界定可以发现，四种资本中都暗含着财富和资源，只是获取的途径和表现的方式有所不同。既然是资源和财富，那么都是可以被拿来进行交换的，也就是说，一种资本类型可以通过交换变成另外一种资本类型。布迪厄在讨论资本的三种形式时就曾经指出，资本最为巧妙的地方在于资本之间可以进行转换，以满足不同种类的需要，不同种类的资本的这种可以互相转换的特性也为拥有资本的农民在征地中的行动提供了可能。

（二）征地前农民内部各群体不同的资本状况

1. 经商兼农者的资本状况

经商兼农者通过自身的经营能力长期经商积累了一定的经济资本，在笔者调查的村子中，这个群体的年收入，在征地前少则三五万元，多则10多万元，远远高于村中其他群体的年收入；除了经济资本以外，他们在长期经商的过程中对人际关系的培养意识也很突出，交往和回旋能力较强，这也使得他们积累了一定的社会资本；经济资本带来的权力资本更是经商兼农者同，特别是经商大户的重要资源。正如邹农俭所说："在我国的农村社会，经济收入与政治权力之间往往具有一定程度的对应性，那些收入高的农民往往拥有较大的权力，而有权力的农民的收入一般也较高……较高的经济收入就使得他们在通向权力的道路上占据了较大的优势，而拥有了权力往往又可以增加收入，政治权力在我国的社会生活中起着巨大的作用，在农村社会也不例外，那些拥有权力的人，也就拥有了行使指挥权、组织权的能力和调动社会资源的资本。"[①] 可见，对于具有了较高经济资本的经商兼农者来说，其社会资本和权力资本都将高于普通农民，经济资本、社会资本和权力资本在这个群体身上实现了很高程度的重合。

2. 半工半农者的资本状况

农民工所从事的工作多是城里人不愿意从事的负重性或者是高强度的工作，从事这样的工作就需要劳动者具有一定的身体素质，半工半农者能够经常外出打工，至少说明他们的身体健康状况良好，能够承受高负荷的工作。另外，能够外出打工的农民主要是年轻人，他们的受教育程度要高于普通农民，在不断的打工中，他们也不断积累着新的知识和劳动技能，这两方面都说明了半工半农者是农民中一个人力资本较好的群体，但是他们仅依靠强壮的身体打工的生涯并不会长久，很多农民在中年以后就很少外出打工了，这说明半工半农者的人

[①] 邹农俭：《当代农村：变迁·分化·矛盾·整合》，《江西社会科学》2005年第1期。

力资本优势极易丧失,并不能持久地发挥作用。除了人力资本之外,半工半农者在经商中所积累的经济资本非常有限,而且大多数都及时用在了修房子、结婚等大宗家庭支出,积累得比较少,因此从总体来看,半工半农者的主要资源优势在于其人力资本,其他的资本储量不足。

3. 纯农业生产者的资本状况

纯农业生产者是以农、林、牧、渔业为唯一或主要的职业……并以农、林、牧、渔业为唯一或主要收入来源的农民,[1] 正因为农业劳动者收入的唯一性,再加之农业生产的天然脆弱性,纯农业生产者向来都是最大的社会弱势群体。在陆学艺对中国社会阶层变迁的分类中,不管社会阶层结构如何变迁,农民(指的是纯农业生产者)始终处于社会的底层,这是我国的一个社会事实,表现在农村中,只有那些不具备外出打工或经商能力和条件的人才会专职务农,这充分说明了他们的人力资本不如半工半农者充足;他们的经济资本也非常有限,往往处于刚刚温饱的状态,这使得他们不具备经营生意所需的多余经济资本;他们的人际关系非常简单,仅局限于农村的邻里之间,社会资本严重不足,这使得他们缺乏摆脱纯农民身份桎梏的外在力量;他们唯一可用的就是他们微薄的人力资本,这种资本使得他们可以在农田中挥洒汗水,即使偶尔外出打工,农业产出也仍然是他们维持生活的重要保障。

二 政策的行动空间

征地中蕴含的行动空间包括两种形式,一种是政府相关政策中所规定的对失地农民创业、培训等方面的扶持政策;另一种是在政策的实际操作中形成的行动空间,其中包含着失地农民对政策的灵活运用,这里仅对征地政策在实际操作中形成的行动空间进行说明。我国现行的征地政策中对如何征地、如何补偿以及如何安置都是有比较明确的规定的,但在实际的政策运用中,仍然存在着可以运作的可能,也就成为征地政策中蕴含的行动空间。以我国现行土地征用政策中的

---

[1] 陆学艺主编:《当代中国社会流动》,社会科学文献出版社2004年版,第339页。

补偿和安置政策为例对此进行说明，根据现有政策的规定，农民被征地后的补偿大致包括三个部分，即土地补偿金、安置费和其他补偿（包括地上附着物补偿金和青苗补偿费）等，但是在实际的征地过程中，可以用来要求补偿的名目却非常繁多，围绕各种名目的利益展开博弈的空间也比较大。例如安置资源中除了安置费以外，还包括少量就业机会、入学机会、教育和培训机会等；地上附着物的补偿也暗含多种资源，如地上青苗费、出坟费、树木费、拆迁地上附着物的奖励费，等等。在征地收益的村内分配中，这些机会和资源的分配状况直接决定了失地后各个农民的风险境遇，如获得一个工作安置机会就意味着避免了征地后的失业风险等，也正因为如此，这种看似固定实则灵活的征地政策也为失地农民失地后的行动提供了一个可能的空间。

三　传统的行动空间

（一）传统行动空间的含义

笔者把那些建立在传统的乡村资源、传统的文化资源和传统的认知上的行动方式都称为传统的行动方式，它们为行动者提供的行动可能性就是传统的行动空间。

传统的中国农村是自成系统的，有人把这些乡村称为自给自足的小社会一点也不为过，因为生活在这个小社会中的人们即使缺医少药，缺乏保障和收入，但依然能过着一种相对稳定的生活，这主要是因为他们有一套自我满足和保障的系统。在他们面临困难的时候，他们可以动用这套系统为他们提供资本的救助，这套系统分为常规系统和非常规系统两个部分，常规的如多样化的农业生产方式，即耕种土地获取基本的粮食来源，同时从事多样化的农业经营，如养羊、养鸡等，即使不能将之卖出获得货币收入，也可以自己食用，或用于改善生活，这一套自我生产保障系统是建立在占有土地的基础之上的，是农民们千百年来每家每户都会进行的自我保障的一种传统行动空间，笔者谓之常规的行动空间；除了基本的消费以外，村民还会有一些非常时刻，例如生病、财物被盗等，这时就要动用村委会、家族长，甚至是地方司法部门来解决，获得救助或者扶持，这不是经常发生的，笔者谓之非常规的行动空间，常规的行动空间和非常规的行动空间共同构成了传统农村社会中村民行动的可能性空间。

（二）难以割舍的传统行动空间

正如马歇尔·伯曼所认为的：现代社会是"一切坚固的东西都烟消云散了"的世界，[①] 传统的一切事物和观念在我们这个迅速发生着变动的环境中，其变化都是不可避免的，不但如此，现代生活本身还是一种充满悖论和矛盾的生活状态，生活在这种变动不居，却又矛盾丛生的环境中的人们应如何应对其中的风险、把握其中的机遇呢？李友梅在论述乡土文化的现代转型时讲道："当那些生活于传统乡村社会中的人们试图摆脱祖祖辈辈所遵循的行为方式和乡土理念，并尝试着去把握和拥抱新生活的时候，他们却又发现自己与这种看似美好的新生活之间存在着一种难以逾越的隔阂或排异性，这时在其身上所体现着的乡土文化传统反而成为他们规避风险、寻求退路的保障……这也使得他们处于了一种对乡土文化既不能放弃又放弃不掉的尴尬境地。"[②] 即李友梅认为，在面对现代风险的时候，传统的乡土文化和认知将是农民规避风险的一种重要方式，这种传统的乡土文化式的行动方式就是笔者所指的传统所带给农民的行动空间。吉尔茨曾经使用"地方性知识"的概念描述人们对传统空间的运用，他认为正是地方性知识的运用使人们的日常生活秩序得以维系。因此，在社会剧烈的变迁过程中，农民所拥有的传统认知和文化就是他们接受新知识与观念、看待新事物的基础，也是他们对新的不确定环境作出反应的知识来源，换句话说，当具有乡土性的农民置身于新的社会经济环境中时，往往利用传统的行为方式和认知来参与和塑造新环境，表现出对传统行动空间难以割舍的情怀。

四　征地中三种行动空间的变化

在征地这一剧烈变迁中，三种行动空间的大小是有所变化的，其中，由于土地及相关传统因素的丧失，传统的行动空间受到了压缩，

[①] 转引自李友梅《快速城市化过程中的乡土文化转型》，上海人民出版社2007年版，第9页。

[②] 李友梅：《快速城市化过程中的乡土文化转型》，上海人民出版社2007年版，第9页。

而政策性的行动空间由于国家相关政策的不断出台，其伸缩性有所增强，农民个体化应对风险的状况也使得资本行动空间的重要性有所凸显。

（一）传统的行动空间受到压缩

在征地冲击中，传统的行动空间受到了压缩，主要表现在两个方面，即以土地为基础的行动空间消失和以传统乡村为基础的行动空间日渐式微。

1. 以土地为基础的行动空间消失

以土地为核心展开行动进行自我保障和生存是传统农村社区中农民最为经常采取的措施，这种方式最为基础，也最为可靠，为农民提供基本的生存和发展可能，但是随着土地的失去，以土地为基础的这些行动可能都将不复存在，在物质上没有保障的时候，土地再也不能为他们提供果腹的来源，在经受了打工的打击和遭遇了经商的失败之后，他们再也回不到那个默默等待他们的田园之家，以土地为基础的行动空间消失了。

2. 以传统乡村为基础的行动空间日渐式微

传统的人际关系被打破，特别是迁移性农转非的村庄，原有的以地缘关系为基础的人际关系更是受到了根本性的破坏；原有的以血缘为基础而连接起来的氏族和家族组织随着人口的迁移而变得松散，原有乡村的互助性的生产组织也日益解体，其对原农民的作用逐渐减弱，在这些农民们的权利在城市中受到无情践踏的时候，他们再也无法得到来自家乡父老的鼎力支持，以传统乡村为基础的行动空间日渐式微。

（二）政策的行动空间伸缩性增强

因为征地而出现的一系列征地政策对于面临征地的村民来说是一个新的政策体系，这套政策体系在农村原有的政策体系之外建构起了一个新的行动空间，其可供运作的空间大小在具体的征地过程中得到了增强。

1. 政策在具体的使用中存在很大弹性

不同的地区，政策的差异很大，这直接导致了失地后农民不同的处境，即使在同一地区，因区位不同，补偿的办法也存在差异，再退一步说，同一区位中，不同的村子也可能存在差异，村民的反应和态度也将导致补偿标准存在很大的差异,用一位农民的话说就是:"外面的村儿闹得轻,赔的钱少,我们闹得狠,给得多,看来这里面的水深得很啊。"除此之外,在一些细节问题上,如树苗补偿、起坟补偿、丈量土地,都是"松一松和紧一紧(皮尺)的事儿"(农民语),政策在具体的实施过程中存在着可大可小的弹性。

2. 新政策不断出台提供了新的政策行动空间

20世纪90年代以来,特别是在21世纪初,随着因征地引发的社会矛盾不断加剧,各种因征地引发的群体性冲突事件不断爆发,严重影响了社会稳定。这引起了政府,特别是中央政府对土地问题的持续性关注,并在政策上不断进行调整,形成了关于土地征用政策的密集出台期。在这些政策中,不断对失地农民问题中的补偿、安置等细节问题给予更多的调节,农民在政策上的可利用空间也越来越具有弹性,如在制定土地价格时按照土地所处的不同区位制定综合价格,为失地农民要求自身的权益提供了可能的回旋空间。又如《国务院关于加强土地调控有关问题的通知》中关于解决好被征地农民就业、住房、社会保障,确保被征地农民基本生活长期有保障的规定;[①] 劳动保障部《关于做好被征地农民就业培训和社会保障工作指导意见的通知》中提出的政府要积极开发公益性岗位、督促用地单位优先安置失地农民就业的规定;等等。[②] 这些政策性文件中对失地农民就业安置的新规定也为农民提供了积极争取工作机会的政策依据。

(三)资本行动空间的重要性凸显

尽管新政策不断出台,正式的制度中所能提供给农民的资源是严重不足的,面对资源紧缺的情况,失地农民个人所能拥有的资源量和资源种类就凸显出其重要性。这些资源的量越大、资源的种类越具有稀缺性,对失地农民来说,其可利用的行动空间就越大;另外,资源持有者灵活运用资源的能力也很重要,如灵活运用这些资源进行种类

[①] 参见《国务院关于加强土地调控有关问题的通知》(国发〔2006〕31号)。

[②] 参见《国务院办公厅转发劳动保障部关于做好被征地农民就业培训和社会保障工作指导意见的通知》(国办发〔2006〕29号)。

转化的能力或利用已有资源获取更多回报的能力,等等。

第四节 认知和行动分化:农民在征地中的认知与行动选择

风险取决于人的决断,它引致的损害也是由人的决断决定的,在古代社会生活中,主要危险来自自然的灾变,而在现代社会中,危害直接源于人或社会群体的观念或行为,传统社会向现代社会的转变因此也是一种"归咎习惯"的转变,[①] 农民的认知也影响着他们在征地风险应对中的行动,在不同认知的指导下,其行动也展现出丰富多彩的姿态。另外,小农系统也是非常复杂且极具多样性的,由于处于不同的制约、风险及机会之中(Belaineh,2002)而具有不同的认知、不同的策略以及不同的最终状态(Scoones 等,1996),[②] 认识到他们的认知以及行动的差异性和复杂性,对于理解他们在征地后的分化与风险状况具有重要的作用。

一 纯农业生产者在征地中的认知与行动

(一)纯农业生产者在征地中的认知

在征地以前,土地是纯农业生产者基本物质生活的来源、文化生活的根基和权利保障的来源,随着土地的失去,他们将失去基本物质生活的来源、失去文化生活的根基和权利保障的来源,征地将会彻底颠覆他们的生活,因此,他们对于征地普遍感到彷徨和焦虑,表现出不情愿,甚至采取一些积极的呼吁性、抗争性的活动都是可以理解的,也是必然的反应。原 D 村村民 LFX 说起当年征地时自己的想法,至今依然很激动:

> 要命,这是要砸了俺们家的饭碗啊……没有了地,我们吃

[①] 马步云:《现代化风险初探》,博士学位论文,复旦大学,2006 年,第 24 页。
[②] 陈传波、丁士军:《中国小农户的风险及风险管理研究》,中国财政经济出版社 2005 年版,第 36 页。

啥、用啥，我们又能干啥？！当时听说的时候，我心里急死了，想着若真没了地，这日子怎么过！以前的时候是吃不饱、穿不暖的，还不是后来有了地啦，咱农民的日子才慢慢好起来了嘛，有地啥都好办，没地一筹莫展，想不出来没地了能咋样。

LFX 是独居户，家中只有他一人，且人已过中年，除了种地没有其他的非农技能，土地是其维持基本生活的来源，征地对其各方面生活状况的影响巨大。有学者研究表明，年龄越大、受教育水平越低、家庭收入越低的农户越不愿意土地被征用，这位学者进一步对这种结论作出了解释，他认为农民受教育程度越低就意味着其人力资本越缺乏，其非农就业能力就越差，在就业选择上就更倾向于从事农业生产，也就不愿意土地被征用，而那些家庭年人均收入较低的农民往往也是因为其非农就业能力较差而不得不从事农业生产，其家庭收入更多地依赖于农业生产，土地的征用将使他们面临就业和生活保障的双重困难，所以他们就更加不愿意土地被征用。[①] 如此看来，对农民群体中收入较低、非农就业能力不强而长期务农的纯农户 LFX 来说，对征地感到焦虑其实是他立足于自身的客观情况的合理反应。

(二) 纯农业生产者在征地中的行动

1. 储蓄补偿金是最为典型的行动

有学者专门研究了中国农户的储蓄行为，大多数研究者认为农民储蓄的主要目的，或者说是最重要的目的就是应对风险。刘建国的实证分析表明：中国农户的边际消费倾向明显低于城市居民，农户进行着较多的预防性储蓄，这主要是由于农户收入的不稳定和农村公共服务的缺乏造成的；[②] 曹和平的实证研究也发现，中国农户的储蓄率较

[①] 肖屹：《失地农民权益受损与中国征地制度改革研究》，博士学位论文，南京农业大学，2008年，第90页。

[②] 刘建国：《二十世纪九十年代以来我国农户消费倾向偏低的原因分析》，《社会科学》2002年第7期。

高，其中30%是出于防卫性动机，① 当面临重大的社会变革时，特别是生活状况面临巨大不确定性的时候，农户的这种储蓄性倾向将更为明显。

在对 D 村征地以前的纯农业生产者在征地中对征地补偿款的处置的调查中，笔者基本上没有发现其他地方所出现的奢侈性消费现象，他们大多将征地款用作应急储蓄或者家庭生活改善的支出，家中土地较多的，获得补偿款稍微多一些的农民也存在着投资行为，但投资的规模较小，多半仍然用于储蓄应急，用他们的话说就是："这钱不敢花，也花不起，毕竟不多啊"，年纪稍微大一点的农民甚至将这笔钱当作最重要的"棺材板"储蓄起来。

将补偿款储蓄起来是大多数原农业生产者处置征地补偿款的主要方式，他们将这笔钱留作风险保障，如生病、意外、去世或者其他突发情况，这也说明在征地中，他们是极度缺乏安全感的一个群体。

> LSX 在征地以前就以种地为生，是地地道道的农民，家中养了 20 只羊，是唯一的补贴家用的来源。征地后，LSX 就把征地补偿款都存上了，LSX 家中的房子还是 20 多年以前修的老房子，已经十分破旧，半边房子漏雨，即使家里有了补偿款，他也不敢修房子，他说"可不敢花那个钱，那是养老保命的钱……说啥都不能花……万一有个啥事儿的，就用上了，现在没地了，就这点钱握在手里，遇事就不那么怕了，现在哪里不需要钱啊。"

看来，原本就缺乏经济资本和其他生活来源的纯农业生产者在失去了他们唯一的资产——土地的时候，陷入了一种深深的焦虑和不安之中，原来土地能够提供给他们的安全感，现在只能被有限的补偿金来替代，虽然这点土地补偿金对土地的补偿作用有限，甚至在现今的金融状况下，货币补偿的价值还在不断的缩水，但是将这些钱"捂"

---

① 曹和平：《制度缺失与储蓄替代——中国农户防卫性储蓄机制的行为发现与理论检验》，《北京大学学报》（哲学社会科学版）2002 年第 5 期。

在手中，对这些物质状况和精神状态不确定及不要的农民来说，无疑具有巨大的安慰作用，绝对是纯农业生产者在面临征地的时候所能采取的最为理性的应对方式。

2. 以弱者之名

在诸多的讨论当前中国农村社会情况的论著中，农民基本上无一例外地被界定为弱者，而纯粹的农业生产者则被认为是弱者中的弱者。纯农业生产者的弱势性不但是在与城市人的比较中得出的，也是在与村中那些打工者和经商者的比较中得出的，纯农业生产者自身也认同这种界定、认可自己的弱者身份，并且在一定的条件下还以这种弱者的名义展开行动，例如他们会通过哭诉他们生活境况的恶劣性来博取照顾，很多时候他们甚至会夸大他们面临的困难，正如笔者在前文中所做的介绍，D村原来就在城市边上，现在该村旁边的主干道就是政府一条街，是该地建设最好的一条街，各种政府机关大多设在这条街上，当然也包括信访部门，离该村不足300米，信访部门的工作人员这样告诉笔者：

> 刚征地的时候，很多人过来哭闹，大多数都是讲自己的困难，说自己活不下去了，特别是那些家里面没人外出打工又没有做什么买卖的，说得天都要塌下来了，很多时候是那些中年妇女，又哭又闹，拉都拉不起来，我们都挺同情的，但是话说回来，其实挨得这么近，他们村里的情况我们都知道，村长说每年的平均收入不足1500元，但是挨城里这么近，做啥不能挣点钱，其实没有那么差，那只是农业收入，就是那些只靠着地活的，也没有那么差，家里养着鸡鸭，能有多穷……他们就是不想动，对政府等、靠、要的思想太严重。

信访部门工作人员的观点是从外界视角出发对失地农民行为进行的评价，可能缺乏对农民失去土地后真实痛苦的切身感受，但至少反映出了农民，特别是农民中的最为弱势的群体对自身身份特征的运用状况，即通过哭、闹甚至是求的方式展现自己的弱势性的做法，在一些情况下，这种做法也可以产生积极的效果，为他们提供一定的利益回报，正如该村纯农户 DFL，其老婆的哭闹就为他谋得了一份在县政府大楼里打扫卫生的工作。

> 征地那会儿，以后的日子不知道咋办，以前就靠着那两亩地，没闲钱吧，也不会饿着，俺跟老婆没孩儿，老了就靠地了，后来说要征地啦，心里又急又不知道咋办，虽然想不通，但是那文件上说着呢，都要这样弄，都不给你安排活，心里想也就走一步算一步了，但是俺老婆不同意，她觉得国家不会让老百姓饿死，她天天去找人说困难，有时也去县政府门口转悠，看能不能碰上一个管事的干部，后来一个干部上班老看到俺老婆在门口转，就问了问俺家里的情况，觉得俺家确实困难，就跟其他人打招呼，给俺安排了一个活，我现在每天早上4点起床，5点钟到政府大楼里面打扫，几层楼打扫完，时间不能晚过人家机关里面上班时间（8点整），每天都是这样，开始一个月400元钱，现在涨到了500（元钱），虽然不多，但是我已经很满足了，其他人还没这活干呢。

斯科特（Scott，1985）指出：公开的、有组织的政治行动对于多数下层阶级来说是过于"奢侈"了，因为，那即使不是自取灭亡，也是过于危险的……更为重要的是去理解农民反抗的日常形式……这些日常形式的反抗通常包括：偷懒、装糊涂、开小差、假装顺从、偷盗、装傻卖呆、诽谤、纵火或怠工，等等，这些就是"弱者的武器"，通常表现为一种个体的自助形式，而避免直接地、象征性地对抗权威也是其重要特点。① DFL 的老婆所采取的抗争策略中并看不到对权威的对抗，而更多的是通过对自身弱势身份的展现和对"弱者的武器"的利用，值得指出的是，原纯农业生产者的这种以弱者的身份出现，

---

① 转引自董海军《作为武器的弱者身份：农民维权抗争的底层政治》，《社会》2008年第4期。

突出自身的弱势性,以获取相关部门照顾的做法,仍然属于一种对传统行动空间的利用,与传统的寻求村组织帮助的做法没有区别,只是因为村组织的解体,他们转而找直接征地的部门以求获得帮助,他们行动的出发点并不是基于他们对相关安置政策的了解和运用,而是基于一种朴素的"官应为民做主"的传统理念。

二 半工半农者在征地中的认知与行动

（一）半工半农者在征地中的认知

半工半农者一身兼具两种身份,既是农民,又是工人,他们多年迁徙于这两种工作系统之中,文化观念受到了两个系统的影响,始终是处于一种冲突和矛盾的状态之中,在笔者的调查中发现,该群体对征地的认知也存在着这种相互冲突和矛盾的看法。

> 说要征地的时候吧,我就想,要是没地了,就不是农民了吧,进了城,不就跟那些城市人一样了吗?打工的时候,别人总叫我们是农民工,觉得低人家一头似的,没了地,我们不就成了城里面的工人了吗?这么想着,觉得征地也可能是件好事儿。（打工者DXS）

> 地没有啦,就补偿那么一点,现在又都花光了,我们将来怎么办,他将来怎么办?（这里的"他"是指自己的孩子,此时她正领着五岁的小儿子在家门口玩）。（打工者DXS的妻子）

同一家人却对征地表现出两种态度,一方面,他们比较正面地看待征地对他们的影响,希望借由征地实现他们由农民工向城市工人的转变,这说明半工半农者有着农转工的强烈愿望,希望征地给他们提供一个转变契机;另一方面,他们又对未来充满了忧虑,对征地后的不确定表示出担忧,特别是稳定收入来源——土地的丧失对其后辈生活的影响。笔者认为半工半农者有这种担心,原因多半是他们的务工经历对他们造成的影响,外出打工具有很大的不确定性和风险性,这使得土地成为他们的稳固保障,征地对这种保障形成了威胁,使得他们尽管充满着对新生活的期待,但也充满了顾虑,在面对征地时,认知上陷入了矛盾，矛盾的认知也直接导致了他们行动上的多样性和不确定性。

（二）半工半农者在征地中的行动

1. 消费行为居多

半工半农者在征地中的一项典型行动就是消费，而且是集中型的消费，如修个漂亮的大房子或者是添置大型的家庭用品等，改善生活本来就是打工者外出打工的最直接动因；更直接地说，他们外出打工的主要目的就是挣钱，打工也确实逐渐地改善着他们的生活状况，但是打工收入少而分散，不易于集中使用，而征地事件则使他们在短时间内获得了相当数量的现金，这就使他们一直想做而未做的家庭改造计划得以实施，如添置大型家当，包括交通工具、大型家具以及修造新房子等。

DFS一家共四口人，四口人征地补偿款中的一大部分都用于了翻修房子（平房），其余的补偿款基本上都被用来购置新家当了，买了一台新的电视机和一台代步用的电动车，这种大批购进新家当的感觉一度很好，"觉得比辛苦打工来钱快得多"（DFS语）。

可见，与纯农业生产者对补偿金多偏重于储蓄的行为不同，半工半农者倾向于将这笔钱在短时间内消耗掉，这一方面说明了他们对未来打工挣钱能力的自信；另一方面，过早地消耗掉补偿金，也说明他们的危机意识并不强，存在短视行为，投资意识较差，这不利于他们未来的发展。

2. 继续打工

大多数半工半农者在征地中毫不犹豫地花掉征地补偿款就是基于他们可以继续打工挣钱的想法，继续打工也就成为该群体应对失地状况的一种典型行动类型。打工者DXS在谈到对征地后的打算时说"没多想，就是多打工呗，多挣点儿钱，养活一大家子……让家人过得好一些"。从DXS的表达中可以看出，说"没多想"就选择了打工，说明继续打工决定的作出主要是基于他们自身打工生活的经验，认为打工是一种比较直接的获取生活资源、"让家人过得好一些"的方式，除了打工之外，他们似乎也想不出什么新的点子。另外，"没多想"的表述也说明半工半农者中一部分农民对失地以后可能的生活变动缺乏充分的估计和谋划，这就可能造成他们在征地后的被动处境。总的来说，继续打工的应对方式既是半工半农者为应对风险而作出的积极选择，也是他们在现实约束和自身能力约束下的一种依据自身经验作出的选择，缺乏创新和改进，表现出了一定的消极性。

3. 增长技能

与消极的继续打工不同，一些半工半农者认为征地也给他们带来了改变他们农民工身份的可能性。

> 以前在昆山的三一重工打工，人家是大企业，要的都是有技术的，我没啥技术，只能干点零活，挣不了几个钱，累得很的（活）可能多点儿，一般一个月撑死了挣2000元钱，要是家里没地上出那点儿，吃穿都有问题，看着那些有技术的一个月能拿到五六千元，我就寻思着能不能把自己也整成有技术的。征地的时候政策上有规定，想参加技术培训的就可以免学费，每年还可以补给1000块钱，那时候村上的人都不想去（培训），觉得耽搁他们打工挣钱，又怕学不到本事，我是第一个报名的，学的是电缆工，还考了个技术资格证，后来在城里电信局里面找了份工作……（打工者FJX）

通过上面的案例可以发现，打工者FJX对其生活有着更多的忧患意识，即使在打工每月可以挣到2000元钱的时候，他也对土地失去可能造成的危机有着较为清醒的认识，这促使他积极地寻求改变的可能，他所找到的改变的方式就是通过培训来提升自身的劳动技能，而政府对被征地农民的培训政策也为他们提供了这种可能。政府的免费培训是征地过程中新出现的一个行动空间，与许多打工者放弃培训的选择不同，FJX紧紧把握住并利用了这一行动空间，改变了自身技能缺乏的就业弱势，使自己从一个仅靠出卖劳动力为主的打工者成长成为一名具有一定技能的职业技术人员，其行动效果是积极且有效的。但是通过培训而获得技能进而实现身份转变的应对行动在农民中并不普遍，据全国农村固定观察点办公室2005年的调查表明：参加各种形式科技培训的农民的比例仅为27.2%，在所有参加过培训的农民中，69.62%的农民接受培训的时间为5天以下，22.32%的农民参加培训的时间为5—10天，① 这说明不但参加培训的农民数量很少，而且绝大多数农民接受的培训量还严重不足，这就限制了半工半农者在征地后的身份转变。

三 经商兼农者在征地中的认知与行动

（一）经商兼农者在征地中的认知

经商兼农者对土地的依赖性最小，土地非农化的补偿金又为他们提供了一笔额外的收入，所以他们对征地的看法在农民中也最为积极和乐观，特别是经商收入较高的村民对征地的观点更为正面，如D村做玻璃加工生意的GN就认为征地是好事儿。

> 人不能总窝在土里，靠种地是发不了财的，征一亩地好像赔给了5万多元钱，这点钱做生意很快就赚回来了，但是对那些靠地过活的人来说就不好说了啊。

从GN的话语中可以看出他对农村和农业的依赖度很低，生活中即使没有土地，其自行进行风险规避的能力也比较强，所以对征地款的多少并不是非常重视，对征地的态度比较淡然，思路也比较长远。但是对生意规模比较小的经商农户来讲，他们对土地征用的态度就有所不同了，例如今年45岁的修理店老板ZTS征地以前就在城里面的老广场街上开了一家家电修理门面，门面不大，约有10平方米，每月的收入为3000元左右，他对征地就既有正面的认同，也有负面的忧虑：

---

① 农业部农村经济研究中心主编：《中国农村研究报告2007》，中国财政经济出版社2008年版，第347页。

要征地的时候,我是不太情愿的,毕竟有地种着,就有口粮食吃,但是又不能永远种地,征就征吧,把地换成现钱也好,放在手里,做点啥不行,后来每亩地给补偿了5.5万元,家里面6口人得了20多万元,钱放在手里不生钱啊,我就想着做点事儿,后来我又到处借了借,凑了30万元,到南方找项目,觉得造家用小电器啥的,挺来钱,投资不大,跟我以前干的活也有点联系,(于是)我就搞这个。

基于这种以地换钱以及投资的理念,ZTS家的门面现在已经扩充为一家小型的家电工厂,专造小型电器,雇用了几个工人,店面也已经搬到了更为繁忙的政府一条街上,可见,由于经商小户对自身经商风险的忧虑使得他们对征地与否、征地款的多少还是有顾虑的,但是这种顾虑无法掩盖他们多年经商中获取的经商投资意识,他们在面临转变的时候,能够从更为长远和积极的视角出发,发现征地风险中蕴藏的机遇,他们的这种认知方式得益于他们长久的经商经历对风险意识的培养。

(二) 经商兼农者在征地中的行动

在对农民各个群体的资本分析中可以发现,经商兼农者是农民中资本种类和数量最为丰富的群体,对资本的运作也最为灵活,在面对征地的行动中,他们对资本的运作能力表现得非常突出,既有进行资本形式转换的运作,也有追加投资以获取更多资本量的运作,虽然其间成功与失败并存,但都属于一种积极的应对方式,当然也存在着消极储蓄征地补偿金的经商兼农者,不同的应对形式在一定程度上影响了他们今后的风险境遇。

1. 转换资本形式

LWJ是D村一名经商户,在县城里面经营一家专营学生辅导用书的书店,2001年书店的注册资本就有10多万元,LWJ是这家书店的全权所有人,由于这家书店地段好,图书材料全,生意一直都非常兴隆。LWJ也因此累积了一定的经济资本,在征地之前的那次村干部改选时,LWJ大摆筵席,邀请全村村民免费吃喝,为自己拉选票,还拍着胸脯向村民保证：只要让他当村长，他承诺拿 50 万元给村里修路，D 村一农民这样描述 LWJ 大摆筵席的状况：

> 摆酒席那天，我去吃了，不知道摆了多少桌，三个大馆子都被包下来了，那场面大得很，够气派，我们都觉得这小子有能耐，会办事，让他当没准我们村就好过起来了呢，吃了酒席，很多人都投了他的票，光我一个人就投了他三票。

LWJ 正是在征地中运用了自身先前所积累的经济资本，在村长竞选中获胜，从而成功地将自身所拥有的经济资本转换成为权力资本，这是一种积极谋取村庄内权力的行动，通过这种积极的行动，成功地改变了自身在征地中的被动地位，获取了行动空间最大和获益可能性最佳的位置，也是农民中资源最为丰富的位置——村干部，在这个过程中，权力资本显然具有更大的优势，更能为其带来丰厚的回报。

LWJ 在成功当上村长后不久，该村就赶上了征地，家中的土地被征用后，LWJ 就把书店的生意交给自家的亲戚管理，自己看准机会，在被征土地旁边开了一家石料厂，主要为附近的工地供应沙子，今年年初开发商开始在这片被征用的土地上建商品房，所有的石料必须从 LWJ 的石料厂购买，否则村长就要发动农民来闹事，他因此也赚了不少钱。

翟学伟认为：当社会个体无形或被迫接收社会先于自己的那些社会角色和社会位置，而个体在其规范的制约下又打算表现自己的意图时，会采取一种同社会结构相变通或相权衡的行为方式来行动……这里就存在着一个运作的空间，这个空间虽使得个体受制于其中的社会角色法则与规范，但也为个体行动上的自主与机智提供了条件。[①]

[①] 翟学伟：《个人地位：一个概念及其分析框架——中国日常社会的真实建构》，《中国社会科学》1999 年第 4 期。

LWJ的获益是其在现有的社会制约下和自身资源的权衡中积极行动的结果，资本在他的运作中真正寻找到了增值的途径，LWJ也因此找到了获得其他各类资源的捷径，这是一次非常成功的资本转换。

2. 追加经商投资

能够成功地转换自身资本形式的经商兼农者还只是限于那些有较强的经济资本以及足够气魄的人，大部分的经商兼农者在征地中面临新的不确定情况的时候采取了进一步投资的策略，这也是经商者长期从商经验的经验所得：只有不断地投资，才能不断地获利，虽然在20世纪80年代末我国的个体工商户就已经形成了一定的规模，但是由于他们的技术，特别是资金的限制，规模始终不大，很多年过去了，他们依然维持在他们开始经商时的水平上，很少有个体工商户成功转化为大的民营企业，这种情况被孙立平称为"长不大的个体工商户"，征地使这些因缺少发展资本的小个子个体户有了成长的机会。

征地意味着土地价值的部分兑现（不能说是完全的兑现），土地价值以货币的形式得到展现，为经商兼农者加大投资、改善经商规模、提高经商水平提供了可能的资本来源，尽管这种资本量与他们本应该得到的相去甚远，但毕竟是一笔直接可用的现实资本。在多种多样的投资行为中，有成功的投资者，如前面提到的修理店老板ZTS在征地后将自己的家电维修生意做大，拓展到了小家电制造上，实现了自身的成长，但同时也有失败的投资者，如ZFX承包公交线路的投资就以失败而告终。

我当时凑了几家子的钱买了这辆大巴，准备搞公交运输。东边的长庆路不是要打通了吗？可以直接通到市中心了，到时候我就把这条线路承包下来，专跑这条线路，听他们跑西环线路的人说，好的时候一天就有上千元的收入，我当时就想着把握住这个机会，走上致富的路子。没想到，这条大路放了几年都没打通，原因是（路）通过的马庄对征地补偿方式不满，村民轮流堵在村口，死活不让打通，已经闹了很多事儿了，到现在还没解决。车子只能扔在村里，风吹雨淋地，看着车子一天天的贬值，心里非常着急，只能趁着晚上拉点私活，赚点小钱，就这还要时刻留心地躲着警察、躲着（抓拍的）灯，抓住一次，至少2000元钱（罚款）就（花）进去了。（经商户ZFX）

3. 消极储蓄

经商兼农者中也有一部分人在征地中表现得比较消极，他们在征地过程中似乎置身事外，并不积极争取更多的权利，主要以小经商者为主，他们虽然不富有，但是能够实现温饱、自足，他们对征地补偿和安置款的处理方式也是储蓄，但是不同于纯农业生产者和半工半农者的储蓄理由，他们储蓄不是不敢花、用来养老，而是花不着，也就是说，这笔钱对他们当前和可预期的未来来说并不是迫切需要的，也就是他们嘴上说的"闲钱"。这一方面说明他们在征地中所受到的冲击明显小于纯农业生产者和半工半农者，相较于消费掉，储蓄显然对他们来说是更为理性的选择；另一方面也是他们缺乏投资观念的体现，将补偿金用于储蓄的小经商者放弃了加大经商投资的机会，其生产或者经商仍然保持在个体户形态，规模没有扩大，这导致他们长期地处于小经商者的状态。

第五节 征地中农民之凸显的风险与凸显的分化

一 征地中农民之凸显的风险

与征地前农民总体性风险较低、处于相对隐形的状态不同，征地的到来剧烈地改变了他们的生活状态。一方面，征地使得农民从原有的生产生活以及人际关系中得到解放；另一方面，征地也对失地农民的生存和发展形成了冲击，使得失地农民在生活的方方面面开始面临越来越多的风险状况，风险从隐形状态开始变得明显和突出。笔者认为，征地中的农民生活风险形成的机制主要有两个，即征地制度的风险生产机制和个体行动的风险生产机制，在两种机制的作用下，征地中风险被制造出来并逐步凸显。

(一) 征地制度对新风险的制造

我国土地征用制度的具体安排是导致征地中农民风险凸显的一项重要机制，土地征用制度是一个系统，以下三项征地制度安排都是导致征地中农民风险产生的重要因素。

1. 不完善的农村土地产权制度对风险的制造

按照《中华人民共和国土地管理法》第八条、第十条和第十四条的规定：除由法律规定属于国家所有的以外，农村及城市郊区的土地属于农民集体所有，由村集体经济组织或者村民委员会经营和管理，并由本集体经济组织的成员——农民承包经营，从事种植业、畜牧业、渔业或者是林业生产。① 至此，农村土地的所有权和使用权在法律上被彻底地分离，这种分离的土地制度安排存在着一些重大的缺陷，最主要的缺陷就是农民土地产权归属和利益关系不清晰、土地所有权的主体缺位和模糊，这就使得村集体在行使权力时，并不真正代表农民的利益，而是抛弃了农民，成为土地的实际所有者，农民在征地过程中成了毫无话语权的无关人士，他们的利益成了征地博弈中的牺牲品和失地风险的承载者。

2. 存在缺陷的土地使用审批权和征地程序对风险的制造

关于我国土地征用审批权的问题，《中华人民共和国土地管理法》第四十四条规定了两类行使机构，第一类是国务院，主要审批国务院以及省、自治区、直辖市人民政府批准的大型基础建设项目；第二类是省、自治区和直辖市人民政府，主要审批第一类不涉及的建设项目。② 关于征地的程序问题，《中华人民共和国土地管理法实施条例》第二十五条中做了规定，必须经过两次公告后才能实施，两次公告是指征地信息公告和安置补偿方案公告，其中征地信息公告是指在征地方案经依法批准后，由被征用土地所在地的市、县人民政府将批准征地机关，批准文号，征用土地的范围、用途、面积以及征地补偿标

---

① 参见《中华人民共和国土地管理法》，2004 年修订。
② 同上。

准，农业人员安置办法和办理征地补偿的期限等基本信息向被征用土地的乡（镇）及村进行的公告；而安置补偿方案公告是指在拟订征地补偿和安置方案之后，在被征用土地所在地的乡（镇）及村进行的公告，用于听取被征用土地的农村集体经济组织和农民的意见。两次公告之后，才能组织实施征地，其中对补偿标准有争议的，按照该条例第二十五条的规定，将由县级以上地方人民政府协调，而协调不成的，由批准征用土地的人民政府裁决①。

考察我国现行的土地征用审批权和征地程序，可以看出，在我国现行的土地征用审批和征用程序的制度安排中，暗含着不合理的因素，在这种程序中，农民是处于绝对的弱势地位的，必将成为征地风险的承担者，具体体现在以下四个方面：首先，土地的征与不征，决定的过程只是下级政府和上级政府之间的问题，不涉及村集体，更不涉及村民；其次，有关的征地信息、征地补偿和安置办法都是在被政府确定之后公布的，其制定过程并没有村集体意见的参与；再次，征地的具体实施也是由具有强大行政工具的政府实施的，如遇村民不满，冲突在所难免；最后，关于征地争议的仲裁不是由法院来解决，而是由政府进行协调和仲裁的，而这些负责协调和仲裁的政府恰恰是征地的批准者和实施者。

3. 不合理的土地出让收益分配制度对风险的制造

我国现行的征地制度中对土地征用中的利益分配方法还是比较明确的，它将土地收益分为征地成本和净收益两部分，其中征地成本指的是在征地过程中发生的征地补偿支出，是征地收益中农民可能得到的部分，具体包括以下几项内容：土地补偿费，补偿标准为该耕地年产值的6—10倍，归农村集体经济所有；青苗补偿费和其他附着物的补偿费，这一部分按照《中华人民共和国土地管理法实施条例》第二十六条的相关规定归所有者所有；安置补助费，为该耕地被征收前3年平均年产值的4—6倍，这一部分补偿的归属视安置情况的不同交由农村集体经济组织、安置单位或者是农民个人，相关法律对以上三

---

① 参见《中华人民共和国土地管理法实施条例》相关条款，1998年12月。

种支出进行了严格的成本限制,要求安置补助费最高不得超过被征收前3年平均年产值的15倍,土地补偿费和安置补助费的总和不得超过被征土地年产值的30倍。[①] 而土地净收益简单来说就是土地出让价格和土地征用价格之间的差价,该差价远远高于土地征用的成本支出,当前我国土地征用的净收益几乎完全被政府获得和使用,也就是说从土地收益的分配上来看,政府所获得的这份收益占去了土地总收益中的绝大部分,在土地征收出让的过程中,如果成本价为100,农民只得其中的5%—10%,村级集体经济得25%—30%,60%—70%为政府及各部门所得,[②] 风险的分配与利益的分配密切相关,获得的利益越多,用来规避风险的资源越多,可能遭遇的风险越小,农民在征地利益分配中获得最少的利益分成也就意味着他们在征地后所面临风险的凸显。

(二) 个体行动对新风险的制造

在现代风险社会中,风险的生产更多地依赖于行动者的行动,也就是说个体行动成为现代风险的一个重要来源,作为具有行动能力的主体,农民在面临征地的时候也不是完全被动的,他们持有不同的认知、开展不同的行动来应对和化解风险,他们行动的本身又将他们置于新的风险境遇之下,为他们制造了新的风险后果,因此征地中农民的个人行动也是制造风险的一条重要机制,是促使征地中风险由隐形走向凸显的重要因素。以典型的小农业生产者在征地中的认知和行动方式为例,纯农业生产者在风险中多表现出焦虑和不安,对城市化征地持有消极的认知,采取的行动也非常保守,包括储蓄和以弱者的身份求得帮助,均具有典型的小农行动特征,这种认知和行为方式虽然有利于保持他们当前的基本生活,但是从长远来看,将不利于他们身份的改变、生活水平的提高以及未来的就业发展,随着储蓄金被逐渐消耗掉,他们的基本生活也将面临危机。总的来说,小农业生产者在

---

① 参见《中华人民共和国土地管理法》(2004年),《中华人民共和国土地管理法实施条例》(1998年)相关条款。

② 李龙浩:《土地问题的制度分析》,地质出版社2007年版,第140页。

征地中的行动并没能为他们获取将来发展的必要资本,也没能使得他们在征地中占据有利的位置,反而为他们将来陷入更为困难的风险境遇埋下了伏笔。

二 征地中农民之凸显的分化

通过对征地前农民的基本生活状况的分析可以发现,在征地以前农民的生活基本上还是处于一种比较稳定的状态,在内部的利益分配比较平等,即使有差异,也并没有表现得非常突出,特别是对个案D村这样一个征地前变迁不算剧烈的村庄来讲,比较平等的权利状态和隐形的利益分化也有助于使这个村庄保持长久的平静,然而征地所带来的新的风险状况对原有的生活发起了挑战,使得其内部的权力关系和利益关系变得敏感起来了,利益和权力上的分化开始凸显出来。

(一) 权力(利)的分化

1. 新权力力量的崛起

在传统的农村中,权力往往掌握在乡村传统精英和家族长手中,这种传统权威在农民心中向来具有很高的威望,其威望来自他们公正的品质,也就是我们通常所说的"主持公道",能够主持公道使得他们成为稳定村庄的重要力量,又因为这种优秀品质往往附着在某个具体的个人身上,所以除非这个掌权者去世或者有重大过错,村庄内部掌权者的更迭并不频繁。

在征地以前的农村中,村长其实并不比普通村民拥有更多的收益和机会,村长或者村干部的职位也并没有多少人愿意去竞争,正如一位老村长讲述当年自己当选村长的经历:

> 在农村,能干啥,啥也干不了,我两孩儿,都要上学,都要钱不是……平日除了种庄稼,闲下的时候就出去打工,没工打的时候,就干俺老本行——收破烂儿呗!弄两个是两个,一年打上半年工,咋地不挣个几千元,总比干坐着等喝西北风强啊……谁知道那一年打工回来,就被村里人投票选成村长了,那时候,谁没事想当村长啊,都是闲着没事的人干的,啥好处没有,还不少操心,影响发家致富哩。

征地的到来急剧地改变了这种状况，村长或者村干部成为农村集体资产的代言人，负责与政府和开发商展开谈判，是上下通气的关键点，也就自然成为信息和资源的拥有者，这些资源和信息将为他们带来意想不到的巨大收益，这也就使得村干部职位成为村民争抢的香饽饽，一些原来并不注重村内权力的群体开始积极地谋求权力，新的权力力量随之崛起。

这其中表现最为明显的参与者就是经商兼农者，特别是那些具有一定竞选资本的经商农户，他们试图参与更多的村庄事务、表达或者谋求更多利益的事件并不在少数，而该村在征地中的村干部竞选事件则更具代表性，如前面提到的经商户LWJ一次性抛出50万元修路钱作为竞选资本，拉选票的行为也极为高调，充分体现出经商者在谋求征地利益中的积极行动。

2. 权利行使上的异质化

除非是诉诸法律，关于征地补偿在农民内部的分配方案的制定都是交予村集体内部协商解决的，在村民内部，为体现民主，分配对象的决定和具体的分配办法都是通过村民大会或代表大会来确定，在村民大会中，所有村民围绕自己在征地中的利益展开公开的博弈，在这个公开的博弈中，村民内部的权利表现出异质化的特征，具体体现在他们在征地收益决策时对参与权、发言权以及决策权三项权利的不同行使状况上。因为涉及利益分配的问题，村内农民对征地收益分配讨论的参与度一般都是很高的，包括正式和非正式多种参与形式，然而真正能够决定谁受益多、谁受益少还取决于各农民群体在这个过程中对发言权和决策权的行使状况。

第一，从发言权的行使状况来看，农民在村中发言权的践行（能准确表达和伸张自己权益的能力）因受诸多方面因素的影响而出现了异质化。这些影响因素主要包括两个方面：首先是社会资源量的大小，阿马蒂亚·森认为贫困的根源在于权利的缺乏，也就是说，那些经济贫困的群体在社会权利的行使上也面临着困难，半工半农者和纯农业生产者作为村中资源量相对缺乏的群体，其社会资源量的缺乏已经影响到了他们表达和追求自己利益的能力，他们很难有效地表达自己的意见;① 相反地,作为掌握村中较多经济资本的经商群体则更有资本发表自己的意见、行使自己的权利。其次是社会行动经验的多少,李普塞特曾指出,利益群体对涉及自身利益的复杂社会问题的理解能力更依赖于他们在工作中得到的社会经验,上层职业群体的工作可以使其智力不断发展,增进对复杂社会政治机器运行的理解,而日常的办事员的工作和体力劳动则很少有机会获得这种理解力,② 那些村庄中的经商农民,特别是私营业主农民由于长期从事非农业性的工作,因此比长期务农和从事体力劳动的打工农民对复杂的情景更具理解力和行动力,在表达自身意愿上显得更为积极且效果更为明显。有学者通过对浙江村庄的调查发现,作为经济能人的部分农民就试图影响主导社区公共权力,并促使利益分配格局、分配方式、分配机制向自身有利的方向转变,最终使村治活动中的每一项决策都能尽量满足自己的利益需求③。

第二,从决策权的归属上来看,最终的决策权被小部分村民所掌握也导致征地分配权利向村中的干部和商业精英集中,引发了村中权利实际行使中的异质化。从目前的现实情况来看,村集体的统一意见难以产生,集体召开村民大会达成问题解决的案例较少,很多的村子经历了多次村民大会讨论仍未拿出解决方案,有的村庄甚至因为对征地补偿和安置款的争议过大招致村民内部拉帮结派现象严重,纷争不断导致征地款分配久拖不决进而分裂了村庄的结构。以 D 村为例,由于分歧大,其征地款在征地以后拖延了半年才被发放到农民手中,正是因为这个原因,在实际的操作中,最后在制定相关的决策时还是主要体现村集体领导的意志,以此来代替村民集体意见,村民就算有发言和提建议的机会,也不会对即将制定的决定起到很大的作用。其中,作为理性的个人,村集体的领导也有自己的利益诉求,在把握决策权的时候只会制定对自身有利或者至少不会损害自身利益的执行办

---

① 冯晓平:《两级博弈下的征地风险流动分析》,《农村经济》2012 年第 1 期。
② [美] 西摩·马丁·李普塞特:《政治人:政治的社会基础》,张绍宗译,上海人民出版社 1997 年版,第 171—172 页。
③ 卢福营:《农民分化过程中的村治》,南方出版社 2000 年版,第 227 页。

法，村委会随意限制或取消分配资格的现象严重。另外，作为乡村精英的经商农民在决策中也占有一定的地位，这是因为与普通公民相比，乡村精英更有可能接近自治组织、操纵自治权力，[①] 与村干部群体形成较为密切的关系，成为影响最终决策的重要力量，在农村"能人政治"下，这也是无法避免的，而距离权力中心较远，不掌握优势社会资源的普通村民，如农民工和纯农业生产者参与最后决策的可能性仍然较小。

（二）利益的分化

1. 利益争夺的明显化

在传统的农村社会中，农民之间的利益争夺并不明显，外出经商的各自为政，外出打工的之间也并不相冲突，根据现有的研究，外出经商和外出打工者还因这种传统的乡土关系获得了很多社会资本上的支持，具有正面作用，所以说，农民之间的利益争夺并不明显，他们可能的较为激烈的利益基本上都集中在土地上。在征地过程中，土地的巨大价值第一次以大量货币的形式呈现在农民眼前，无论是村干部，还是普通村民对这种利益的要求都会集中爆发出来，为此而展开的利益争夺明显化。下面是一位 D 村村民的讲述，突出地说明了征地给这个平静的村子带来的利益风暴。

> 俺们村原本是个普通的小村儿，没啥不同的地方，也没出过啥名人，大家该种地的种地，该打工的打工，脑子灵光点的还做点生意，日子总算是过得去。谁知县里要在俺们村东面搞一个大的工业园，要征走俺们村的地，每亩补偿 5.5 万元，你算算这得多少钱？！……突然上千万元的钱拨到村里，谁都坐不住了，都吵着要分钱，这笔钱该咋分呢？俺们村 10 年不动地了，好多老的没了，小的还没分到地，该咋办呢？嫁出去的姑娘能不能分？外来的姑爷算哪一份呢？哎，大家的意见多，谁家都想着多分一

[①] 吴从环：《权力的位移——村民自治制度 10 年实践考察》，《中国农村观察》2000 年第 1 期。

份，就是没有个一致的想法，因为这个事儿，村里喇叭喊了几次，让大家伙儿去开会商量，商量有啥用啊，都说了想法，最后还是有不同意的，每次都要吵架，有一次叔和侄儿还打起来了，最后实在没办法了，大家嚷嚷着告到法院去了，让政府给俺们决定到底该咋分，谁知打完一审打二审，亲戚邻居的都撕破了脸。

在这场利益争夺战中，直系亲属或者核心家庭的地位开始摆脱传统大家族的束缚，其独立性得以显现，作为最为基本的核心利益团体的地位也更加凸显。我们经常用"七大姑八大姨"这个词语来形容传统村庄中错综复杂的人际关系，可见，农村中的人际关系多是因血缘和姻缘而形成的，而传统农村中村民之间存在着或多或少的亲属关系，这使得一个村庄更像是一个大家庭，而一个家庭内部的成员一般是不会闹上法庭的。对此，费孝通认为在传统的中国乡村中，即使出现了纠纷，大家也是通过调解而非诉讼来解决，这是因为礼治才是乡村中主要的治理方式，理想的礼治就是每个人都自动地守规矩……每个人知礼是责任，社会（也）假定每个人是知礼的……所以打官司也成了一种可羞之事，表示教化不够，不知礼。[①] 因此，农村就形成了"无讼"的传统，在征地中，村民间为了利益纠纷而诉诸法律已经说明了传统的大家族和乡村人际结构开始淡化，以核心家庭的利益为最终归宿的利益争夺正在置其他的亲缘关系于次要地位。

2. 利益分配结果的分化

村民围绕征地利益展开激烈争夺的后果就是利益分配结果上的分化。村干部在这场利益争夺中获得了较大的收益，有法律学者指出：现行的法律规定中对征地款在农民内部的具体分配过程缺乏规定，致使在征地补偿款的发放中村委的权力过大，严重影响了征地利益分配的合理性，法律上的空白和权力制度安排上的权力过于集中都使得村干部在征地中具有了寻租的可能。这样的例子非常多，例如武汉市江岸区后湖街新湖村原村委会主任姚汉云因涉嫌贪污国家征地拆迁款

[①] 费孝通：《乡土中国》，上海人民出版社2007年版，第56页。

第四章 冲击与挣扎：征地中农民之凸显的风险与凸显的分化

740 余万元而受到法律的审理。① 在 D 村也不例外，2005 年征地时，时任村委书记和村会计两人因虚报瞒报征地情况和私吞补偿款被群众告发，进了监狱。众多的村干部贪污事件都表明：我国现行的征地体制和征地过程导致了征地过程中利益的分配不合理，特别是那些掌握了村庄权力的村干部往往获取了更大的利益分成，而这些村干部中有很多就是经商兼农者等乡村经济精英，与之相反的是，那些原来就远离村集体权力中心，又与村中掌权人"说不上话"的农民的利益没有得到保障，具体包括那些村中的纯农业生产者、常年外出打工的半工半农者以及部分与村庄联系很少的经商户等，如一位打工农户的妻子就认为自己的利益在征地中受到了损害，而受损害的原因就是其权力地位上的弱势。

> 外来的媳妇没份或者只能分一半，我就没有分到多少钱，说这说那的，还不是因为俺们家那口子说了不算，只有村委的人说了算，他们说媳妇应该有份就有份，他们说不该有份就没份，找谁说理去。

在征地以前的农村中，农民之间虽然也存在利益的差异，但都是个体层次上的区别，并不涉及与其他村民的利益冲突，也不会引发村民内部的利益冲突，因此总体上，他们作为一个整体，在征地前的利益是一致的。征地中，农民不再是一个统一的利益体，而是寻求个人利益最大化的理性人集合，而分配到村集体的补偿和安置款是有限的，怎样分配直接决定了每个人的切身利益，参与分配的人多了，自己分到的就少了，农民之间的利益因此发生了紧密的关联，为争夺利益，其内部的冲突也变得激烈起来，但由于农民之间行动能力和资源状况的不同，最终导致了不同农民群体间利益的分化。

---

① 大楚网：《武汉一村官涉贪 740 万　法庭上求法官放其回家》，2011 年 3 月 10 日，http：//hb.qq.com/a/20110310/000533.htm？pgv_ref=aio，2012 年 2 月 26 日。

第五章 融入与退却：征地后失地农民之固化的风险与固化的分化

第一节 失地农民面临的新生活境遇的特征

农民的土地被征用意味着他们以农为主的生活过程结束，开始进入一个非农化过程，这是从一个系统到另一个系统的剧烈转换，有学者将这种转换称为"离开土地的系统失去"和"走向城市的系统进入"。[①] 系统的转换使失地农民面临多方面的挑战，叶继红认为，失地农转非人员进城需要面临多方面的重构和适应，包括生活方式、生产方式、社会交往方式等多个方面，也就是说，失地农民进城将要面对的是一个庞大的系统重构工程[②]。

笔者认为，征地后农民面临这个新系统就是一个全新的境遇，其中包含着新的物质生活境遇、新的权利生活境遇以及新的文化生活境遇等多方面的挑战，同时为失地农民进行生活的全方面转换提供了一个机遇。究竟是机遇还是挑战？新的生活境遇在不断考问着这些新的进入者——失地农民，下面笔者将从新的物质生活境遇、权利生活境遇和文化生活境遇三个方面对失地农民将要面对的这种新的生活境遇

[①] 陈邵友：《征地农转非人员非农就业促进及其管理研究》，博士学位论文，西南大学，2009年，第27页。

[②] 叶继红：《失地农民城市适应的困境与解决途径》，《中国软科学》2008年第1期。

的特征进行分析。

一 新物质生活境遇的特征

资本的历史所创造的人的独立性以物的依赖性为基础,社会主义市场经济所创造的人的独立性同样存在着物的依赖性[①]。征地后失地农民在融入新环境时,首要的问题就是物质生活的状况,新的物质生活境遇将在他们的新生活中起到基础性的作用,失地后的农民所面对的这种新的物质生活系统包括物质的生产和物质的消费两个子系统,其中物质生产子系统具有生产要求高效化、生产组织规范化、生产工具现代化等特征;而物质消费子系统具有消费水平较高、表意性质强等特征,这些新物质系统的特征也对失地农民提出了新的要求。

(一)新物质生活系统中生产子系统的特征

1. 生产要求高效化

在现代社会中,新的物质生产方式必须按照市场的需求变化安排生产,市场的需求也就成为企业生产的直接风向标,为追求更多的价值产出,现代生产均对生产效率提出了很高的要求,为此在现代生产过程中一般都采用流水线作业的方式,这就要求劳动者在生产中注意力需要高度集中,劳动者的劳动强度偏大。河南是农业大省,食品加工等产业相对发达,P市也不例外,各种食品加工、果品加工企业非常多,北方人喜欢吃水饺,因此手工水饺也成为当地一大产业,包水饺技术含量低,对年龄的要求并不苛刻,一般的家庭主妇均可胜任,但是,这些对技术水平要求较低的行业对效率的要求却非常高,以该市的手工水饺加工业为例:

据笔者对当地一家水饺加工企业的调查,当地实行的多是日定额工资制度,全部实行流水线作业,新手一天的报酬是15元,工作时间从早上8点开始,上下班都要打卡签到,完成当日工作量的时间一般为晚上9点以后,中午一小时午饭时间;熟练工一

[①] 周晓唯、赵颖涛:《人的属性:从计划经济到社会主义市场经济》,《社会科学论坛》2008年第4期。

天的报酬是20元，早上8点上班，晚上9点下班，中午一小时午饭时间。一天的工作量随工种有所不同，就"饺子美容"（对流水线下来的饺子进行捏合）来说，按照上下班时间来算，一个新手的捏合速度要达到每分钟100—120个，也就是平均每秒钟要达到两个，而一个熟练工还要更快。

可见，失地农民将要面对的这种新的生产系统对劳动者生产效率的要求是很高的，而且通过这个例子还可以看出，新的物质生产系统在生产要求上也与传统的生产系统有着很大的区别。在传统的农业生产中，农民是按照季节、天气及作物的生长阶段等自然因素来安排其生产活动的，他们日出而作、日落而息，遵循着自然发展的规律，因此其生产的节奏是散漫和悠闲的；而在新的物质生产系统中，生产过程全凭人为安排，在获得更多利益的驱动下，新物质生产不断寻找可以获得更高产出的高强度生产方式，对劳动者的体力和能力也不断提出新的更高要求，如劳动者的时间观念、协作能力等，整个生产系统都体现出其高效化的特征。

2. 生产组织规范化

市场竞争的不断加强要求现代生产组织不断地提高其效率，而现代管理学认为：规范化的组织方式将使工作更有效率，在追求效率的驱动下，现代企业均采用规范化的管理模式，生产组织的规范化特征非常明显。现代生产组织的规范化管理体现在多个方面，首先是生产过程的规范化，所有的生产者必须在统一的生产流程中按照既定的规范化操作方式进行生产；其次是生产结果的规范化，按照规范的生产过程制造的产品也必须符合特定的规范，达到相应的标准。相对于这种规范化组织生产的形式来说，传统农村家庭式小生产则完全缺乏规范性，例如传统家庭生产的过程是靠生产者自行控制的，可快也可慢，没有硬性的规定；传统家庭生产的产品也不具有规范性，往往因生产者的不同或者同一生产者不稳定发挥而致使产品之间存在差异，显然，这种传统的生产方式在规范化组织的现代生产系统面前丧失了其优势，习惯了传统生产方式的农民也将接受规范化生产的考验。

3. 生产工具现代化

在马克思对生产力的论述中,生产工具是居于核心地位的,生产工具的变迁直接表征出社会生产力的发展水平,在现代化大生产下,失地农民面对的新的物质生产系统中使用的生产工具是新型机械,这些新型机械的科学技术含量较高,对机械操作者个人的劳动技能和知识水平要求较高,获得对这些机械操控的技能往往需要特定的培训过程,而且不同的工种对技能和知识的需求不同,且不同机械知识之间的共通性小,因此使得不同工种的操作者之间不宜进行快速转岗。这与传统的农业生产工具之间有着本质的区别,传统的农业生产使用的生产工具非常简单,如刀、斧、耙、犁、锄等,这些农具的使用不需要特定培训,只靠手把手地传授和生产实践即可以获得,我国社会具有典型的二元特征,在很多地方,特别是中西部地区,城乡之间还存在传统农业和现代工业两种生产状态的差别,一方面是现代的城市现代生产系统,另一方面却是农村的传统农业生产系统,特别是在笔者调查的中部农村,由于人均拥有的土地很少,农村中对现代农业机械的使用率很低,大多数农民仍然使用传统的农具进行农业生产,这就更加扩大了新旧两种生产系统的差别。

可见,新的物质生产系统是以市场为核心对生产者提出要求、对生产工具进行配置、对组织进行管理,处处体现出高效规范的特征,这与以家庭为核心组织生产、低效率、随意性强的传统农业生产系统之间存在根本区别。

(二) 新物质生活系统中消费子系统的特征

与生产直接相关的就是消费,马克思曾说"生产直接也是消费……消费直接也是生产",[①] 消费和生产一样都是物质生活的重要组成部分,特别是在现代社会,消费对一个个体社会地位的影响越来越大,因此也成为我们必须讨论的一部分,新的消费子系统主要具有以下两个方面的特征。

---

① 《马克思恩格斯选集》第二卷,人民出版社2012年第2版,第8页。

1. 消费水平高

农民失去土地后，也就失去了土地上直接的物质产出，至此，个体生活生产的一切物质所需都必须通过与其他生产者的物质交换才能获取，消费种类和消费数量较先前将有明显的增长，两种消费系统之间的这种差别在现实中表现为城乡消费水平上的巨大差异。根据《中国统计年鉴》的统计数据来看，1983 年，我国城镇居民人均消费额为 505.9 元，农村居民的人均消费额为 248.3 元，这对数据一路增长，至 2005 年，两者分别为 7943 元和 2555 元，前者增加了 15.7 倍，后者增加了 7.22 倍，年均增长速度为分别为 12.7% 和 10.7%[①]。可见，虽然农村居民的消费额得到了很大的提高，但是相比于城市的消费水平一直都存在着很大的差距，城市的人均消费水平要远高于农村居民，这也意味着农民在失去土地后进入城市中时，其消费额将会有较大的增长空间，新的消费系统对其基本的物质生活将造成一定的负担。

2. 表意性质强

在传统的农业社会中，消费的主要目的仍然是维持人们基本的需求，即通过消费，人们获得吃、穿、住、用等基本的物质来源，进而维持其基本生存，比如在农村中对衣物的消费，俗语讲"新三年、旧三年、缝缝补补又三年"，这样算来一件衣服差不多要穿上 10 年，可见，只要能够满足基本需要，农民就不会追加新的消费支出改换新的服装样式，消费的表意性功能并不强。在社会从一种物质短缺状态进入相对过剩的状态以后，消费的功能开始逐步转变，逐渐成为推动城市经济发展的一种主要动力，这时的消费不再仅是为了基本的物质需求，而更多成为满足欲望、获得认同，甚至是取得社会资格的手段。[②]也就是说，在新的社会物质环境下，消费作为满足人们生存基本需要的功能正逐步让位于消费的表意性功能，人们通过消费来获取更多的社会意义，对此，潘允康说"想一想一个从没吃过麦当劳、不拥有米

---

① 陈军民：《我国城乡居民消费差异对比》，《河北理工大学学报》2008 年第 4 期。
② 潘允康：《城市社会学新论》，天津社会科学院出版社 2004 年版，第 285 页。

奇书包、没有去过儿童乐园的孩子在学校会受到怎样的耻笑，怀有怎样的自卑，便不难理解消费在当今城市人生活中的意味，消费对于现代人具有非同一般的意义……消费已经被赋予了心理的、符号的、文化的、社会角色的等多方面进行表意的功能，这使之成为无处不在的城市幽灵"，[1] 随着现代消费模式中消费的表意性功能逐渐突出，失地农民需要花费在表意上的消费将逐步增加，否则将很难得到现代物质消费系统的接纳。

二 新权利生活境遇的特征

除了物质生活系统的不同，农民失地后也将面对一个不同于农村权利状况的新的权利境遇，这种新的权利境遇具有两个方面的特征，第一，它是一种依托单位而设计的权利系统，而非全民性的权利系统，具有单位制的特征；第二，它是一种在城乡割裂的基础上设计的权利系统，而不是一种一体化的权利系统，具有断裂性的特征。

（一）单位制特征

农民失地后面对的新权利系统是一种挂靠单位设计的权利系统，而非全民性的权利系统，具有明显的单位制特征。农村社会中农民的个人权利的取得是建立在土地经营的基础之上的，与此不同，我国城市的权利系统设计中，单位是一个个体权利获得的基础，也是权利系统设计中关注的核心，如政治权利中选举权和被选举权都是以单位为基础分配名额，再由单位内部的人员所享有的一种权利。我国公民《选举法》第三条明确规定，只要年满十八周岁的中华人民共和国公民，不分民族、种族、性别、职业、家庭出身、宗教信仰、教育程度、财产状况和居住期限，都有选举权和被选举权，[2] 但在实际的操作中，多以单位为候选人的推举组织，选民直接推举候选人的情况并不普遍；除了政治权利以外，受保障权的实现也是以单位为依托制定具体的保障办法并付诸实施的，从这种意义上说，虽然单位制改革已经进行多年，单位正逐步退去其全能性的特征，不再为其内部的成员

---

[1] 潘允康：《城市社会学新论》，天津社会科学院出版社2004年版，第285页。
[2] 摘自《中华人民共和国选举法》，2010年修正版。

提供从摇篮到坟墓的全方位的保护，但对职工本身基本权利的保障还是比较完善的，个体单位人的身份并没有多大改变，究其原因就是单位依然能够为其内部的个体提供诸多的权利保障。

相比之下，我国现行的权利系统对个体作为公民的权利重视不足。公民就是指具有一国国籍的人，只要是该国法律明文规定的权利，公民都应该享有，但在我国的权利系统设置中，这种权利更多地被各种各样的单位割裂了，有无单位作为挂靠很大程度上成为能否行使权利的重要依据，甚至是单位性质的不同对可行使权利的范围也有着重要的影响。如国有企业对职工的基本权利保障较好，而私营小企业中的职工可能连生命权都不能得到很好的保障，近年来各地频频出现的私人小煤矿坍塌致采煤工人死伤的事件就可以反映出这一点，从这个角度就可以理解，为什么很多求职就业者宁愿进入一个低工资的单位就业也不愿做一个高收入，却无单位挂靠的自由职业者。

(二) 断裂性特征

农民失地后所面对的新权利系统还是一种城乡断裂的权利系统，而非统一的权利系统，具有典型的断裂性特征。我国的公民权利系统长期处于一种城乡割裂的状态，这既是早期制度设计者的有意而为，也在后续的制度安排中不断得到加强，形成了两种权利系统之间深深的鸿沟。在一个国家中，同样是公民，却处于两种不同的权利系统之中，运用着不同的法律和法规体系，权利系统涉及政治权利、保障权利和其他多项权利，下面仅以社会保障权为例进行说明，社会保障权利中存在的城乡断裂性造成了我国两套权利系统的并存，它们分别是乡村社会保障权利系统和城市社会保障权利系统，以下将对二者进行比较论述。

我国农村农民的权利保障主要以土地保障和家庭保障等非正式的形式进行，正式的保障制度相对缺乏，但也存在着一些保障制度的安排，早期的如农村"五保户"政策，它是对农村中五类特定人员提供供养的政策，分别为无抚养人、无劳动能力、无生活来源的老人、孤儿和残疾人等，是一项针对特殊人群的制度安排。早期的保障政策还有农村合作医疗政策，是针对因公受伤或因公致残的公社社员由公社出面提供医疗保障的政策,① 也是一项针对特定人群的制度安排,保障的范围很窄。从 20 世纪 90 年来以来,农村保障制度的范围和保障水平有所扩大和提高,如 20 世纪 90 年代国务院在部分地区进行的农村社会养老保险试点,2002 年起国家开始在中西部地区及东部贫困地区试行的新型农村合作医疗制度,虽然仍以大病统筹为主,但在一定程度上也缓解了农民因病致贫、因病返贫的问题,以及从 2007 年开始设立全国范围的农村最低生活保障制度,等等。② 李迎生在调查中发现,我国当前的农村社会保障事业的管理涉及民政、劳动保障、农业、扶贫等多个部门,而各部门往往从自身利益出发,就导致了实际工作中的摩擦和矛盾,致使实际问题难以解决。③ 尽管如此,农村的这些保障制度与土地及家庭的保障功能结合起来,也为农民的基本生活提供了一张安全网,是他们基本保障的来源。

相对于农村的社会保障的非正式性和不完善性来说,我国城镇社会保障是一个相对完整的体系,且多以正式公布的法律制度的形式加以确认。整个城镇社会保障体系涉及养老保险制度、失业保险制度、医疗保险制度、工伤保险制度、生育保险制度、社会救助制度以及针对城镇困难人群的社会最低生活保障制度等,基本上涵盖了城镇居民生活的方方面面。为这些项目而制定的法律法规非常多,基本大法有《中华人民共和国劳动法》、《中华人民共和国保险法》等,1980 年以后颁布的具体规定和实施办法有:1987 年的《女职工劳动保护规定》、1991 年的《关于企业职工养老保险制度改革的决定》、1992 年的《关于深化企业劳动人事、工资分配和社会保险制度改革的通知》、1993 年的《国有企业职工待业保险规定》和《国有企业富余职工安置规定》、1995 年的《关于深化企业职工养老保险制度改革的通知》、1997 年的《关于在全国建立城市居民最低生活保障制度的通知》以及 1998 年的《关于切实做好国有企业下岗职工基本生活保障和再就

---

① 严俊:《中国农村社会保障政策研究》,人民出版社 2009 年版,第 100 页。
② 同上。
③ 李迎生:《构建城乡衔接的社会保障体系》,《中国人民大学学报》2008 年第 6 期。

业工作的通知》等，① 这些法律法规共同构成了一套比较完善的城市权利系统，较好地保障了城市居民的生活。

相对而言，城乡保障权利系统之间的断裂性一目了然，也正是这种断裂的社会权利系统在一定程度上造成了农民工的权利问题和失地农民的权利问题，限制了农民的自由流动，使得他们即使已经在外成为工人或者成为城市居民，也不敢彻底放弃土地。

三 新文化生活境遇的特征

由于城市和农村在生产性质和生产方式上的不同以及我国长期实行的城乡隔离政策，我国城乡文化之间存在明显的差异。正如笔者在前文中描述的当地农村妇女中盛行扎一种色彩艳丽的头巾，这种具有装饰和实用双重功能的头巾却得不到城市人的认可，而只是一种盛行于农村内部的文化时尚。随着土地的被征用与城市的扩张，原有的村庄逐渐被纳入城市的版图中，各种城市性因素逐渐增多，一种不同于原有农村文化系统的城市文化系统开始展现在这些失去土地的农民面前，这种新的文化生活方式具有理性化、多元化等新的特征。

（一）理性化特征

社会学中不乏大师对现代生活中的理性特征进行论述，韦伯用理性化来描述和把握世界的现代性，说明外部世界的组织和制度结构的组织原则都是基于理性原则之上展开和组织的，不局限于宏观阶层的论述；齐美尔进一步用理性来表述社会个体的内部世界，即认为理性还是现代人的一种基本的生活态度和认知的体验方式，理性俨然已经成为现代社会中最为典型的文化特征。

简单地讲，理性就是以效率和效能作为衡量与评价日常生活的标准，② 也是失地农民将要面对的新文化生活的一个典型特征。现代理性特征主要体现在两个方面，首先，货币经济成为现代社会的主要方式，货币在现代人意识中从一种纯粹的手段成长为最终目的的同时，也孕育了"理智至上"的理性性格这一典型的现代人格特征，理智至

---

① 苏振芳：《社会保障概论》，中国审计出版社2001年版，第327—328页。
② 许英：《城市社会学》，齐鲁书社2002年版，第201页。

上的理性性格显然是顺应货币经济主导的外部社会生活环境的结果，当社会一切物质和财富都以货币的方式进行计算的时候，"货币经济与理性操控一切（就）被内在地联系在一起，对人对事的态度都将显得务实，并且这种务实态度把一种形式上的公正与冷酷无情相结合"；[1] 其次，社会关系和价值的理性化，随着货币理性在现代社会生活中的扩散，现代人在应对世界、调整个人与社会关系时都会运用这种理性的能力，对此，齐美尔指出："不仅是物质世界需要用测量和衡量的方式在理智上加以征服，就连生活价值本身，无论是悲观主义还是乐观主义，也都想通过权衡快乐和痛苦而加以确定。"[2] 在现代社会中，现代人变得越来越精于计算、越来越斤斤计较，这与传统社会中人们的那种容易冲动、凭感情而孤注一掷的人格、气质完全不同[3]。

（二）多元化特征

文化模式的形成源于特定的生产生活方式，在传统的乡村社会中，自给自足的小农经济造就的是小农生活方式，在小农生活方式下，人们之间的关系是互相熟悉的，谁家几口人、叫什么、为人如何、亲戚有哪些，甚至家底怎样，有几头猪、几亩地、几只鸡，地里种了什么庄稼，收了多少粮食等，大多都知道得清清楚楚，也就是说村民之间的信息是比较透明的，农民个人的私人领域与村庄的公共领域之间的区分并不明显，这种村民之间开放与彼此熟悉的交往模式形成了其传统乡村文化特有的一元化特征。对此，任平曾指出，传统社会中，人们在村里的水井边、道路口展开公共的聚会交往，彼此之间交流信息，进而达到了对某些事件的理解与共识，协调彼此的看法与行动，[4] 逐步形成了共同的文化价值观念，村民之间的文化认识模式

---

[1] ［德］齐奥尔格·西美尔：《时尚的哲学》，费勇、吴燕译，文化艺术出版社2001年版，第187—188页。

[2] Simmel, G., *The Philosophy of Money*, New York：Routledge & Kegan Paul Ltd., 1978：443-444.

[3] 王小章：《齐美尔的现代性：现代文化形态下的心性体验》，《浙江学刊》2005年第4期。

[4] 任平：《时尚与冲突——城市文化结构与功能新论》，东南大学出版社2000年版，第60—61页。

趋于统一。

与这种传统的乡村文化的一元化不同,现代城市的文化模式是开放的、现代的以及世俗的,呈现出明显的多元化特征,所谓的多元文化,是指各种相互联系却又各自独立的文化特征集中体现在同一个地域、群体或者阶层的特定系统中,城市化的过程实际上也是多元文化形成的过程,[①]并且随着城市化的发展,文化的多元化将逐步成为世界文化的主流模式,在人们的生活中占据越来越重要的位置。美国学者塞缪尔·亨廷顿也曾指出,未来文化也不是普世皆准的文化形态,人类依然会生活在一个多种文化并存的世界,也正是由于这种多元文化之间日益增多的互动,处于不同文化体系中的人们的民族意识也得到了强化。

第二节 新生活境遇中的风险及其在失地农民中的分布

一 新物质境遇中的风险及其在失地农民中的分布

（一）新物质境遇中的风险

1. 区分性的消费系统具有分化进入者的作用

潘允康指出：在消费主义意识形态主导下的现代人,其行为方式、观念追求和社会地位无不受到现代经济和消费法则的制约,[②]也就是说,在现代社会中,消费的意义已经远远超出了满足人类生活需要的范畴,而具有了更多的主导性意义,在消费主义的主导下,个体的一切行为都将受其影响,甚至是个体的社会地位也要通过消费行为来得到表现,根据前文的分析,新物质系统中的消费子系统具有高消费的特征,造成这种高消费特征的因素不仅是消费水平的大大增高,更是因为不同于需求性消费的表意性消费的增长,这就使得现代消费

---

① 郭建：《城市化：文化的一元化,还是多元化?》,《城市与减灾》2006 年第 1 期。
② 潘允康：《城市社会学新论》,天津社会科学院出版社 2004 年版,第 286 页。

系统具有了通过消费来分化进入者的作用。那些能够支付高额消费的进入者自然获得了参与现代消费系统的资格,通过其消费行为展现其同样的行为方式和观念认知,自然容易得到消费圈中人的认可和接纳,而那些在对时尚的追逐中,没有能力参与消费的人,也就失去了参加游戏的资格,他们无疑会被社会边缘化,忍受不公与羞耻[①]。

2. 以市场为特征的生产系统具有天然的筛选机制

农民失地后所面临的新的生产系统要求很高的生产效率、现代化的组织形式和新式生产工具的普遍运用,这些都使得新的生产系统具备了市场的总体特征,市场化生产依存的是竞争以及效率机制,这就使得市场本身具有一种集中和垄断资源的强烈倾向,导致社会财富和贫困在社会的两极不断积累,换句话说,虽然市场具有形式上的平等性,但这种形式上平等的市场交易行为在社会后果上具有了制造社会不平等的功能以及最终导致阶级和阶层产生分化的效应,即市场机制将不可避免地导致社会分化的风险。对于这一点,韦伯也曾经有过论述,他指出,在市场交易中往往是由一方垄断资源,这时如果另一方缺乏可供替代的资源选择,那么他必然要以服从来换取另一方所垄断的资源,也就是说,市场交易双方的地位从一开始就是不平等的,存在着垄断与服从的关系,双方不断交易的结果必然是一方进入较高的阶层,另一方陷入困境。[②] 以市场为特征的新物质生产系统就像一个筛子不断筛选着社会成员,并最终对社会成员进行了位置的设定和区分。

(二) 新物质风险在失地农民中的分布

1. 从生产系统上来讲,缺乏市场能力的失地农民面临较大风险

当市场转型进入全面发展的阶段后,市场机制所具有的那种社会不平等和分化的性质逐渐显现出来,以至于逐渐成为社会主导性的特征,在面对这种以市场为特征的生产系统中,依靠何种力量才能在分

[①] 潘允康:《城市社会学新论》,天津社会科学院出版社2004年版,第286页。
[②] 李路路:《再生产的延续:制度转型与城市社会分层结构》,中国人民大学出版社2003年版,第53—54页。

化考验中力争上游，而不被市场分化机制所淘汰，吉登斯认为关键在于"市场能力"的获得，这种市场能力包括财产、资格证书、权威分工、劳动分工、消费方式以及生活方式等，其中财产和资格证书构筑了市场经济体制社会中的基本阶级阶层结构，而权威分工、劳动分工、消费方式以及生活方式等则在微观情景中维持着该结构，正是市场能力上存在的差别决定性构造了相互分离、相互封闭的阶级阶层结构（Giddens，1973）。[1] 对于吉登斯的这种观点，笔者是认同的，他所讲的"市场能力"，综合起来可以认为是指劳动者所积攒起来的内在的和外在的、有形的和无形的技能和经验，而且这些技能和经验必须是在市场性的生产系统中获得的且适用于市场生产系统需求的一套技能和经验。

因此，那些较多地从事非农生产、较多地介入市场生产系统中的原农民在征地以前就拥有了较高的市场能力，在征地后面对新的生产系统时更能够应对高效率、高组织性和充斥先进生产工具的生产系统，在市场分化系统中，他们的市场能力使得他们不易落入社会底层，从而在社会分层中获得较好的阶层地位。与这些具有较好的市场能力的原农民相比，那些对新的物质生产系统接触较少、执着地从事着农业生产的农民们，其市场能力明显欠缺，他们面对高效率的生产系统显得难以适应，对高度组织化的规范和管理无法理解，面对先进的现代生产工具更是无所适从，市场的筛选机制是不以人的意志为转移的，对于那些不具备现代市场能力的新进入者，市场将无情地将他们打入底层。

2. 从消费系统上来说，经济资本缺乏的失地农民面临更多风险

"消费时代的来临，意味着社会整合的核心模式发生了实质性的变化……尽管市场不需要通行证或特别许可而向所有的个人开放，看似是一种民主制度，但是进入市场需要的唯一的东西就是钱……只有那些有钱的人，才有合法的准入证，才能进入市场的游戏圈，那些因

---

[1] 李路路：《再生产的延续：制度转型与城市社会分层结构》，中国人民大学出版社2003年版，第53—54页。

无钱而无力消费的人，必然要接受社会确定的合法的不公，重新回到社会的边缘"，[①] 相比之下，城市的消费水平要高出农村很多倍，对那些要进入城市却又缺乏经济资本积累的失地农民来说，他们将面临两个方面的风险：第一个方面就是由于缺乏购买基本消费品而导致的贫困，第二个方面就是因无力融入新的消费系统而产生的与新消费系统的分隔，长期分隔下，他们无法得到新消费系统的认可，其社会地位将被边缘化。通过笔者先前对失地农民中各群体经济资本能力的分析可以发现，失地以后，原纯农业生产者因其经济资本的弱势性将会更多地面对因消费能力不足而引发的风险，半工半农者次之，经商兼农者在这方面的风险最小。

二 新权利境遇中的风险及其在失地农民中的分布

（一）新权利境遇中的风险——以社会保障制度为例

农民的土地通过一次性货币补偿的方式被征收，就好比国有企业职工被买断了工龄一样，都是一种政策性调整导致的失业现象，但是下岗并没有剥夺他们的城镇居民身份，所以他们可以依据这种城镇居民的生活获得城镇最低生活保障等一些政策的庇护，压力也得以缓解，社会保障制度的功能也正是在此。相比之下，农民失地摆脱了农民身份后，在脱离了国家为农民所设定的原农村保障系统的同时，并没有一套完善的新保障系统为其提供相应的扶持，笔者认为，当前我国失地农民的保障体系中存在着较大的风险，表现为保障体系不健全导致的风险、保障兑现难引发的风险以及保障水平低导致的风险等方面。

1. 保障体系不健全导致的风险

土地是农民的生产对象和最基本的生产工具，土地被征收的同时也宣告了农民职业生涯的结束，但是到目前为止并没有一个针对农民失业的最低保障制度出台，当前涉及失地农民保障问题的政策安排主要体现在土地征用管理的根本大法《土地管理法》中，《土地管理

[①] 周海林：《可持续发展原则解析消费者社会和现代市场体系》，《中国人口·资源与环境》2002 年第 2 期。

法》规定了对于失地农民的安置办法和原则,即按照土地的原用途,转换为货币后进行一次性补偿,但这只能在短期内维持失地农民的生计,若从长远来看,随着安置费被逐渐用完,失地农民的保障问题也会变得越来越突出。

2. 保障兑现难引发的风险

虽然没有系统的针对失地农民的保障法,但是国务院或者相关中央机关对此问题也作出过相应的规定,如《国务院关于深化改革严格土地管理的决定》中要求县级以上地方人民政府应当制定具体办法,使被征地农民的长远生计有保障,《国务院关于加强土地调控有关问题的通知》中也要求各地要认真做好被征地农民就业培训和社会保障工作,征地补偿安置必须以确保被征地农民原有生活水平不降低、长远生计有保障为原则。[①] 但是以上两项法律法规都只是提出了保障的方向,并没有具体的措施,制定具体措施的权力被下放到了各省市,体现为各省市操作化以后的规定性文件。以养老保险为例,2009年由D村所在的P市制定的《P市被征地农民养老保险试行办法》中规定,被征地农民养老保险水平与全市经济社会发展水平相适应,实行个人缴费、集体补助和政府补贴相结合,遵循权利和义务相统一的原则,被征地农民参加养老保险后,未达到领取年龄而生活确有困难的,符合农村居民最低生活保障条件的纳入农村低保;就业的,按规定参加城镇职工基本养老保险[②],按照这种方式:保障金的缴纳主体仍然是失地农民自己,如果个人不缴纳也就意味着没有任何保障,如不能实现稳定就业则不能融入城镇基本养老保险,规定中对"生活确有困难"的界定也缺乏客观标准,因此,在融入城市系统的过程中,失地农民的保障方式其实是自我保障,自我保障的资源来自于自身前期的货币积累和有限的土地征用补偿金。

3. 保障水平低导致的风险

目前对失地农民的社会保障制度安排相对缺乏,即使已有的保障

[①] 参阅《国务院关于深化改革严格土地管理的决定》(国发〔2004〕28号)及《国务院关于加强土地调控有关问题的通知》(国发〔2006〕31号)文件。

[②] 参阅《P市被征地农民养老保险试行办法》(2009年)文件。

方式也因保障的水平过低而蕴含着很大的风险,以 D 村为例,该村土地被征用的时候,P 市对失地农民养老保险的规定仍然没有出台,D 村征地是一次性买断,村民对保障并没有太多的概念,当地政府也没有出台相应的对策,该村失地后,被征地的 D 村老人的养老保障一直处于空白状态,即使在 2009 年 P 市针对失地农民养老保险的试行办法出台后,D 村老人的养老保障问题仍未得到妥善解决,该村老人 Z 说:

> 2010 年年初,上面来人让村上 60 岁以上的人照相,说是要办低保,等了大半年才见着钱,每个人每个月 10 元钱,这够干啥的呢?一天三顿饭都吃不饱!我现在 76 了,啥也干不动了,还有高血压和糖尿病,天天得吃药,都要花钱,现在住在儿子家,吃喝都要花儿子的,我好强了一辈子,到老了,地没了,国家还不管,你说咋整……

老人的担忧可以理解,在物价飞涨和持续的通货膨胀下,每人每月 10 元不足以维持一个成年人的基本消费需求,即使这种消费只压缩至最为基本的口粮需求,也是远远不够的,而且对于身体状况每况愈下的老人来讲,其基本的医疗需求也需要一定的支出,现有的保障水平过低,对失地农民根本起不到应有的保障作用。

(二) 新权利风险在失地农民中的分布

李迎生在谈及农村的保障制度现状时认为我国现行的制度设计不能有效回应农村人口的差异化需求,在农村居民收入出现明显分层的情况下,那些务农农民与进城打工农民所面对的风险结构已明显不同……但当前所实施的各种保障项目并没有对不同农民的参保能力进行正确合理的评估,这就导致了农民参保上的一些问题,如高收入农民因农村社会保险的水平低、保障力度小而不愿参保,低收入农民却无力参保的状况。[①] 具体来说,我国权利保障现状中的风险主要威胁

---

① 李迎生:《构建城乡衔接的社会保障体系》,《中国人民大学学报》2008 年第 6 期。

到了两类失地农民,即非农非工的失地农民和缺乏资本积累的失地农民两类。

1. 非农非工的失地农民无法获得权利保障

农民失去土地后就相应地失去了农民的身份,失去了以农民生活获得集体土地经营权的资格,因此也丧失了附着在土地上的一切保障,从前文笔者对我国现有保障系统特征的分析来看,当前能够代替土地对社会个体起到保障作用的主体只有单位(工作单位),因此,这将导致那些在失地后无法被单位吸收的失地农民的权利难以保障,这些无法就业的一般为无技能、高年龄、难以适应新物质生产系统的那一部分失地农民,大多是原来的农业生产者。即使他们在一定的安置政策下受到照顾,在失去土地后,由地方政府安排进入工厂工作,他们的权利依然不能得到稳固的保障,张汝立在研究农转工工人的生活变化时也发现了这一问题,他指出:在中国早期的建设性征地中,政府对失地农民主要进行了招工安置,通过这个过程,失去土地的农民获得了城市户口,大部分还被安排为"大集体工人",从而实现了非农化的转移,但他们这种"跃出农门"的喜悦并没有持续多久,很多他们刚刚进入的大集体单位在市场竞争中倒闭破产了,还有的失地农民因为个人的原因而被内退、下岗或者是买断工龄,他们开始陷入了新的困境,在这场变迁中,失地农民始终处于劣势。[①] 规范的市场经济体制下,企业是独立的,这就意味着企业有充分的决策权,能够根据市场信息的变化自主决定人事任免,那些个人素质低下的失地农民就成为他们提高效率首先要裁掉的对象,失去了就业单位或者根本无法实现就业,失地农民就陷入了非农非工的尴尬境地,在我国围绕单位(就业单位)而设计的权利保障系统中,这些非农非工的失地农民自然无法获得权利保障。

2. 缺乏资本积累的失地农民无法获得权利保障

我国正式保障系统的覆盖率是很低的,也从来不是一种面向全民

[①] 转引自孙立平《断裂:20世纪90年代以来的中国社会》,社会科学文献出版社2003年版,第109页。

的保障系统，即使在城市中也是如此，无保障的城市市民也是存在的，如2006年全国基本养老、基本医疗、失业、工伤保险的覆盖率分别仅为32.52%、27.26%、19.39%、17.79%，连1/3都不到。[①]我国的保障方式主要分为三大部分：城市中以单位为基础形成的单位、个人和政府三方出资的保障制度，农村居民的土地保障，一部分的商业保险，除去这三类保障覆盖的人群，还有大量无正式保障的公民存在，这部分公民的保障方式只能是自保，目前依靠自保的居民不在少数，依靠自保的群体主要是那些自主职业者，如自主经商者和自由职业者，他们进行自保的资源主要来源于自身的资本积累，这成为他们个体抵御风险的安全屏障，如生病的时候可以自行承担医疗费用、年老的时候可以靠自己积攒下的钱财安度晚年，等等，因此那些缺乏前期资本积累的失地农民，如果不能在失地后进入一个稳定的就业单位，那么他在征地后就将面临很大的保障风险，提供保障的主体不明，保障资金的来源缺乏都将成为困扰他们生活的重大问题，他们将逐步沦落为无保障的人群。

三 新文化境遇中的风险及其在失地农民中的分布

（一）新文化境遇中的风险

1. 理性文化中的文化适应风险

当个体从一个文化系统向另一个文化系统进行转换时，总是会或多或少地面临着心理上的压力和思想上的混乱，即在文化的适应上存在一定的风险。传统的农村文化中，处理人与人之间的关系是要讲人情面子的，在我国广大的农村中最为盛行的便是"面子"文化。要面子的人就是体面的人，懂人情的人，自然会受到其他村民的尊重，富有声望和地位，而那些疏于维护面子的人则被认为是离群的，不懂人情世故的，会被其他村民看不起并受到排斥。正是因为如此，传统农村中的农民们往往不惜代价地维护自身的面子，甚至不惜借钱送人情，"人情钱"往往是很多农民生活支出中的最大开销，笔者调查到的一位孤寡老人，每年只有政府提供的120元的低保补助，

---

① 李迎生：《构建城乡衔接的社会保障体系》，《中国人民大学学报》2008年第6期。

但就是她仅有的这一点现金,也都给村上的新生儿送了人情,她觉得这使她在村中有了面子。可见,在传统的农村文化中,农民更重视人情关系,而对于物质的计算较少,明显地缺乏理性计算的思维。

正如笔者之前所讲,现代文化最为典型的特征就是理性,理性思维下,人们精于算计、量入为出并注重积累,这种完全不同于传统文化的思维方式必然会对那些刚刚失去土地的失地农民的文化认知形成挑战,导致文化适应上的困难,并且由于文化观念的根深蒂固性,其往往滞后于物质和行动上的转变。一旦失地农民在认同新的文化理念的时候出现困难,遭遇的文化适应风险往往会更为深刻、持续的时间也更长,如果长期得不到改善的话,还可能致使他们对新环境的融入失败,所以说,文化适应的风险是失地农民面临的一项特别值得关注的风险。

2. 多元文化中的文化认同风险

征地后,摆在失地农民面前的文化系统是多元性的,认同何种文化,否定何种文化,又如何在多种文化并存的状态下自处,都是失地农民需要面对的新问题,因此,多元文化中的文化认同成为新文化境遇下失地农民面临的又一大风险。笔者认为,同身份认同一样,文化认同也具有主体性和建构性两方面的特征,文化认同这两个方面的特征都成为文化认同风险形成的重要因素,首先,从文化的主体建构性来说,任何文化的传播、借用都是要经过主体的选择过程的,在这个过程中,主体依据自身的需要对文化不断进行剪裁和取舍,但由于主体需求的特殊性,价值理念的差异性,认知图式以及心理期待上的不同,最终将导致相同的文化在由传播者移植到接受者的过程中,出现不同程度的遗漏、变更、增补等,甚至是偏差、蜕化或误入歧途,就是在这个意义上,它们才成为可能的文化风险。[①] 失去土地的农民在面对一种新的多元文化的时候,他们也必然要经历这样一个文化认知的过程,但受其原有的价值理念、认知方式等方面的影响,经由他们

---

① 李丽:《文化风险的多维透视》,《学术交流》2007年第12期。

自身所建构起来的文化极易产生偏差,导致文化认同上的困难。其次,文化认同也具有外部建构性,个体或者群体的认同也不是完全自由的,也要受到外在认同的建构和影响,也就是个体或者群体的认同是在其与外界的沟通互动中逐步形成的,在这种沟通互动的过程中,个体不断接收到他人对其自身的看法和认知,这种外界的看法和认知经过个体接收后,个体对其进行再诠释、自我解释和筛选后,被吸收成为他们对自身认知的一部分加以认同。在很多时候,这种来自外部的认知和认同影响表现出一种不可抗拒性,如所有的人都认为某个个体是失败的,那么该个体即使具有成功的表现,也会认为自己是失败的,也就是说,在强大的外力作用下,外部建构的认同可能会产生大于主体认同的力量。因此,对于刚刚失去土地脱离农民身份的失地农民来讲,原市民往往认为他们老土、落后和保守,这种来自城市市民的不认同一旦达成共识,就具有了很大的建构力量,将造成失地农民在文化认同上的困惑,成为他们文化认同风险的一个重要来源。

(二) 新文化风险在失地农民中的分布

1. 缺乏新文化生活经验的失地农民面临更多风险

新文化认同的建构并不是对既有认同的彻底否定而构筑起一种全新的认同,这不仅在于人类文化的认同是通过长期的文化发展而实现的,不可能一朝一夕发生改变,也在于人类不可能在短时间内获得一种与过去截然相反的认同,人类新文化认同的建构都是建立在原有的认同的基础上的,在原有的这种基础之上再通过新因素的注入而得到……因此,新文化认同建构的出发点应该是原有的文化认同,其次才是新的因素的注入,[①] 从这个角度来讲,在征地以前就与非乡村文化系统进行一定的接触并受到新文化系统影响的农民将更容易适应和接受新文化因素的植入。如常年在外的打工者和在城市中经商的农民对新文化具有一定的生活经验,他们在征地以后更容易认同新的文化,而在征地前一直深刻地植根于农耕生产和农村生活模式中的那部

---

① 郑晓云:《文化认同论》,中国社会科学出版社1992年版,第232页。

分农民——纯农业生产者对新文化系统的适应将比较困难,因此也可以认为,农民不同的文化积累导致了他们在失地后面临的文化风险的大小。对此,潘允康认为:在文化资本中,那些与市场经济游戏规则相适应的文化无疑具有更高的价值,掌握了这种文化资本的城市人也无疑处于更为有利的地位,而持有传统观念的人,他的"文化资本"则在不断贬值,以至毫无价值①。

2. 物质资本缺乏的失地农民将难以适应新的文化系统

对新文化系统的适应也是要建立在一定的物质资本的基础上的,因为文化观念往往是通过物质形态体现出来的,人的穿衣、装扮、居住方式等物质生活状况无不体现出文化上的含义。那些进城后的失地农民因物质资本缺乏而无力购买各种新的物质消费产品而在其生活方式和文化品位上表现出与城市人的差异,这种差异将造成这些新进人员与原市民之间的交流日趋减少,彼此之间的分隔也将日益加深,长此以往,这些缺乏物质资本的失地农民将很难了解、认同并最终适应城市的文化生活状态,也就是说,物质上的不同状况将会导致不同的文化适应状况,即文化的认同也是建立在一定的物质基础上的,征地前农民不同的物质条件也造成了他们征地后不同的风险适应性,那些征地前缺乏物质资本积累的失地农民在适应新的文化系统时将面临更大的困境。

正是因为新的物质、文化和权利生活境遇所蕴含的风险对失地农民不同群体的影响和意义不同,所以农民在失地后面临这种新的风险环境的时候会有不同的表现,一些失地农民将面临更多的风险,难以融入这种全新的生活境遇中去,而另外一些则能较好地适应这种新境遇,规避新风险,成功地为新境遇所接纳,进入了现代职业体系中,失地农民的身份在新的境遇下开始得以改变。

---

① 潘允康:《城市社会学新论》,天津社会科学院出版社2004年版,第201页。

第三节 新境遇下失地农民职业身份的变迁

在对风险和风险社会的描述过程中,值得注意的是,风险社会理论家在分析风险时都不是从完全否定的角度出发来理解的,而是强调风险的二重性,一方面,风险意味着不确定性、危险性,另一方面,风险也是社会发展、创新的动力源泉。[①] 在面对新的物质、文化和权利境遇中的风险时,风险对不同的失地农民群体具有不同的意义,有些失地农民遭遇的新风险较大,有些失地农民受到的风险冲击则较小,这就造成了他们在征地后面临新的风险境遇时的不同生活变迁,这种变迁最为首要的,也是最为明显的一个表征就是职业的分化,也正是由于失地农民面临的新风险境遇的差异,他们在征地后的职业身份相较于征地以前变得更为丰富多彩,既有旧职业身份的延续,也有新职业身份的兴起[②]。

一 新身份的兴起

（一）私营企业主

根据陆学艺的界定,私营企业主是指这样一个阶层:他们的生产资料归个人所有,一般雇用 8 人以上的雇工,以盈利为目的进行生产和经营;他们拥有对企业的人财物的各项权利和权益,包括决策权、支配权、指挥权以及受益权等,他们一般具有较高的商品意识和冒险精神,经济收入也较高[③]。相关研究表明:来自于传统体制中处于较为弱势地位阶层中的私营企业主在现有的私营企业主阶层中所占的比例越来越低,特别是来自于农民阶层的私营企业主的比例更低,并呈

[①] 庄友刚:《跨越风险社会:风险社会的历史唯物主义研究》,人民出版社2008年版,第56页。

[②] 这里仅讨论了 D 村征地后有代表性的几种类型,并未穷尽,其他的还有一些通过教育、竞聘等途径获得非农身份的原农民,因数量不多,在此未讨论。

[③] 陆学艺:《陆学艺文集》,上海辞书出版社2005年版,第167页。

现出急速下降的趋势，1993 年，农民出身的私营企业主在其阶层中占比为 12.2%，至 2003 年，这一比例急剧下降了 1.9%。① 关于农民私营企业主所占比例下降的原因，笔者认为主要是由农村乡镇企业创业的环境恶化、农村资本的外流、农民扩大生产的资本缺乏等原因造成的，其中最后一种原因是农民私营企业主减少的一项重要因素，特别是在中部农村，经商兼农的个体户虽然很多，但经商弃农的大商户则很少，就是由于扩大再生产的资本缺乏，经商收入无法彻底保障他们脱农后的生活，所以并没有彻底放弃农业生产。

征地为一些具有聪明才干同时又勤劳努力的农民创造了一个契机，这个契机就是农民原有的土地以货币的形式体现出价值。土地转化成货币为这些想要发展的农民提供了创业的基金，一些具有资本和能力的原农民善于把握机会和规避风险，从而成为失地农民中的佼佼者。如浙江省湖州市八里店镇的失地农民陈小杰在土地被征用后，用得到的 2.5 万元的征地补偿款，再加上东拼西凑来的 2.5 万元开始了他的创业旅程，并取得了成功②。在笔者调查的村庄中，征地后，这一群体的整体轮廓也凸显出来，D 村征地后共有 7 户失地农民成为私营企业主户，占当前总户数的 2.8%，经营内容分别为沙石买卖、食品加工、玻璃加工制作、图书批发零售、蔬菜花卉批发、物流运输和家具建材等，所有这些企业都雇用了 8 人以上的雇工，现有资产都在 100 万元以上。通过对这些私营企业主的调查可以发现，他们的资本生产和形成历史具有一些共同特征，首先，他们在征地以前就从事经商行业并积累了一定的资本，具有一定的经商经验，经商经历少则五六年，多则达 20 多年；其次，他们在征地中都善于把握机会，在征地中的行动都表现得较为积极，努力为自身争取了更多的利益，扩大了其拥有的资本量，这些资本的获得为他们扩大再生产注入了能量，使得他们在征地以后成功扩大了经商规模，成为私营企业主。

---

① 陆学艺：《当代中国社会流动》，社会科学文献出版社 2004 年版，第 247—251 页。
② 财富天下网：《失地农民陈小杰的创业故事》，2011 年 1 月 13 日，http://www.3158.cn/news/20110113/09/86-59574850_1.shtml，2012 年 3 月 2 日。

(二) 职业技术者

职业技术者指的是具有一定专门技术或者技能，一般不参与一线工作，在工作中多利用自身的知识和技术做专业技术性工作的一类人，如监工、技术指导、质量监督或者工程师等，属于智力型工作者，而非体力劳动者的一个群体，他们工作中的技术含量比一般产业工人高，因而可获得较高的劳动报酬，他们在工作中的地位也比一般的产业工人高，因而也会受到较多的尊重。

他们原来多是农村的能工巧匠，除了务农以外，从事建筑、制造、修理等非农职业。征地后，他们原有的技术技能一度受到冲击，但是在经过培训和历练之后，他们较强的适应能力和学习能力使得他们的技术水平很快得到提升，适应了城市工作的需要，他们的收入因工作地区差异和工种的不同变化较大，如一个专业技术监理师可以拿到3000元的月工资，而一个电脑程序设计员的月工资可达4000元以上，尽管有差别，但他们所拥有的技术都能够使他们在务农收入失去以后获得一份较为稳定的收入，为他们稳定的城市生活奠定基础，根据笔者和访谈对象的共同估算，D村征地后成为职业技术者的农户约为30户，约占D村当前总户数的12.2%。

(三) 新产业工人

关于农民工是不是中国的新产业工人阶层，在学术界一直存在着非常大的争论，一部分学者认为农民工虽然身份是农民，但从事的工作却是产业工人的工作，理应是工人，而不是农民，另外一部分学者则认为农民工从事产业工人的工作只是临时性的，他们仍然是农民，不属于产业工人的范畴。对此，笔者认为，第一，征地之于中国，就像圈地运动之于英国一样，确实制造出了一大批真正的产业工人，这批新的产业工人来源于原农民中的产业精英，他们大多有征地前外出打工的经历，是原来农民工大军中的一员，他们在征地后通过竞争性的招工进入当地的工厂，获得了一份相对稳定的工作，有了稳定的工资性收入，这是产业工人的一个标志性特征。第二，他们进入的行业多为第二产业的制造和建筑行业以及第三产业中的服务业，从事机器大工业和社会化大生产，其生产活动受到机器大工业生活规则的约束，比如上下班要打卡，有事情要遵循正规的请假程序，等等，不再是自己随意安排生产。第三，从他们的思想认同上来说，他们在现代化大生产的环境中逐步接受了现代文明的熏陶，具备了现代工人应具备的思维方式和素质，具有一定的组织性和纪律性，形成了对自身身份较高的认可，综合以上三个方面可知，失地农民中的这部分进入第二、第三产业的人员确实已经具备了更为准确含义上的产业工人身份，成为农民失地后职业分化中的一个重要分支。D村征地后没有对失地农民进行集中安置，成为产业工人的原农民并不多，不足10户，但却是未来发展的一个重要方向，其人数能否进一步增长，与征地后国家的安置政策、周边稳定的就业机会以及技能培训的开展状况密切相关。

（四）职业打工者

职业打工者是新生一代的打工者，这里所说的新生代打工者，其含义并不同于现有文献中代际意义上的新一代农民工，而是在其他方面具有不同特征的新打工者，这种新特征就是指新生一代的打工者是没有土地的，他们的户籍已经不在农村，身份已经不再是农民，在农村已经无法立足，他们常年或大部分时间从事第二、第三产业的劳动，但他们又因为各种原因无法获得一份较为稳定的工作，成为一个稳定的就业者。同时，他们也无法获得城市的相应福利，为了生存，他们采取的是一种他们认知和经验范围以内的生活方式，即四处打工的生活，不同于忙时种地、闲时打工的进行候鸟式迁移的传统农民工，征地以后，供候鸟迁移的归巢已经不复存在，他们成为真正"自由"的鸟儿，把打工作为一种职业，也是唯一的职业，哪里有工可打就到哪里去，无根性和漂泊性在他们身上体现得特别明显，所以可以称他们为职业打工者。

这些职业的打工者具有一些共同的特点：工作的不稳定性、生活和收入的不确定性、社会资源的脆弱性和人力资源的低下性决定了他们从事的工作多为对技术技能要求较低的劳动密集型产业。他们在征地前大多就以打工为生，或者有打工的经历，来自于农民中的半工半农群体或者是农业生产群体。根据笔者对D村从业状况的估计：征地结束后,打工者的比例仍然较高,占当前总户数的比例接近40%,现在的情况是:"凡是家里能够打得动工的人,甚至包括不再上学的半大小子(指的是那些十五六岁的少年)都出去打工了"(当地失地农民语),不稳定的打工收入对这些职业打工者来说,成为最重要的,甚至是唯一的收入来源。

(五)新城市贫困者

城市化农转工中一个突出性的后果就是制造出了大量的贫困人口,刘海云在对失地农民分异问题进行研究时也指出我国征地推进的城市化进程对失地农民的一个重要影响就是制造出了新的贫困人口。[①]可见,新的城市贫困群体已经是我国城市化征地过程中的一个不容忽视的副产品,这一方面是由于我国土地征用制度存在重大缺陷,另一方面也与农民在征地前的初始状态密切相关。那些在征地后陷入贫困的人口,往往在征地前就处于农村中的下层,缺乏外出务工的能力,也没有经商的才干,只能依靠务农维持温饱,过着自给自足的生活,征地剥夺了他们唯一的生产资料和生活来源,而极少的征地补偿金又不能解决他们的根本问题,他们也没有能力参与竞争性的市场招聘,等到补偿金消耗完,他们的基本生活就完全没了来源,运气好的可以拿到低保,靠极少的低保金节衣缩食地过日子,但大部分只能靠拾荒度日,他们游荡在城市的最底层,他们是无法享受城市先进物质条件的一个群体,成为城市中的新贫困者。

据统计,从20世纪80年代中期至今,城市新贫困人口数量从无一直激增到现在的2100万人左右,[②]考察这一段时期内中国国内的变化就可以发现,这一时期也是中国城市化进程加快的时期,随着招工安置措施的逐渐取消,大量的失地农民沦落为城市的底层,因此,激增的城市贫困人口中,除了国有企业改革中的下岗工人以外,由失地农民转换而成的城市新贫困人口对这一数据的增长的"贡献"也不容

[①] 刘海云:《边缘化与分异:失地农民问题研究》,中国农业出版社2007年版,第141页。

[②] 朱富言:《转型时期的中国城市新贫困人口问题研究》,博士学位论文,西南财经大学,2005年,第13页。

小觑。从 D 村征地后的情况来看，其新城市贫民的来源较多，其中原纯农民占有的比例较大，现在无工作、无稳定收入来源的原纯农户有28户，再加上其他经商失败者、年老体弱不再打工者，D 村现有30多户村民收入来源缺乏，将来随着征地补偿款的进一步消耗，他们将陷入更为困难的境地，甚至会加入城市新贫民的行列。

二 旧身份的延续

（一）没有土地的"农民"

农民，按照其表面上的意义来看，应该是以农业包括农、林、牧、渔业为职业的人口的总称，因此，从事农业生产活动就是他们职业身份的特征，但在我国特殊的制度环境下，农民还具有户籍的特征，特指那些具有农村户口特征的职业群体，征地后，农民身份应该随之消除，农村户口也应转化为城市户口。但是在现实中，仍然有一部分农民在失去农民的户籍以后仍然以农业活动为其主要的生活和生产内容，他们已经没有土地，但仍然开辟小块土地种植、养家禽、养猪养羊，外面的空间受到压缩，他们就在屋子里面养、在房顶上面养，田地没有了，野草也就没有了，没地方放羊，他们就把羊赶到公园的草坪上去吃草，他们的日常生活依然与农业生产活动息息相关，他们的思维方式也依然是农民的思维方式，他们是一群没有土地的"农民"，这既是他们基于自身多年农业生产经验的惯性选择，更是在新的风险境况下的无奈之举。

笔者调查的 D 村许多农民世代以从事农业劳动为主要的生计来源，对农业生产活动有着特有的执着，且非农劳动技能相对缺乏，在征地中没能为自身争取到权益，利益受损严重，发展资金匮乏，在征地后面临新的风险境遇的时候，他们中的大部分只能从事自己认为最熟悉、安全系数最高的活动——农业，他们经不起折腾，仅有的补偿金就是他们的"棺材板"，轻易不敢使用，更不敢用来经商，他们的脆弱性决定了他们经受不起经商失败的风险，如 D 村村民 ZJW[①]在邻

---

① ZJW 的案例详见本章第四节中"回归乡野田间：反城市化失地农民的生活状况"部分。

居家的宅基地上种田,其一天的基本活动也与农民的生活差别不大,可以说 ZJW 基本上仍然以农民的状态在生活。该村征地后仍然以务农为生的人大多为原来的纯农户,他们相对其他群体更缺乏从事其他非农工作的技能、经验和经历,同时对务农也有着更强的惯性,征地后,他们也更易选择做"没有土地的农民"。征地后出现依然从事农业的无地"农民"并非 D 村个案,互联网上就曾经报道了南昌县尤口乡农民徐建国因征地失去土地后,从待建高楼的土地中间开垦出 3 分地种植银杏和紫薯的事件,这足以说明征地后,没有土地的"农民"的出现是一个较为普遍的现象①。

(二) 成长的农民个体户

长久以来,我国的个体户一直被称为"长不大的个体户",经商兼农者大多从事的就是小型的个体生意,以家庭式经营为主,在经商的同时一般还兼顾农业生产,经营规模不大,但可以提供相对稳定的非农收入,笔者认为土地的失去可以在一定程度上促进该群体的进一步城市化,这是因为他们常年从事非农业活动,积累了一定的技能和经营经验,失去土地后,不再需要照顾农活,他们就可以投入更多的精力到经商中去,从而进一步实现非农化。在这个过程中,土地价值的货币化起到了重要的作用,在征地以前,土地的价值对经商兼农者来说仅表现为口粮来源或者一种额外性的收入,占其总收入的比例并不高,然而土地在保障他们经商风险的同时,也禁锢了他们的成长,主要是对经商时间和规模的限制,特别是土地价值的无法兑现性,使其无法获得相应的货币价值以作为扩大商业经营的资本。笔者认为,学界普遍存在的小农经济限制我国农民发展的论断对农村中经商兼农者这个群体是特别适用的,土地的失去在一定程度上推动了小经商兼农者的产业扩大和升级,正如 D 村修理店老板 ZTS 所说:

当然是不种地好啊,原来忙起来的时候,修车铺跟地里两边

---

① 3158 网:《联手种红薯创业我做主》,2011 年 8 月 31 日,http://news.3158.cn/201108031/n4368314632.html,2012 年 3 月 5 日。

跑，忙不过来，忙活一年，一亩地才有七八百元钱，不划算，现在不种地了，忙生意的时候多了，一心做生意，铺子门面也做大了，还招了两名学徒。

征地后D村的个体工商户有71户，约占总户数的28%，他们的发展方向除了上面提到的"成长"之外，还有另外一种可能，即"固守"，固守的个体经商户征地后没有致力于扩大商业投资，而仍以小规模的经营为主，如摆路边摊或者夜市出摊等，在社会经济形势变动和电商的冲击下，收益非常不稳定，发展的风险较大，其社会阶层仍然停留在个体户的层次上，那些经商失败者还有阶层下降的风险，如转而打工或沦为社会底层贫民。

第四节 走向不同的城市化方向：失地农民生活状况的分化

农民在失地后的职业分化是一个直接可见的表征，反映出了他们分化的事实，除了职业上的分化，农民在失地后还存在着更为深刻的生活状况上的分化，在本研究中，笔者在讨论失地农民生活状况的分化时将按照不同城市化状况进行划分，这样既便于讨论的展开，也符合科学研究中分类研究的要求。

基于笔者对个案D村的研究，笔者认为失地农民在失地之后的生活状况已经出现了三种迥异的状态，按照城市状况的不同可将其划分为：城市化或准城市化状态、边缘城市化状态和反城市化状态三种类型，处于三种状态之中的失地农民在生活的方方面面都呈现出了差异，这种差异的持续存在也在不断加深着三种城市化状态之间的鸿沟，使处于不同状态之中的失地农民很难改变他们现有的处境，失地农民之间的阶层边界正在形成。

一 向着城市的方向：城市化或准城市化失地农民的生活状况

（一）城市化或者准城市化的内涵

本书中将城市化界定为人的城市化，特指人生活方式的转变，简单地说就是从一种田园乡村的生活状态转变为城市市民的生活状态，且实现城市化具体体现在三个方面：物质生活状态方面，应与城市市民的物质生活状态相当；文化生活状态方面，应融入城市的文化生活、认同城市的文化观念并得到城市人对其城市市民身份的认可；权利生活状态方面，应享有与城市市民同等的待遇，包括就业、医疗和养老保险等。其中，物质生活状态和权利生活状态都可以在较短的时间得到有效的改变，文化生活状态的转变则不会那么迅速，它需要经历更长的一段时间以实现个体主观认同和客体认同的统一。笔者将物质生活状态和权利生活状态已经与城市人相差无几，文化观念也正在向现代城市理念转变的失地农民的城市化状态称为准城市化状态，这些处于准城市化状态的失地农民完全实现城市化需要的是时间以及与城市生活的进一步接触和融合。

依据调查的结果，笔者认为原农民中的经商兼农者较多地成功实现了城市化或者正处于准城市化的状态之中，原半工半农者中的一部分拥有技术者或者进入工厂获得稳定工作的失地农民也成功地实现了城市化转变，这些实现城市化或半城市化的群体主要分为以下几类：私营企业主职业群体、职业技术群体和新产业工人群体等，他们的生活状态已经与城市市民的生活状态趋同或正在接近之中。

（二）城市化或准城市化失地农民的生活状态

为考察已经成功实现城市化的失地农民的生活状况，这里笔者以经商农民 LHY 征地后的生活状况为例：

> LHY，37 岁，初中文化程度，妻子没有工作，有两个儿子，都在上学。在征地以前，LHY 就与他人合伙买了大货车，雇用了两名司机，全国各地跑货运，生活在村上就属于上等人家。征地以后，LHY 就不想再跑大车了，一来辛苦，二来也有危险，他就组织起一个建筑公司，自任老总，因为用的是 LHY 村上的地，

附近的开发商都要给他点儿面子，这样原村附近的修路权和修桥权都被他的工程队包了下来，现年收入已经超过了100万元。

现在LHY家住的房子是他们两年前在市中心购买的一套楼房，面积为140平方米，家中各种现代化设施应有尽有，还有一辆自用小轿车。LHY的妻子是一个很爱打扮的女人，她告诉笔者："（我）从不下地干活，用不着，以前有地的时候就不怎么管地里的事儿，现在就更没必要了，没事的时候就去健身房里学跳健美操。"

LHY的大儿子在P市重点高中就读，小儿子还小，在P市的一家初级中学学习。虽然LHY认为他挣的钱足够一家子应急之需，但为了以防万一，去年他还给全家买了医疗保险。

LHY的个案表现出了当前失地农民中一部分完全实现城市化的失地农民的生活状态，表现在物质上，他们已经达到甚至远远超出了当地城镇居民的物质生活水平，LHY年入百万元，当地城镇居民的平均人均月收入为2400元左右，两者的差距是非常明显的，较高的收入水平使得LHY及其家人可以享有城市人优越的物质生活条件，如其妻可以不断改变装扮，紧跟城市的流行风向标，他的儿子可以读得起市里面的重点高中，等等。

物质上的趋同使他们在文化上也逐渐与城市文化靠拢，这将帮助他们更快地获取来自城市人对其城市新市民身份的认可，这些新的文化观念典型的如理性的观念，正如笔者在本章第一节中所论述的，理性观念是现代文化系统的一个典型特征，理性观念下，一切也都将以合乎理性与否来进行判断，那些可以带来更好的产出和效益的做法就是合乎理性的，反之则是违反理性的。在传统的农村中，人们行事的原则是合乎人情和伦理，凡是在伦理上适当的、合乎人情关系法则的，就是合理的做法，显然，这种传统的行事观念已经被LHY抛弃，他转而认同的是现代理性的观念，比如说LHY组建的建筑公司中来自D村的工作人员比较少，对此，他认为：

第五章　融入与退却：征地后失地农民之固化的风险与固化的分化

> 活干不好，不但挣不到钱，客户还不满意，以后就没生意做，（所以）都得请合格的建筑工人，工程师更是不能找差的……我现在不太愿意请本村的，毕竟现在是做企业，不能像过去那样，老是要顾着自家的亲戚啥的，出了问题不好说话，找外面的人来干，一切按照合同办事，出了事儿，是谁的问题谁负责。

可见，LHY 在雇用工人的原则方面已经摆脱了传统的人情观念，转而采用理性的原则，为了企业的效益和发展，只雇用那些能够把工作做好、专业技能合格的人员，理性成为他看待和解决问题的核心支配观念，这也是他真正接受和内化城市文化理念的表现。对于 LHY 文化观念的这种转变，迪尔凯姆认为，在工业化以前的村庄中，所有个体间的联系都因血缘关系或社会性依赖而预先设定，人们因此而被机械地联系在一起，只要个体还留在这个村庄中，那么他就无法摆脱这种联系，在工业化城市中，个体将不再受制于这种机械性联系，转而拥有更好的新型工作、更好的机会与更大范围里的人们进行互动。[1] 征地为 LHY 脱离传统的关系提供了一个重要的契机，征地后，他不需要再固守过去的职业，也不需要再过多地顾及过去的人际联系，转而在更为广泛的空间里面寻找互动的对象，可见，城市化征地改变的不仅是 LHY 一家的物质生活状况，更重要的是改变了其行动的准则和文化观念。

LHY 个案的典型之处在于不是因为高额的补偿款而暴富的，而是因为征地带来的转变机遇，该例子代表了原农民中的极少把握住了机遇者，在这个城市化征地进程中，这些人善于把握机会（如 LHY 在征地中获取了修路权和修桥权），以非常快的速度获得了较高的物质收入，并在文化上积极主动地向现代新文化靠拢，这部分地缘于他们先前与现代城市文化的长期接触和融入，毕竟城市化转变是一个连续的过程，而他们的城市化转变从征地以前就已经开始了。

---

[1] 刘豪兴主编：《农村社会学》，中国人民大学出版社 2004 年版，第 74 页。

更为普遍的是在征地过程中由于环境的转变而实现城市化的那一部分农民，他们的这种转变大多是通过城市化征地带来的职业转变机遇而得以实现的。由于获得了新的稳定的非农工作，他们可以分享城市人的权利保障，通过所在的工作单位，他们也获得了一种组织上的归属感和基本的权利保障，从而在物质上和权利上都处于了与城市市民同等的地位。与LHY的境况不同的是，这一部分失地农民的城市化转变更多是从征地中开始的，他们在征地以前所认同的乡村文化在他们思维中的影响依然存在，他们需要一定的时间来适应新的文化模式和价值系统，这就使得他们在文化融入上还有一段路要走，暂且处于准城市化状态。

案例：老牛的故事

老牛不姓牛，名字里面也没有"牛"这个字，只是属牛而已，但是老牛的事迹说明了这个人还真是"牛"，以至于认识他的人都叫他老牛，久而久之，知道他本名的人也越来越少了。

老牛出生于1949年，与新中国的诞生同年，是家中三个孩子中的老大，小时候家里很穷，穷得连饭都吃不上，就更别说上学读书了，老牛刚上完小学，家里就支撑不下去了，只能辍学。严酷的现实和家庭处境也使得老牛很小就将摆脱农村生活成为一个城市人作为其梦想，并不断地付诸行动。

1979年以前，国家对农民的限制非常严，不允许农民经商或外出打工，但老牛年轻的时候就有闯劲儿且脑筋灵活，他偷着将小商品倒卖到外地去，但是因为量小，也没有挣到多少钱。后来他又偷着跑到太原的山西电力厂当工人，厂长看他人不错，就让他帮忙看厂子，虽然老牛那时候还很年轻，但是做事情有板有眼，为人豪爽，不拘小节，特别会做人，得到厂子里很多人的喜欢，而且他酒量不错，号称千杯不倒，电力厂的厂长也很爱喝酒，两人时常聚在一起喝酒聊家常，关系慢慢就熟络了起来，厂子里面有要垒墙修房的散活也就交给老牛去做，渐渐地，老牛不但赚到了钱，还摸索自学出了一些基本的

第五章　融入与退却：征地后失地农民之固化的风险与固化的分化

建筑手艺。

1980年，老牛离开山西回到老家，将自己的积蓄一股脑儿地用在了修房上，四间平顶的西屋，在当时是村上最好的房子，然后娶妻生子，好不风光。生活逐渐稳定下来的老牛又在琢磨新的发财之道，他在本村组织起了第一支建筑队，说是建筑队，其实也没有固定的人员，有活干的时候，就临时组织些能脱得开手的村民去干活，平时并没有什么固定的形式。20世纪八九十年代就是吃百家饭，哪里有活，就去哪，赚了钱就按照工种分钱，老牛在建筑队里自己也要动手干活，负责掌尺，工钱略微多些。就这样靠着打工搞建筑过了大半辈子，可以称为村上资历最深的打工仔。

老牛说："刚没地那会儿，我不知道咋办，想要参加培训学技术，又觉得那些培训都不实用，出来了也不知道干啥，犹豫了好久……我的一个哥（堂哥）是一个建筑单位的质量监理师，60多岁了，快退休了，他让我利用自己懂建筑技术的优势去考一个监理师的证儿，然后到他们单位去找个工作，我有技术，不觉得难就考过了，有一个专业的建筑技术员证。村上向来出建筑上的人，但是像我这样有专业证书的人不多，到我哥的单位找工作，他们看我有专业的证儿，再加上我哥的推荐，也就成功了。"

现在老牛每天一早就去市里工作，在一个建筑公司里做技术监督，主要工作是为建筑质量把关，不需要自己动手，活不重，老牛的资历深，做事负责，别人也爱请他，所以他的生活很有规律，基本上都是早出晚归，忙多闲少，平均下来一个月的收入"有个3000多元钱吧"。他的妻子主要负责家里面的事，两个儿子都已经成家，离开了村子，只有一个小女儿今年22岁，仍然待字闺中，与父母同住，这个女儿在附近的灯泡厂有一份稳定的工作，是灯泡厂的正式工，每月工资为1700元，厂子里面给办了保险。

2008年年初，老牛得了大病，动了手术，手术费、药费、营养恢复费一共花了16000元，国家给报销了近80%，共计12000元，剩下的4000元自己负责，老牛认为"（医疗费）还能顶得过去，问题不大"。

对于现在的生活，老牛态度比较乐观，他认为："我吃的、用的都不比他们（城里人）差，有班上，有工资拿，生病有医保，老了有养老金，我觉得我跟城里人没啥差别……"这位老建筑工说到这里爽朗地笑了起来。

老牛认为："以前农民那一套是不管用啦，以前的时候我带着村上的十几个小伙子到处找活干，饥一顿饱一顿的，大多数时候没保障，最后还不是要靠家里的一亩三分地，比如说1998年，我们给县上的建行（中国建设银行在当地的分行）盖一个两层的营业厅，盖好了，他们说质量不过关，不给我们工钱，我们连年都过不去，我气不过，堵在他们门口要钱，后来他们让人来抓我，我只能躲到山西去，年下都不敢归家……那时候没人把你当人看啊，现在还有很多人靠到处打工过活，这都不长久。"

案例分析：

老牛的人生是坎坷的，出身于穷苦的农民之家注定了他大半辈子的社会身份，为了改变这种身份，他做了各种努力，倒卖小商品、到外省的电力厂当工人，改革开放以后，他又成为D村最早外出找活儿干的打工者，还负责组织村内临时建筑队找活干，等等，但是，老牛的所有这些努力都未能改变他的身份，不但如此，因为其农民的身份，他们所负责建筑的质量还受到了城市人的怀疑，盖好了房子却得不到工钱，他们的权益无法得到保障，人格也得不到应有的尊重。征地为老牛提供了一个真正改变其农民身份的机会，土地被征用后，老牛有了城市人的户口，这使得他有可能进入到城市正式的工作系统中去，通过老牛多年的技术积累和一定的社会关系（他堂哥的介绍），老牛获得了一份城市中的正式工作，他的生活也随之发生改变，这种改变主要体现在三个方面，首先，在物质生活上，老牛有了每个月3000多元的稳定收入，这使得他的基本生活处于与当地市民持平略高的水平上，用老牛的话说就是"我吃的、用的都不比他们（城里人）差"；其次，在权利状况上，老牛也享有了与城市人等同的城市权利，"有班上，有工资拿，生病有医保，老了有养老金"，权利生活上得到保障使其在生病动手术的时候能够"顶得过去，问题不大"，并没有遇到缺少医疗费的问题；最后，在文化观念上，老牛的看法也在转变，如他认为"以前农民那一套是不管用啦"，"靠到处打工过活，不长久"，但是老牛在表述自己与城市人的状况时，不断出现彼与己之间的区分，如"我觉得我跟城里人没啥差别"，这说明他在根本观念上还没有把自身看成是城市人中的一员，文化上的彻底融入还要一段时间。通过对老牛物质、文化和权利三个方面的状况的分析，我们可以发现，老牛一生的梦想——成为一个城市人在很大程度上已经成为现实。

老牛的女儿属于征地过程中崛起的新产业工人阶层中的一员，接替原有的工人成为一名新的产业者，而老牛通过技术上的考核也成功地接替了他堂哥的工作，成为一名专业技术人员，老牛和其女儿在征地后的这种工作转变可以看成是新市民实现的对旧市民的接替，有学者用"融入"和"接替"这一组概念宏观地解释了外来人口逐步融入城市并成为城市居民的过程，其中一个群体迁移到城市中某个地区并且成功地取代了该地区的部分居民的过程就是融入，而如果这一后来移入的群体又对原群体实现了有效的统治，那么就构成了一种接替，如果我们不考虑统治的词义，那这种融入和接替的过程就具有了普遍的城市化意义。[①] 因此，老牛的个案在当今我国征地城市化中也就具有了普遍性和代表性，他在这个过程中的经历也是一个个体由农民转变为市民的典型的城市化过程。

二 游荡在城市的边缘：边缘城市化失地农民的生活状况

（一）边缘城市化的内涵

王春光提出了"半城市化的概念"，他用这个概念来界定我国当前的农民工所面临的一种不完全和不彻底的城市化状态，即农民工虽然在城市工作和生活，却无法在社会层面、系统层面、心理层面等多个层面上实现完全的城市"嵌入"，[②] 这种状态使农民工的生活面临

[①] 康少邦、张宁等：《城市社会学》，浙江人民出版社1986年版，第76页。
[②] 王春光：《农村流动人口的"半城市化"问题研究》，《社会学研究》2006年第5期。

很多困难，无法真正融入到城市生活中去。与农民工所处的情况相似，一部分获得了新市民身份的失地农民也无法完全融入城市生活，笔者认为这些由于征地而实现身份转变的失地农民身上所体现出的半城市化状态比农民工更加突出，主要体现为：他们已经取得了城市居民的户籍，获得了进入城市大门的钥匙，当他们兴高采烈地想要推门进入的时候，才发现他们并不受到城市的真正欢迎，城市人的福利和待遇没他们的份儿，他们在城市中也很难获得稳定的工作，文化上依然被认定为农村人，他们无法融入新的城市环境中，却又无法回到以前的农耕生活，因为他们的土地已经不复存在，只是在形式上实现了城市化的失地农民只能在城市的大门外徘徊、游荡。为区别于王春光所讲的农民工的半城市化状态，笔者把失地农民的这种尴尬的处境称为边缘城市化。

　　在笔者的调查中，原来的半工半农者更多地在征地后延续了他们先前的从业方式，即继续打工，这种选择既是由他们工种的低技能性决定的，也是他们基于自身多年打工经验的选择，他们在征地后继续靠打工养家，生存状态与征地前变化不大——在不断迁徙中寻找可以出卖劳动力的机会，所不同的是，他们不定时地回到家乡的原因不再是农忙或者农活的需要，而是无工可做，他们的迁徙也不再具有季节性，而是与工业大生产的周期更紧密地结合了起来，他们的身份不再是农民工，而是职业的打工者。

　　另外一个处于边缘城市化状态的群体是个体户，这个群体大多来自于征地前就做小生意的经商兼农群体，还有部分来自于征地后才开始做小生意的失地农民，虽然这个群体在征地中不同程度地得到了发展，但由于其投资行为的保守性，一些经商农民在失地后依然固守着他们征地之前的经营方式，如小投入、小获益、夫妻店的形式，这种经营方式虽然能够使他们自给自足，但是由于小成本经营的脆弱性、高风险性等原因，他们的生活也难以得到稳定的保障，况且目前我国各种权利体系对这个群体的保障也相对不够完善，这一方面是因为我国保障系统是一种职业保障方式，而小商小贩的就业方式为一种非正规就业，往往不被纳入保障体系中去，另一方面是由于这种就业

第五章　融入与退却:征地后失地农民之固化的风险与固化的分化 | 189

方式具有很大的不稳定性,处于经常变动的状态,正式的保障制度设计也难以适应他们的保障需求。除了保障权无法得到满足以外,这个群体的就业权等其他多方面的权利也经常性地受到侵害,如摆地边摊儿的小生意人常常是城管人员教育、打骂和驱赶的对象,再加上他们人员分散,缺乏维权的途径、组织以及能力也导致了他们维权上的困难。

(二) 边缘城市化失地农民的生活状况

在这里笔者选取失地农民 LHL 作为典型个案,对处于半城市化状况的失地农民的生活状况进行考察,LHL 现年 35 岁,初中文化程度,在征地以前,他属于标准的打工一族,LHL 的妻子没有工作,三个孩子年龄都还小,其中稍大的在上学,最小的还不到入小学的年龄,只有 5 岁,LHL 76 岁的老母亲现与他们同住。

案例:对 LHL (以下简称"刘") 的访谈

笔者:请谈谈征地前后,您家里生活上的变化好吗?

刘:以前有地,种种地,忙活一阵子,这一年的口粮就不成问题了……地里不忙的时候,我就看谁家有出去打工的,就跟着他们去,俺们这个村上一直就出泥瓦匠,给别人搞建筑的多,我就是提个泥兜子(注:打下手的,帮手,不需要什么技术的活儿),一天有六七十元钱,一个月如果干满了的话,也能达到 2000 元,除了零花以外,有时候还能存点儿,现在没地了,赔给的钱也修了屋了,心里没有底了,以前至少是有口粮在,不怕饿着,现在全家人都靠我自己打工的钱过活儿,打工这事又不是个稳定的活儿,不是总有活儿干的,没活儿干的时候就发慌了,整不好,连着几个月都挣不到钱,我这一大家子都要靠我啊。

修几间崭新的房子一直是 LHL 他们一家人的梦想,征地使得他们部分实现了这个梦想,一家人的征地款都被用在了修葺房屋上,因为补偿款并不多,只能修几间一般的平房,人力的钱还是他们东挪西凑来的。他觉得他们家现在的生活是大不如以前了，生活上吃的、穿的都要特别计划着才能勉强过得去，对生活上的这一转变，LHL 很是无奈：

> 刘：能咋办呢？只能先这样了，人家吃好点儿的，我们吃差点儿的，人家穿好点儿，我们穿差点儿呗，有点钱先紧着三个孩子用，哪里还能存得下钱啊？！

说起未来，除了对自己的担心，作为一个肩负着众多家庭责任的中年男人来说，他对老父母的愧疚也溢于言表：

> 刘：我的老娘今后咋办，她现在没地了，也干不了活了，上头也没个说法，说是给办个身份证，上养老的，每个月给10元钱，不知道什么时候能见着这钱，征地的时候，钱都被干部扣走了，俺们就只有那么一点儿……（沉默了一会儿）……说到底，还不是俺没本事，有本事的人都发了，谁还在这村里住，他们都搬走过城里人生活去了，只剩下俺们这些没本事的人打打工、干干零活儿，过一天算一天吧，俺这一辈子就这样了。
>
> 笔者："现在你觉得自己是城市人了吗？"
>
> 刘：你说啥？城里人？俺哪里是城里人啊，城里人要出来打工、有一天没一天的吗？！不是！不是！（刘说"不是"时充满了肯定，而且刘似乎觉得这个问题很可笑，苦笑了起来）

（访谈时间：7月18日）

案例分析：

从物质生活上来说，刘一家的物质生活水平明显低于城市居民，在对自身的物质生活水平与城市居民的物质生活水平的对比中，他们也明显地感觉到了这种差异，"人家吃好点儿的，我们吃差点儿的，人家穿好点儿，我们穿差点儿呗"就是对其中的差异表达出的无奈。为了进一步了解刘一家具体的物质生活状况，笔者跟随刘的妻子一同买菜，以观察刘妻的消费行为，与一般人早上买菜的习惯不同，刘妻总是在晚上去买菜，而且是晚上8点以后，这时超市的菜已经剩下得不多，而且多是不新鲜的和其他人挑拣剩下的，超市一般会在晚上8点以后进行特价促销，如1.5—2.0元一斤的黄瓜会降价至0.8—1.0元一斤，因此8点以后买菜可以节省一笔开支，据当地超市营业员介绍："晚上8点以后，菜反而卖得很快……晚上的菜不新鲜，但是便宜得多，城市人讲究不会买，大多数是附近的农民买走的。"

对于征地对农民物质生活的这种影响，理·普莱斯博士认为小土地所有者在失去土地以后的处境更加艰难，他们的状况几乎在各个方面都恶化了，这是因为在这个过程中，小土地所有者和小租地农民的地位降至短工和雇工，原来他们靠自己耕种的土地上的产品和公有地上放养的羊、家禽、猪等来维持自己及其家庭的生活，因而几乎不需要购买生存资料……现在他们必须为别人劳动，而且不得不到市场上去购买自己需要的一切……对劳动的强制更大了……[1]

从权利状况上来说，打工农民失地后没有正式的工作，无法获得稳定的权利保障，他们获取物质生活的方式却仍然为稳定性极差的打工，处境尴尬，对此，叶继红指出：失地农民夹在了两个不同的身份之中，他们失去了土地已经不是农民，但却没有得到相应的城市市民待遇，他们失去了从事农耕的工作，也有没得到下岗工人那样的最低社会保障，他们不属于任何一方，身份很特殊也很尴尬，[2]这种尴尬的处境表现在文化上就是他们的文化生活状况处于一种矛盾的状态，即他们试图融入城市，但却缺乏与城市文化的必要接触，得不到来自城市人对他们的认可，正是这种来自城市的不接纳和不认可，反过来又导致他们出现了转向群体内部进而寻求群体内情感和社会支持的倾向，[3]他们既渴望对城市文化的融入，又有转向对内群体的认同冲动，总体上表现出对城市的复杂情结，这正是该群体文化状况上的矛盾

---

[1]《马克思恩格斯全集》第二十三卷，人民出版社1995年版，第795页。
[2] 叶继红：《失地农民城市适应的困境与解决路径》，《中国软科学》2008年第1期。
[3] 丁建兵：《中国发展面临"半城市化"挑战》，《调研世界》2008年第1期。

性。综合以上的分析可以发现，不论是在物质、权利还是在文化上，征地都使得该群体更多地体现出了边缘化倾向，他们的城市化状况距离"真正的城市化"还有很大的距离，当前这一群体的城市化状况仍然处于一种变动的过程中，有三种发展趋势，或者完全实现城市化，或者彻底返农化，又或者将这种边缘状态"结构化"，笔者认为第三种发展趋势是最为危险的，如果这种边缘城市化形成一种稳定的结构，将会在城市周边形成贫民窟，对城市社会乃至整个社会的整合产生不利的影响，引发诸多社会问题，不但如此，如果这种固化的结构长期得不到改善，将会使这种边缘城市化的生存状态不断地在这部分失地农民的后代中得以延续和复制，最终形成社会中一种稳固的结构性贫困人群，这一点许多发展中国家，如印度、巴西都已经出现，因此也是我国在城市化中应该特别注意规避的。

三　回归乡野田间：反城市化失地农民的生活状况

（一）反城市化或逆城市化的内涵

反城市化和城市化是一对矛盾的统一体，只要有城市化就一定有反城市化现象，早期反城市化就是指西方城市化发展到一定阶段后出现的回归乡村的现象，这种反城市化主要表现的是一种对城市生活方式的否定和对乡村生活方式的追求。[①] 美国在 20 世纪 70 年代就出现了一股反城市化的潮流，正如美国影片《城市乡巴佬》中讲述的三个纽约都市人，人到中年，面临着婚姻破裂、工作乏味、生活一成不变等多重城市生活困境，于是放弃都市的生活，到大西部加入到了科罗拉多的赶牛队中，就是当时美国反城市化潮流的一个缩影。就中国来说，反城市化也早已有之，"文化大革命"时期，城市青年上山下乡违背城市化主潮流的做法就是一种反城市化，2008 年以来，我国南方地区普遍出现了企业招工难、大量民工不愿外出务工的"民工荒"问题，以及最近几年以来，由于高昂的生活成本和日渐恶劣的生存环境，青年人"逃离北上广"的现象日益突出，城市的吸引力不再那么突出，城市化出现了逆转的迹象。

[①] 潘允康：《城市社会学新论》，天津社会科学院出版社 2004 年版，第 285 页。

笔者在这里讲的失地农民的反城市化与以上的反城市化现象有着共同之处，都是指一种违背城市化趋势，离开城市转而选择回归乡村生活的现象，这些选择了反城市化道路的失地农民有一些共同的特征：首先，在生活方式上，他们在主观上表现出对城市和城市生活的远离，更愿意选择传统的乡村生活方式，如他们虽然生活在城市的高楼大厦之间，却仍然遵循日出而作、日落而息的农民生活方式，与周围的现代生活方式保持着距离；其次，在生产方式上，他们客观从事的职业依然是与农业相关的活动，依靠第一产业的各种收入维持生活，如种植、养殖等，通过这些农业生产活动来满足他们生活上的基本需要，对市场化大生产的接触很少；最后，在人际交往上，他们仍然固守于先前的以血缘、地缘联系起来的人际圈子，没有建立新的业缘群体。国家土地副总督察认为：我国征地制度的最大弊端就是农村土地在实现城镇化的过程中造成了大量农民城市化进程滞后，形成了大量的"伪城市化"农民，[①] 这里所讲的处于"伪城市化"状态的农民除了仍然处于农民工状态的农民外，还有一些在征地后仍然无法彻底地摆脱农业生产和生活方式的农民，按照先前笔者对失地农民的职业分类，征地后的职业"农民"就是处于反城市化状态的主体人群。

（二）反城市化失地农民的生活状况

处于反城市化状态的失地农民的生活状态是怎样的呢？笔者采访到 D 村的一位失地农民 ZJW（以下简称"张"）及他的妻子（以下简称"张妻"）。ZJW，54 岁，出生于山东济宁，年轻的时候把整个山东都跑遍了，也算见过世面的人，1980 年 10 月回到老家，至今已经在 D 村居住了 30 多年，是 D 村的老住户。"刚来的时候，这里全都是地，一眼望不到边，除了地啥也没有，穷得很"，这就是 ZJW 对 D 村的第一印象，在这片除了"地"什么都没有的土地上，ZJW 一直也只是一个本本分分的农民，除了种地，ZJW 还是村子里面的养殖大户，主要养鸡，鸡棚修在宅基地旁边，靠着村里面的灌溉渠，用水容易也

[①] 新浪网：《国家土地副总督察：征地造成大量伪城市化农民》，2011 年 11 月 23 日，http://news.sina.com.cn/c/2011-11-23/030923508948.shtml，2012 年 3 月 10 日。

较为通风,鸡棚都是靠张氏夫妇一砖一瓦垒起来的,养鸡的技术是也是靠他们夫妇多年的摸索总结,2010 年 D 村的土地被征用时,张失去了家中的全部土地。

笔者截取了与他(及其妻)的一段谈话并追踪了 ZJW 夫妇一天的生活安排,以此来展示一个处于典型的反城市化状态中的失地农民的真实生活状况。

案例:对张的访谈

问:还在养鸡吗?

答:没有,这大半年都是闲着,没事儿做。

问:卖了地,换了钱,不需要养鸡了啊?

答:那两个小钱,有什么用……俺们家的补偿款都用在给儿子修房子上啦,孩子大了,没像样的房子,哪家闺女看得上!

问:一亩地包了多少钱?

答:五六万吧(头都不抬),其他啥也不管。

问:那要是困难户该怎么办?

答:困难户谁管,盖不起房子你冻死,吃不起饭你饿死,谁管你的死活。(说这些话的时候,张虽然表现出不满,但却没有愤怒,反而是看得很开的样子,仿佛已经接受了这个事实)

问:为什么没养鸡?

答:怎么养?养不了!四面都是楼,糊得严严实实的,风一丝也透不进来,养了也都死光了。(注:一条大路已经通到了村外,马上要从张家的养鸡棚屋穿过,以后要想养鸡也难了)

……

问:为什么不出去找个工作?

答:怎么找?!找不到,现在连大学生都找不到工作,俺一个老农民能干啥,谁会要俺……俺只会种地、养鸡养羊,这是俺们最顺手的事儿,不会出岔子……

问:对将来有什么打算?

第五章　融入与退却：征地后失地农民之固化的风险与固化的分化

答：这跟俺老婆也商量过了，到时候俺们两个就到外村去租两亩地种，村上老三已经这么整了，俺也打算这么整……俺没啥本事，这辈子就只能窝在土坑里了……

（访谈时间：7月30日阴雨凉爽的天气）

张氏夫妇一天的生活安排（8月15日）：

6：00　起床洗漱。
6：30　张到屋子后面的田地上给玉米浇水。
　　　张妻拿着一个布袋出门，步行到五里外的灯泡厂外扫土。
8：30　张妻回到家中，把扫来的土在院子里放好，把路上捡来的马粪放在一个竹筐里晾着，然后热前一天晚上的剩饭。
9：00　张浇地回来，开始吃早饭。
9：30　吃完早饭，洗完碗筷，张妻顺便和了一盆面放着。
　　　张出门溜达。
　　　张妻把早上从灯泡厂扫来的土拿出来，蹲在门口筛铜。
10：00　两个邻居来串门，张妻搬出两个小板凳给他们坐，开始闲聊。
10：00　又来了两个邻居串门，张家门口热闹起来。
12：00　张回到家中，带回溜达时捡到的四个矿泉水瓶子和垃圾堆上找到的废品。
　　　（邻居们要回家做饭，散了）
12：30　张妻把筛出的铜末放进一个储存罐里，开始做饭。
12：40　发现煤火炉子灭了，到邻居家借了一块煤球，开始生火。
13：30　饭做好了，油泼辣椒，两个大葱，热了最后两个馒头，吃中午饭。
14：00　吃完饭，天气有点儿热，睡午觉。
15：30　午觉醒来，张妻开始打扫庭院。张把妻子拾来的马粪拿到屋后给玉米施肥。
16：00　张施肥回来，牵羊去公园放羊。张妻把早上发好的面弄出来，开始蒸馒头。
18：00　张放羊回来，带回来一些从公园里拔的草，放在羊圈里，作为羊晚上的草料。
19：00　张妻蒸好了两大锅的馒头，晾在箩筐里。把做馒头剩下的面团做成手擀面，开始吃晚饭。
19：30　吃完晚饭。
20：00　张出去溜达。张妻找邻居聊天，一边聊天，一边手工做棉拖鞋。
22：00　张回来，张妻也回到家里。
22：30　洗漱、睡觉。

图 5-1　宅基地上开荒

图 5-2　公园草坪上放羊

案例说明：

玉米地：这里所讲的玉米地其实不是张家的责任田，只是张家后面的一片未修房子的宅基地，听说是被私下卖给了一个外村的人，张也不知道是谁家的，一直没人来，现在没了土地，张就自行在这片土地上开荒种田，面积很小，只有三分。

灯泡厂扫土：自从灯泡厂在几年前建起来之后，去灯泡厂扫土就成为很多 D 村妇女的一项重要活动。铜是制作灯泡的必备原料之一，每天早上从灯泡厂倒出来的垃圾中总会有一些铜末，将这些垃圾带回家，用磁石反复吸，就可以淘出些许的铜来，当地人把这称为"吸铜"。但是由于很多村民，特别是妇女都争着到灯泡厂扫垃圾，张妻很多时候只能扫到别人剩下的一点土。

路上的马粪：虽然 D 村已经成为一个新型的工业区所在地，但是被征地后的很多农民还是延续着他们先前的生活方式，马车公然行驶在路上的情况非常多，拾到马粪是很正常的事情。

公园放羊：随着村子四周的高楼大厦越建越多，能够放羊的地方越来越少，有两个地方是草儿长得最为茂盛的地方，一个是附近一个在建商品房小区的工地旁边，另外一个就是附近的公园草坪，这一天张选择的是公园的草坪，因为他知道大热天的，城管下班早。

案例分析：

从对张氏夫妇一天中生活安排的追踪，我们可以对他们的生活特点有所把握，这里重点讨论基本的物质来源和收支以及基本的生活方式两个方面：首先，其基本的物质来源和收支仍然以农业活动为主。可以看出张氏夫妇一天用来创造物质产出的活动包括：开荒种田、捡瓶子及其他废品、养羊、捡拾马粪做生态肥、扫土筛铜等，这些活动可以分为两类，一类是农业性生产活动，包括开荒种田和养殖，捡拾马粪也是为了节省土地上化肥的支出；另一类是非农业活动，包括捡废品和扫土筛铜，这也是城市化进程给他们带来的两项收入来源。明显地，这两项活动只能算是附带性的收入，他们一家主要的收入还是来自于农业性的生产活动，传统小农的农耕生活方式是建立在对土地经营的基础之上的,张已经失去了土地,但他通过开辟荒地,甚至是宅基地来寻求对传统生活方式的延续。其次,他们一家的物质生活消费是较少的、尽量节俭的,体现为三餐的食物都非常简单,缺乏蔬菜和肉蛋,穿的鞋子也多为手工制作,一天之中,他们除了基本的生存需要,基本上没有额外的支出。

图 5-3 城市中破旧的农家小院

图 5-4 柏油路上奔驰的"宝马"

通过分析,我们可以发现,张氏夫妇是在尽可能地开源节流中过日子,即通过一切能够尝试的渠道获得收入,另外又尽可能地压缩开支，试图通过这种方式来实现家庭收支之间的平衡。经济学研究表明：如果农户的收入面临风险，而其应对机制又受到限制，那么为应对风险、避免消费上较大的波动出现，他们就会被迫采取事前措施来实现消费流的稳定，[1] 具体包括采用保守的生产方式，即选取回报较低、风险也较低的生产方式；或者尽量地使得收入来源多元化，即不是专门从事一项最大化收入的活动，而是同时从事可获得不同收入的多项活动等，这些策略看似合理，却有着不可避免的负面结果，主要表现是将会导致贫富差距扩大。[2] 如果这些应对措施仍然无法消除风险，那么农户会被迫直接面对风险，被动地承受收入下降所带来的不利后果，只能通过尽可能地减少支出来抵御风险，例如变卖生产性的固定资产、放弃对子女的教育投资、降低食品消费的数量和质量、推迟对疾病的治疗或不治疗等，这显然将会对农户长期的生产及生产效率造成严重的威胁，[3] 低收入者更容易直接面对风险，长此以往，将会使收入差距进一步加大。

另外，从基本的生活方式方面来看，通过对张氏夫妇普通一天生活安排的观察可以直观地看出，这仍是农民的一天，充满了一个农民典型日常生活的特征。首先，张家所遵循的生活方式依然是小农的生活方式，表现为生活方式散漫无序，时间观念很弱，主要靠自行安排，与城市高效有序的生活方式相去甚远；其次，他们与城市文化的距离很远，漠视城市法规和市民守则，自行其是，如张将自家的羊赶到公园草坪上吃草、拔公园的草作为草料，他为此甚至总结出了与城市管理人员周旋斗争的策略，以在合适的时间点到公园放牧；再次，他们的日常交流仍然局限于原有的邻里圈子，他们认为城里的人是变化多端的、复杂的，并且在主观上表现出对城市的否定，张妻甚至认

---

[1] 马小勇：《中国农户的收入风险应对机制与消费波动》，中国经济出版社2009年版，第77页。

[2] Dercon, S. and P. Krishnam, "Income Portfolios in Rurual Ethiopia and Tanzania: Choices and Constraints", *Journal of Development Studies*, Vol. 32, No. 6, 1996, pp. 850–875.

[3] 马小勇：《中国农户的收入风险应对机制与消费波动》，中国经济出版社2009年版，第79页。

为"城里的空气都有股子酸臭味儿",她这里所说的城里看似是一个很遥远的概念,实则只是与他们家距离不足200米的一个地方;最后,张家的吃、穿、用还是尽量靠自己的双手来解决,如拖鞋的制作都是靠家庭手工完成,这种自给自足的生产生活方式也导致了他们对市场和城市生活保持了最低程度的依赖。

生活在被高楼大厦所包围的这个村子里,张氏夫妇似乎不愿意去接触外面纷繁复杂的城市生活,在建立起的属于自己的一个小小世界里,仍然过着田园农耕的生活,对于这种状态,我们很难认为他们是实现了城市化的失地农民,他们处于一种典型的反城市化状态中,并且表现出一种很强烈的"内卷化"趋势,对过去的农耕生活仍然充满了依恋:

笔者:种地好,还是不种地好?

张:哎……(张长叹一口气,低下了头,似乎在想怎么回答)以前的时候,想干点啥干点啥,不想干的时候就歇着,干不干吧,咱有地呢,饿不着,现在,不干(工作),饿死没人管……

张妻接过话来,抢着说:要是有水浇地,还是种地好,地里面产粮食,是个常上利儿的活,细水长流地,就是(灌溉用的)沟子里面老没水,浇地难,种地就怕没水,现在沟里没水了,养鸡喝水都不方便,也不敢养了。

(顺着张妻手指的方向看去,屋子旁边的灌溉沟已经很久无人打理,沟渠里面长满了杂草。据介绍说在卖地的时候,这个村子里面灌溉用的渠也已经作价卖出了,至今仍然没有加以利用,荒废在那里,但是水再也没有来过,从村头那里就给堵上了,让那些想再种地的人,种也种不上)

张妻:俺种着这一块地,就不用买吃的……要是让俺再种地,俺还是要种地,关键是要有水浇地,要是一季给来两三次的水,浇浇地,俺家的麦子好得很,绿油油得壮,一人六分地,吃喝都不用发愁,打的粮食吃不了,就是没水,哎……(很是无奈）现在把地卖了，再也回不来了，再到哪里造出块地来啊，现在是过一天算一天呗。

看来，这种反城市化并不是一种简单的过渡状态，而是表现为一种强烈的自我强化的趋势，表现在张氏夫妇身上，就是他们不但没有打算融入城市寻找一份非农的工作，反而想要在无荒地可用的情况下退回到农村中继续靠租地为生，主动远离城市化的进程。笔者认为造成这个问题的原因来自两个方面，一方面是城市就业和接纳环境的问题，城市并没有为这一批失地农民提供很好的就业和接纳的环境，致使他们无法在城市中立足，张说，"现在连大学生都找不到工作，俺一个老农民能干啥，谁会要俺……俺只会种地、养猪养羊，这是俺们最顺手的事儿，也不会出岔子……"从张的这种表述中就可以看出，比起种地、养猪养羊这种农活，城市生活是高风险的，动不动就会出岔子，而"大学生都找不到工作的事实"更是使他对城市就业和生存环境产生了负面的认知；另一方面是农民自身主客观上的原因，在低度分化的中部农村，大量原来以务农为生的纯农民在客观上缺乏融入城市所需的物质条件和技能准备，主观上也缺乏对城市文化的接触和认同，两方面因素的共同影响使这部分失地农民的生活在这种新型的"城中村"中被禁锢了起来。

适度反城市化的存在并不是一件坏事，城市化不是要消灭农村，更不是要消灭农民，要允许专职农民的存在，没有农业支撑的工业也是走不远的。对此，陆学艺认为，在今后的三四十年里，中国也会像现在的韩国和日本那样，农村社区将长期存在，到时候，农村中将存在四类农村居民，其中很重要的一类就是纯农民，他们主要靠着农业生产所得为生，[①] 这类纯农民长期存在的原因主要是基于他们自身的自主选择，但当前的情况并非如此，这些处于反城市化状态的农民的现状不是基于他们个体的自主选择，而是在无法成功融入城市的情况

---

① 陆学艺主编：《当代中国社会阶层研究报告》，社会科学文献出版社2002年版，第198页。

下的被动和无奈的退守，长此以往，一部分已经失地的农民将不断回流到农业领域，这不仅使得城市化的效果大打折扣，还会影响农民的城市化积极性，阻碍我国城市化进程的正常推进。

第五节 征地后失地农民之固化的风险与固化的分化

一 征地后失地农民之固化的风险

通过对征地以后失地农民中各群体所遭遇的风险状况的分析，笔者认为，征地后失地农民中各群体所面临的风险具有固化的特征，即征地后的风险稳定地附着于失地农民中的某些弱势群体身上，形成了固化的风险状况。造成失地后风险固化的原因来自于这一时期风险的独特特征，这种特征表现在两个方面，第一，征地后风险是一种现代性风险，对于个体来说具有外部性，即风险不受个体行动的掌控；第二，征地后风险是一种系统宏大的风险，对于个体来说具有不可抗性，即风险面前，个体难以有效地应对。

（一）征地后风险是一种现代性风险，对个体来说具有外部性

笔者通过对农民失地后所面对的新境遇的分析发现，新境遇的三个方面，即新物质生活、新文化生活和新权利生活中都蕴含着或多或少的风险，其中新物质生活的风险是由其市场所具有的天然的筛选机制和消费系统中的区分机制共同作用而形成的；新文化生活境遇中的风险是由现代文化的特性与传统文化的区分而形成的；新权利生活境遇中的风险是由制度的设计中存在区分性而形成的。总结新境遇这三个方面的风险可以发现，物质、文化和权利正好是现代性自身的三个重要维度，现代性三个维度中蕴含的风险被看作是现代性本身所蕴含的风险，即失地农民在征地后所面对的风险整体上是来源于现代性本身的风险，风险的产生源于现代性自身的固有特征，因此这种风险并不受个体行动的影响，也不会因个体行动的抵制而消散掉，是一种完全外在于个体行动者的风险类型。

第五章　融入与退却:征地后失地农民之固化的风险与固化的分化 ┃ 203

这与失地农民在征地以前和征地中所面对的风险明显不同,在征地以前,除了自然风险(随着人类科学技术的进步,人类对自然风险的规避能力也越来越强,自然风险也逐渐地被人类所控制)由于其天然属性而较少受到人类的控制以外,失地农民面临的主要风险来源是由其自身实践拓展而形成的风险,如外出打工遭遇的不公、外出经商而引发的经商不确定性,等等,这些因个体实践而形成的风险来源于风险承受者的内部——主体的行动,因此其规避的方式也可以通过改变实践方式、终止风险性行动得以完成;相似地,在征地中失地农民所遭遇的风险主要来源也有两个,一是征地的具体政策上的不合理性导致的风险,二是失地农民个体在面对征地时的个体行动可能造成的不同风险状况,政策上的不合理性属于制度制造的风险,它为失地农民制造了征地中的风险境遇,对于失地农民来说也是外部性的风险因素,尽管如此,失地农民个体依然可以采取积极的行动来规避风险,虽然同时也引发了新的风险状况,但是毕竟失地农民在征地中的风险境遇中仍然还有一定的能动空间可供其行动和应对,发挥主动性的可能还是存在的。

征地以后,失地农民面对的是一种现代性固有的风险,体现在现代性的三个主要维度上,这些风险的制造者都是完全外在于失地农民个体的,如市场机制具有的天然筛选机制并不会因个体的行动而改变,因此现代性风险一旦施加于某个群体身上,将难以转移并很快地被固化,也就是说,经历征地城市化过程的失地农民在这个过程中将越来越无法掌控自己的生活了。

(二) 征地后风险是一种系统宏大的风险,对个体来说具有不可抗性

贝克在讨论现代性风险的时候,特别指出了现代性风险的宏大性,他认为生产力在现代化进程中呈指数式增长,从而使危险和潜在威胁的释放达到了一个我们前所未知的程度,[①] 在这种宏大的现代性

---

① [德] 乌尔里希·贝克:《风险社会》,何博文译,译林出版社2004年版,第15页。

风险之下，我们都不可避免地要面对，就如同"生活在文明的火山上"（贝克语），在失地农民所面临的新境遇中，物质资料的生产与消费、文化的理性与多元化、制度性的区分等都不断产生着风险，并且这些风险还相互交织、相互加强，形成了一个复杂的风险系统，共同作用于风险承担者，所以风险面对个体的时候又呈现出系统性的特征。例如，一个缺乏经济资本的积累又不能适应现代生产系统的失地农民在面对征地后的境遇时首先就面临着失业的问题，因无法找到工作就不能获得收入和以就业单位为核心的相应权利保障，也就无法参与新的高消费系统，消费上的差异持续存在又将造成该失地农民与城市文化理念之间的分离，最终无法融入城市。在这个过程中，个体将会感受到来自生产、消费、文化以及权利等社会各个方面的系统排斥，各种风险在其身上叠加固化，表现为一种系统宏大的风险状况。

与现代性风险表现出系统宏大的特征相对应的一个趋势是，风险承担者在现代风险社会中的日趋个体化，贝克认为个体化是现代社会一个不可避免的趋势，如同人们从教会的世俗统治中解放出来走向社会一样，个体化将人们从工业的社会模式中解放出来，包括从传统的阶级、阶层、家庭以及男女性别身份中的解放[1]。也就是说，个体化的过程就是个体逐渐摆脱传统组织和群体的过程，在这个过程中，个体将逐步失去来自于传统的稳定性支撑，独自面对现代性的宏大风险，风险之于个体来说就具有了一种明显的不可抗拒性。

失地农民所经历的城市化征地过程也是一个由传统到现代的转换过程，个体化转变在这个过程中表现得非常明显，在传统的农村系统中，农民处于由传统人际关系、家族、农民自身组织、土地等组成的风险保障系统之中，征地过程急剧地剥夺了这些保障性来源，把农民从一个相对统一的整体抛散开来，形成了以个体形式应对风险的单个失地农民，作为个体出现的失地农民无法有效地应对和转移面临的风险，只能听凭风险在其身上生根、发芽并最终固化。总的来说，我们

---

[1] ［德］乌尔里希·贝克：《世界风险社会》，吴英姿、孙淑敏译，南京大学出版社2004年版，第96页。

所处的社会是一个高度复杂的风险社会，也是一个"失控的世界"（吉登斯语），个人面对的风险越来越多、越来越强大，当我们试图控制它时，却发现自己处于孤立无援的境地，因为个体化的我们再也无力与那些固化在我们身上的风险相抗争。

二 征地后失地农民之固化的分化

通过对分化和分层关系的讨论可以发现，分化强调一种动态的变迁过程，而分层强调一种相对静态的稳定结构，也就是说，分化发展到一定阶段形成的比较固定的结果就是分层，即固化的分化就表现为分层，从单纯的分化转变为固化的分层，其中经历的就是一个阶层化的过程。洪大用将阶层化定义为社会成员之间的垂直分化，包括权利、财产与声望（注：在本研究中用文化来替代声望）等在社会成员间的非均质分布，使得一些人与另一些人在社会表现、生活方式以及价值观念等方面存在明显的差别，从而形成一个个层次，并由上至下排列成等级阶梯或社会的金字塔。[1] 笔者认为，在征地以后，失地农民的生活出现了明显的阶层化趋势，具体体现在物质生活上的阶层化、权利状态上的阶层化和文化生活上的阶层化三个方面。

（一）物质生活上的阶层化

物质生活包括收入和消费两个方面，其中经济收入对个体的意义不言而喻，它是确保个体基本生存的基础，经济收入在分析社会分层中也处于非常重要的地位，李强认为经济收入作为社会分层的中轴已成为学术界不争的事实[2]。通过笔者对失地农民中各群体在失地后的生活状况的分析可以发现，他们在经济收入上已经产生了很大的差异，一部分失地农民在失地以后成为正式的产业工人、专业技术人员或者是企业者，他们的收入来自于参与或者管理现代化生产所获得的稳定工资或经营性收入，其获取来源已经完全不同于他们先前的农耕方式，其工资水平与城市居民相比持平或更高；另一部分失地农民在失地

---

[1] 洪大用：《农民分化及阶层化研究的回顾与展望》，《社会学与社会调查》1992 年第 5 期。

[2] 李强：《政治分层与经济分层》，《社会学研究（京）》1997 年第 4 期。

以后无法稳定地就业，其收入多来自于间断性的打工或者做小生意，收入低且具有很大的不稳定性；还有一部分失地农民失地后也失去了生活的物质来源，仅靠微薄的补偿金，节衣缩食地生活，他们仅有的获取收入的办法就是延续原有的农业生产方式，如养羊、开垦小块土地等。

消费上的阶层化能够更为真实地体现社会分层的出现。在物质生活中的消费方面，失地农民各群体之间也出现了很大的差异，那些已经成功融入城市或者即将融入城市的失地农民在消费上已经与城市人没有差异，LHY一家甚至拥有自己的私家车，其消费能力超出一般市民家庭；那些处于边缘地带的失地农民身处城市之中，也去城市中的超级市场消费，但却只能徘徊在城市消费的边缘，购买城市人不愿购买的劣质消费品；那些不能够实现城市化的失地农民在消费上只能依靠自己开垦土地的所得或者是尽量减少消费以节省开支，如ZJW一家一日三餐的食谱中，只有最为基本的维持能量的食品，如馒头、面条，新鲜蔬菜缺乏，更没有肉蛋奶等蛋白质的摄入。除了基本消费以外，在大宗消费品上，失地农民之间也出现了差异，以对住宅房屋的消费为例，那些贫困无助的失地农民只能住在污水横流、基础设施落后的原村庄中，其房屋依然为他们破旧的农宅，而那些成功实现城市化并积累了相当资本的失地农民则纷纷在更为繁华的地区购买商品住宅，如LHY家住的房子就是他们失地后在市中心购买的一套140平方米的商品房，对原有村庄和住宅表现出明显的分离化趋势。徐晓军的定量研究也证明了这一点，所不同的是，由于其选取的城中村社区本身处于繁华的市中心，物质消费水平很高，因此那些处于边缘地带的弱势失地农民表现为迁出，而不是留在原有的社区以内，他的研究表明：由失地农民组成的城中村——卓刀泉村的社区分化非常严重，52.7%的居民为有搬出意愿者，处于边缘地带的消费阶层及职业阶层的居民的搬迁意愿也较主体阶层强得多，有搬迁意愿者占本阶层成员50%以上的阶层均为社区的边缘阶层[①]，对居住地的选择明显地表明

---

① 徐晓军：《我国城市社区走向阶层化的实证分析》，《城市发展研究》2000年第4期。

了人们在消费方式方面存在的差异，这种差异性也将进一步强化人们对阶层的自我意识。

（二）权利状态上的阶层化

虽然经济因素具有基础性的地位，但权利状态上的分化对阶层化的影响也不容小觑，因为衡量一个个体是否真正进入到了某个阶层中，一个关键的标准就是他是否被赋予了该阶层内部成员所应该享有的一切权利，从目前失地农民的状况来看，其内部在这方面的差异是比较明显的。

首先，那些成功实现城市化的失地农民在失地后进入了城市的保障系统中，这是一套相对完善的单位保障系统，它为进入其中的成员提供了比较完善的养老、医疗、工伤等各种保障，使其中的成员避免了诸多的社会风险，如老牛成功地进入了一家建筑公司并获得了该公司提供的医疗保障，这种保障在老牛生大病的时候发挥了重要的作用，使其避免了因病致贫的风险，又如作为一名私营业主的LHY，自行购买了商业保险，这种方式也为他们提供了稳固的保障，使其能够"以防万一"。

其次，那些处于城市边缘的失地农民多从事不稳定的打工职业，这使得他们很难真正进入城市保障系统，虽然有些企业也会为短时打工者缴纳社会保险金，但是这种保障与正式就业的单位员工所拥有的权利保障明显不同，存在着保障水平偏低、保障金难以累积等问题，这就使得打工者所拥有的保障系统仍然与城市人所拥有的保障系统之间存在巨大的差异，权利系统上的差异导致了他们社会身份上的弱势以及他们与已经实现了城市化的失地农民之间的阶层区分。

最后，那些根本无法正常地实现城市化，甚至存在反城市化倾向的失地农民完全缺乏必要的权利保障资源，也就是说，根本没有相关的法律法规对他们提供保障的资源，他们的权利系统处于真空状况，这就使得他们的生活暴露在巨大的风险下，只有靠着自己点滴的挣扎生活，"不干，饿死没人管"（张语）的威胁使得他们长期处于焦虑之中。

通过对处于三种城市化状态的失地农民权利状况的比较可以发

现，他们所享有的权利系统存在很大的差异，这种差异性的保障系统在不同的群体间竖起了一道屏障，形成了阶层间的权利壁垒，每当个体试图转换阶层时，这道屏障就发挥出阻隔的作用，将试图越界者强行留在原有的阶层内，阶层的边界在这个过程中也就变得越来越清晰。

（三）文化生活上的阶层化

基于物质生活和权利状态上的阶层化，处于更深刻层次上的文化生活阶层化预示着阶层边界的彻底形成，因此，文化生活的阶层化在失地农民各群体分层形成的过程中居于核心地位。笔者认为，失地农民在失地后的城市化过程中，其主要的文化观念以及文化行为上都出现了不同程度的分异，以下对这两个方面分别进行说明。

就文化观念来说，失地农民之间的文化观念在征地后的城市化过程中差异明显，那些成功实现了城市化的失地农民在文化观念上更多地接受了现代理念，包括理性和对多元文化的宽容，仍然以 LHY 为例，他把自己非正式的建筑队改造成了一个正式的公司，用现代公司理念进行组织和整理，在选拔任用公司人员的时候，他也不再以传统的人情关系作为准则，而是以专业技能和可能为公司带来的效益为选拔人员的主要标准，充分体现出他对现代社会理性观念的内化和运用。与之相反的是那些处于无法融入城市的反城市化状况的失地农民，他们对现代文化无法理解和认同，甚至表现出很强的主动远离的倾向，如 ZJW 一家对生活和生产的安排散漫无序，时间观念不强，对现代城市文化也表现出主动的疏离，对城市人精于计算的理性思维表现出否定，认为那是一种"变化多端"的表现，这种对城市文化的否定，甚至演变成"城里的空气都有股子酸臭味儿"这种极端的观念。

文化行为一定程度上是文化观念的外在表现，包括休闲娱乐方式等方面，一个个体的文化行为既是他们自身文化观念的体现，也是他们建构自身的文化品位进而与其他阶层相区分的途径，通过不同的文化行为构筑起一个阶层自身的活动圈子和活动方式，如 ZJW 一家的休闲活动仍然局限于原有的邻里圈子，闲来就与邻居（长时间的）聊天，没事儿就外出溜达并为羊带回草料，表现出传统农民休闲娱乐的典型特征，而 LHY 的交往活动范围已经突破了原有的村庄范围，开始在更广泛的人际圈子（主要是城市人的圈子）中寻找合适的交往对象，包括那些能够为他的企业带来利润的专业人才，而 LHY 的妻子的休闲行为——去健身房，更加体现出现代休闲文化的特征，LHY 夫妻的文化行为既反映出了他们对现代新文化观念的认同，又是他们积极向城市阶层靠拢、努力建构自身新的阶层地位的表现。对于这一点，霍恩伯格在阐述欧洲城市化中阶层分化的时候也有论述，他说："无论人们如何理解和评价阶级分裂，文化差异加强了这一分裂。"[1] 人们的衣着、打扮、休闲娱乐方式以及语言口音等都将精英和大众区别开来，在这个过程中，"大众文化已经分崩离析，精英退出社区仪式和活动，因为他们发现这些他们先前热衷的庆祝活动变得粗俗并充满危险……"[2]

总的来说，失地农民在征地后的城市化进程中呈现出了明显的阶层化，原农民的分化和差异逐步扩大并固化，这种固化的差异表现在物质生活上的差异、权利状态上的差异以及文化生活上的差异三个方面，其中，物质生活上的差异固化是失地农民阶层化的基础，文化生活上的差异固化是阶层化的核心特征，权利状态上的差异固化则进一步保障了阶层化的稳定，三个方面的分化相互强化，共同推进了失地农民分化的固化，即阶层化趋势。

---

[1] ［美］保罗·M. 霍恩伯格等：《都市欧洲的形成（1000—1994 年）》，阮岳湘译，商务印书馆 2009 年版，第 257 页。

[2] 同上书，第 258—259 页。

第六章 结论与建议

第一节 结论

一 关于失地农民分化的结论

（一）隐形—凸显—固化：城市化进程中失地农民分化的演进图式

通过考察失地农民在城市化进程中的分化过程，笔者认为失地农民在征地过程中经历了从隐形的分化—凸显的分化—固化的分化这样一种分化过程，因而从隐形到凸显再到固化就是对我国失地农民分化演进图式的经验总结，它体现出了中国城市化进程中失地农民分化的典型特征。

这个过程具体展现为：在征地以前，我国城乡之间既存在深刻的隔离又有着有限的流动，一些农民外出打工或者经商，从而在生活的方方面面以及风险状况上与其他农民产生了差异，农民内部产生了初步的分化，但是这种分化仍然是建立在他们农民身份的基础上的，分化的边界不清晰，且他们的兼业职业状态又导致了他们身份的高流动性，这就使得农民内部已经存在的分异并未明显地表现出来，农民之间处于一种隐形的分化状态；在面对城市化征地时，各个农民群体因对土地依赖度以及对农村生活的嵌入度不同而受到了不同程度的风险冲击，农民之间为应对风险冲击作出了不同的行动选择，或积极争取资源，或消极储蓄以备不时之需，不同的行动使农民各群体在征地中的权利和利益争夺中差异明显，失地农民之间的分化日渐凸显出来；

在征地以后，失地农民面对来自新生活境遇各方面的风险，那些已经在分化结构中占据优势地位的失地农民能更好地应对风险并成功地进入到现代职业体系中去，而那些未能在之前的分化过程中获取资源和权利的失地农民在面对新境遇时难以适应，失地农民之间在职业上出现了快速而明晰的分化，在物质生活、文化生活甚至是权利状态上也都表现出了更大程度的差异性区分，失地农民内部阶层化趋势显现，分化形态逐渐固化、定型。

从对失地农民分化演进路径的分析中，我们可以发现这样一个事实：当前我国政府主导下的城市化征地过程并没有使所有的农民得到平等的发展机会，反而加剧了农民中各群体之间的分化：一部分失地农民正在走向城市化，向城市市民身份靠拢；一部分失地农民仍然无奈地徘徊在城市的大门之外，努力着、挣扎着，却是"小扣柴扉久不开"，制度的藩篱把他们挡在城市的大门之外；还有一部分失地农民几近成为被遗忘的一个群体，他们自己无法找到出路，唯一熟知的经验来自他们长期从事的农耕生活，他们正在被昔日的邻里甩得越来越远。由此可见，在这个过程中社会的公平性并没有得到很好的体现，风险被长久地固化在农民群体中的弱势群体身上，使得他们丧失了生存和发展的机会，所以笔者认为：以隐形—凸显—固化为演变路径的我国失地农民分化过程加剧了农民内部的不平等状况，在这个过程中，分化被固化，矛盾被扩大，这也是我国失地农民分化过程中所展现出的一个典型特征。

对于我国失地农民分化过程加剧不平等的原因，笔者认为城市化过程中各种制度设计上的不合理难辞其咎，包括推进城市化的宏观理念上的偏差、推进城市化的具体制度上的缺陷，等等，但更为重要的原因是所有这些制度制定的出发点上存在的问题，那就是我国城市化中的各项制度和政策过于均质化和简单化，对各种失地农民问题的解决方式存在严重的"一刀切"现象。但是，这些制度所面对的对象——我国农民内部已经存在分化了，特别是从 20 世纪 90 年代以来，随着我国社会深刻转型的推进，我国农民内部已经分化成具有不同资源、能力和主观诉求的次级群体，如那些长期从事商业的经商兼农者因为具有较高的收入，成为村中较富裕的群体，他们在征地中有着更多的拓展自我发展空间的诉求，农民工群体凭借丰富的人力资本而经常性地外出打工，其生存状况得到改善，且有着一定的城市化诉求，但劳动技术含量严重偏低；那些人力资本薄弱且经商能力欠缺的农民就只能够务农，如何生存是他们最大的问题；等等。[1] 单一同质的制度安排遭遇分化的农民群体，其过程必然将会再造出新的风险因素，其结果也必然导致我国城市化过程中失地农民分化的加剧，从而呈现出我国这种特有的失地农民分化路径。

（二）失地农民主体性因素和社会结构性因素之间的持续性互构是推动失地农民分化的内在机制

研究发现，失地农民在城市化进程中的分化过程是一个非常复杂的过程，诸多的因素如失地农民的资源、能力、认知、行动、社会制度、社会结构、社会物质环境、社会文化环境等都对这个过程的发展产生了影响，但问题是，这些因素究竟是如何影响失地农民的身份建构并推动该群体不断分化的，其内在作用的机制是怎样的？究竟是失地农民的资源、能力、认知和行动等个人的主体性因素在分化中占据了主导性地位，还是作为社会宏观制度、社会结构状态、物质环境、文化环境甚至是具体的征地制度等外在于失地农民的结构性因素对失地农民的分化过程形成了决定性的压制力量，主导了其分化的形态和走向？决定失地农民分化的内在机制究竟是来自于农民的主体性发挥，还是社会的结构性限制？抑或是其他？笔者认为对这个问题的回答，可以从对相关理论的审视和对经验研究的总结中得到启示。

关于个体与社会、行动与结构之间的理论联系向来是理论界讨论的一个焦点和核心问题，在经典的社会学理论传统中一直存在着结构范式和行动范式两种研究思路，如按照结构范式开展研究的结构功能理论传统就强调外在于个体的社会结构对个体的制约作用，个体只能在社会结构的制约之下行动，并没有多少发挥主动性的空间，与之不

---

[1] 冯晓平：《两级博弈下的征地风险流动分析》，《农村经济》2012 年第 1 期。

同的是，遵循行动范式的社会学理论如符号互动论、理性选择理论等则认为个体主动性的作用是非常巨大的，他们可以分析环境、权衡利弊、采取积极的行动，型塑他们所处的结构空间，在他们的学说中，外在结构对个体的制约明显减弱了，两种研究范式上的对立引发了关于主体性因素和社会结构因素谁制约谁的长久争论。对此，吉登斯提出了自己的观点，他认为应该舍弃社会结构与个体行动之间二元对立的不恰当理解，转而用结构二重性来解释结构与主体行动的关系，结构二重性表现为社会结构既是由行动者的行动建构起来的，又是人们的行动得以开展的桥梁和中介，结构就是在一定时空条件下社会再生产过程中反复涉及的规则和资源，[①] 由吉登斯的这种观点我们可以看出，结构对行动者的主体性来说并不总是意味着制约，它在制约个体行动的同时也为个体行动提供了行动的意义、价值以及可能的手段，展现出对行动的使动性，[②] 但显然地，个体的这些行动同样也是要受到来自结构的制约的，个体并不能为所欲为。另外，主体性行动也并不是完全受结构的制约和无能为力的，个体可以积极地利用结构中的规则和资源，在必要时甚至会创新行动，影响社会结构的作用方式甚至会引发社会结构的变迁。因此，在吉登斯看来，社会结构和个体行动之间并不是一方压制另一方、一方决定另一方的单方面建构，而是存在着密不可分的关系，作为对社会学理论的新发展，社会互构论也提出了针对个体与结构关系的看法，该理论认为作为社会学知识对象的社会事实或社会现象都是社会行为主体之间互构的产物，社会行为的两大主体——个体与社会之间的关系具有交互性建塑和型构特征[③]。

按照这些理论的启示，笔者认为失地农民分化现象也是由失地农民个体与外在于失地农民的社会结构之间互相型塑的结果，并且这种互相型塑的关系持续体现在整个城市化进程之中，两者之间不断的互构推动了失地农民分化这一社会事实的发展演进，是深藏于失地农民

[①] 张云鹏：《试论吉登斯结构化理论》，《社会科学战线》2005年第4期。
[②] 同上。
[③] 郑杭生、杨敏：《社会互构论的提出——对社会学学术传统的审视和快速转型期经验现实的反思》，《中国人民大学学报》2003年第4期。

分化现象深处的动力机制，对失地农民分化过程的考察已经充分展示出了这一动力机制：征地以前，我国城乡之间存在着包括福利、身份等多个方面的深刻隔离，农民与城市市民虽然同属于中华人民共和国公民，但在享有的生活、权利上都存在巨大的差别，这种差别的形成是由一系列的社会制度、社会政策、国家宏观环境和政策导向确定的，形成了一种外在于农民个体之外的宏大的结构背景，表现出强大的支配性，在两种力量中暂时地占有主导地位，农民在这种结构下，被牢固地束缚在土地上，流动性很小，也很难改变其农民的身份，农民的生活表现出一定的总体性特征，内部差异性不大，农民内部的分化较小。但是随着城乡间流动政策的放松，城乡间紧闭的大门被打开了一条缝隙，农民立刻就表露出其希望转变身份的意愿，一些农民外出经商，一些农民外出打工，积极在城市中寻找自己新的身份定位，但是制度和结构的限制依然存在，城市化的意愿、能力及行动的发挥和展现依然要在当时的结构限制下进行，这种结构性限制体现为各种区分性的政策制度安排依然没有消除，城乡间的流动只是一种有限的放开，城市间最深刻的隔离依然存在等方面。这些外出经商或者务工的农民改变身份的努力并没有成功，但并不是完全没有效果，他们与那些仍然固守在农业上的农民之间还是产生了分异，包括物质生活上的较大差异、文化认知上的差异，甚至是某些权利上也开始出现了不同，他们已经不是完全意义上的农民，他们有了新的称号，被称为半工半农者或者经商兼农者等，虽然并没有完全从农民中分化出来，但是他们的身份的改变已经开始，这是他们向非农身份分化迈出的第一步，这一步的迈出是农民在城乡间社会结构初步放开为其提供了新的行动空间的情况下，积极建构新的身份的结果，也是结构性限制依然很大的情况下农民个体与社会结构之间互构的最好结果。

  以征地的方式推动城市化是短时间内改变农民身份的一种方式，自然也为农民内部的进一步分化提供了一个绝好的契机。征地城市化的推进使得农民快速丧失了土地，与土地的丧失同时改变的是：展现在失地农民面前的社会结构的形态急剧地发生了改变，如传统的人际关系的消散、传统的农耕生活及其约束性的解除、传统家族组织功能的弱化，等等，同时因征地事件的展开，一系列与征地有关的新政策、新措施空降到原本平静的村庄中，在给农民各群体的生活带来了不同程度冲击的同时，也为即将失去土地的农民提供了新的行动可能和行动资源，结构性限制减少了，农民的行动空间随之扩张，他们纷纷采取行动，展现出前所未有的主体性。对于农民的这种表现，舒尔茨就曾有过论述，他认为在传统农业社会中，生产要素配置效率低下的情况是比较少见的，也就是说传统农业社会中的农民也并不愚昧，他们对市场价格的变动能作出迅速而正确的反应，"经常为了多赚一个便士而斤斤计较"[①]。在征地中，各类农民作为理性人的这种特质也得到了充分的显现，如加强储蓄以增加抵御风险的能力、通过培训学习新技能增强失地后的就业资本，等等，甚至在现有结构提供的结构性资源不足的情况下，他们还可以通过自身具有变通性和创新性的行动建构新的行动可能性，如有的农民利用村集体掌握征地收益村级分配的制度安排，通过竞选等方式，将经济资本转换为权力资本形式，使其获得了更多的收益；还有的农民在自身处于弱势的情况下，并不选择培训或者接受救济的常规行动方式获取保护，而是通过尽量展现其弱势性一面而获取相应的资源和机会，他们"不走寻常路"的方式促成了他们征地后新身份的形成。当然，尽管征地中各种行动空间有了新的变化，为失地农民提供了新的行动可能性，但结构性因素对失地农民的限制是依然存在的，对此，米格代尔指出"传统力量以及当地的制度对个人选择具有根本性的影响……农民的行为和农村的制度至少在某种程度上是对来自外部世界的压力所作出的反应"[②]，他的观点很明确，农民的看似个人的行为和选择也很难逃脱现有的制度框架的范围，他们所能够采取的行动也只是他们在现有的信息和制度范围内的有限理性选择，而各具差异的农民所能获取的信息和拥有的资源也是不同的，他们选择的空间也各不相同。也就是说，农民的社会地

---

① [美]西奥多·W. 舒尔茨：《改造传统农业》，梁小民译，商务印书馆1999年版，第29—42页。

② [美]J. 米格代尔：《农民、政治与革命——第三世界政治与社会变革的压力》，李玉琪等译，中央编译出版社1996年版，第13页。

位对其行为的选择也构成了制约性,① 如纯农业生产者能力不足且对各种资源的拥有量严重缺乏,只能采取相对消极的行动方式以保障其基本的生存,且倾向于利用传统的行动空间为自身争取点滴的权益,而随着征地后传统行动空间的缩小,他们的行动也将越来越受到限制,这反而将加强他们的弱势性;又如经商者具有很强的经商投资意识,且各类资本拥有量比较丰富,他们就可以将征地看成是一次土地资本置换的过程,积极地把握机会,促使自身资本的转换和升值,他们的行动多是利用政策的行动空间和资本的行动空间,而这两种行动空间恰恰是征地中得到扩展的两种空间类型,为他们的行动提供了更多的便利性,例如国家政策对失地农民投资创业的支持,等等,合理利用空间的行动使得他们在分化过程中占据了更加有利的地位。总的来说,各失地农民群体的主动性与征地中的社会结构性因素的互构使他们之间的权利和利益状况发生了显著的分化,这也直接导致了他们在征地后面对新生活冲击时的不同状态,那些占据了有利地位的农民成功地适应了新的环境,逐步成长为市民,而那些相对弱势的农民则很难适应,面临被城市化进程甩开的趋势,沦落为城市贫民或者是城市中的"农民",失地农民分化的形态逐步形成。

通过对失地农民分化过程的分析,笔者认为失地农民主体性因素和社会结构性因素是推动城市化进程中失地农民分化的两股重要力量,而两股力量之间的持续性互构是推动这一分化过程的内在作用机制,但因为对于不同的农民群体来说,结构性的限制因素和主体性因素也有所不同,所以他们展开互构的具体过程也有所不同,因此也产生了不同的互构结果,表现出来就是失地农民之间的分化,可以说,主体性因素和结构性因素之间所体现出来的互构共变的关系正是失地农民分化过程中所蕴含的一种实质性的关系机制。

---

① 张汝立:《农转工:失地农民的劳动与生活》,社会科学文献出版社2006年版,第117页。

二 关于失地农民风险的结论

（一）隐形—凸显—固化：城市化进程中失地农民风险的演进图式

通过对城市化进程中失地农民风险状况的考察，笔者认为失地农民在征地过程中经历了从隐形的风险—凸显的风险—固化的风险的演进过程，现将这个过程简单地进行总结性呈现：在征地以前，农民面临的风险种类是比较少的，对土地的拥有保障了他们基本的生存来源和发展可能性，如他们一般不用担心吃、穿、住、用等基本物质方面，也正因为土地的重要作用，他们主要的风险来源就是那些可能对土地生产造成危害的因素——自然灾害，因此，其风险来源是比较明确的，这在一定程度上为农民规避风险提供了可能，如春季防旱、夏季防涝等常识的具备往往可以帮助他们有效规避风险，即使一些农民突破了传统身份而外出打工或者经商并因此在城市生活中遭遇到了新的风险，但是只要调整实践的范围——退回农村，风险也是可以得到有效规避的，风险来源的明确性以及风险规避上的自我调节性使得农民的风险状况并不突出，处于隐形风险状态；在征地中，不合理的征地制度为失地农民的生活制造了新的风险，原有的基本生活来源及附带的基本保障短时间内消失，相对安逸和保障充足的农民一时间被置于了一种前所未有的风险之中，这种风险来源于新的制度系统对他们风险状况的塑造，也成为该阶段风险凸显的原因之一；除此之外，农民面对新的风险状况采取的行动无形中也成为制造风险的帮手，在应对风险的同时也为新风险的萌芽提供了可能，如小经商农户原本是村中面临风险较小的群体，不但可以获得高于农民收入的经商所得，还可以兼顾农业，但是在失去土地保障的前提下，如果继续采用储蓄的消极应对方式而不积极扩大再生产，那么他们在征地后就极易陷入仅能维持温饱的街边小贩的境遇。因此笔者认为：不合理的征地制度和失地农民的主体行动在征地中共同生产出了新的风险，使失地农民面临的风险状况日益凸显；在征地以后，新的生活境遇又为失地农民制造了一个新的风险环境，这些新的风险来自于新生活境遇的各个方面，如保障制度上的片面、不足，文化系统上的排斥以及市场大生产系统的筛选，等等，所有这些新的风险通过一种系统宏大的方式，外在地施加于失地农民中的特定群体身上，且失地农民不能靠自身的行动加以改变，失地农民的风险表现为固化的状态。

通过对失地农民风险演进过程的简单呈现，我们可以发现：中国的征地城市化过程对失地农民来说也是一个风险的生产与再生产的过程，在这个过程中，风险不断地被制造出来并在某些失地农民群体身上得到固化，这在一定程度上也说明了城市化征地过程中的不平等在加剧。

（二）主体性因素和结构性因素之间的互构是推动失地农民风险生产与再生产的内在机制

对于现代社会中的风险生产机制，风险理论中有很多的讨论，因研究视角的不同，得出的结论差异较大，主要存在着以下两种主要的观点：首先是持客观主义立场的风险理论家们的观点，他们认为风险是全球化时代的一种客观社会现实，是现代化、技术化和经济进程的极端化不断加剧所造成的后果，且不以人的意志为转移而出现和发展着，[1] 因此风险的来源主要存在于现代制度之中，是一种制度化的风险，如贝克就声称自己是一个"制度主义者"，强调了外在于个体的社会制度因素对现代风险的制造，又如另一代表人物吉登斯也认为现代性的四个制度支柱在全球化的进程中都可能带来后果严重的风险，[2] 进一步确定了现代制度在风险生产中的核心地位。与客观主义立场的学者强调风险的制度来源不同，持主观主义立场的风险社会理论家从非制度和反制度的角度入手找到了风险形成的根源，如斯科特·拉什认为风险在当代的凸显更是一种文化现象，人类风险意识的增长和对风险认识的加深意味着风险社会的来临，[3] 维达斯基和玛格丽特·道

---

[1] 冯晓平：《失地农民就业风险研究》，硕士学位论文，华中师范大学，2008年，第5页。

[2] ［英］安东尼·吉登斯：《现代性后果》，田禾译，南京译林出版社2000年版，第49—67页。

[3] ［英］斯科特·拉什：《风险社会与风险文化》，王武龙译，《马克思主义与现实》2002年第4期。

格拉斯也强调了风险社会中的认知维度,他们认为:风险在现代社会中实际上并没有增加,风险现象的凸显只是由于人们对风险认识的加深,进而导致意识到的风险增多的结果,也正是由于人们意识到的风险在不断地加剧,最终导致了风险社会的产生,可见持主观主义立场的风险理论家强调的是人们的主观认知对风险的塑造功能,即主观认知是风险产生的最重要来源。[1] 针对两派学者之间的分歧,罗杰·E.卡斯帕森提出了一个相对综合性的风险解释框架,其基本观点是:那些有可能引发风险的灾难事件会不断与社会、心理、制度以及文化状态等因素发生相互作用,这种相互作用的方式也会加强或衰弱对风险的感知并进而塑造风险行为,另外,(人们为应对风险而采取的)行为上的反应也会导致新的社会或经济后果,即生产出新的风险。[2] 可见,卡斯帕森在其框架中展现了一个多种风险因素联合作用推动风险生产与再生产的过程,这些能够生产风险的因素不仅来自制度或者文化,还来自心理、社会、人们的应对、风险的感知等多个方面,各因素之间也不是孤立作用的,而是相互交织作用于风险生产与再生产的整个过程之中,共同生产和再生产着社会风险。

具体到城市化进程中失地农民问题这个场域中,那些制造了该过程风险的因素包括失地农民的主体认知、主体行动、资本状况、行动能力、社会制度、社会结构、社会物质系统、社会文化系统等多个方面的因素,其中失地农民的主体认知、主体行动、资本状况以及行动能力等可被看作失地农民的主体性因素,而社会制度、社会结构、社会物质系统、社会文化系统等则属于社会结构性因素,因此可以说,失地农民风险的生产与再生产过程就是失地农民主体性因素和社会结构性因素之间交织作用的过程,在这个过程中,失地农民主体性因素总是试图去控制并利用结构中的风险因子,而社会结构总以外在作用的方式对个体提出新风险的挑战,同时也提供给行动者改变现状的机

---

[1] 周战超:《当代西方风险社会理论引述》,《马克思主义与现实》2003年第3期。
[2] [英]谢尔顿·克里姆斯基、多米尼克·戈尔丁:《风险的社会理论学说》,徐元玲等译,北京出版社2005年版,第174页。

遇，个体与结构之间就在这种相互博弈中进行着风险状况的塑造，最终制造出了失地农民纷繁复杂的风险景象，从这个角度来说，失地农民的风险状况也是失地农民主体性因素和社会结构性因素持续性互构的结果。

需要指出的是，虽然在各个阶段，失地农民主体性因素与社会结构性因素之间的互构都在型塑着风险的总体状况，但在各具体阶段，占据了互构中主导地位的风险因素是不同的，如在征地以前，风险塑造的主导性因素来自于传统的自然因素和个别农民的实践活动，即该阶段除了自然因素以外，失地农民主体性因素在风险互构中占据了主导地位；在征地中，风险塑造的主体性因素转变为征地制度造成的风险以及个体认知和行动的风险后果，即在该阶段失地农民主体性因素和社会结构性因素对风险塑造的作用相当，可以看成是双方同等地位下的互构；在征地以后，宏大而系统的现代性风险主导了失地农民的个体生活，成为塑造他们风险状况的主导性因素，失地农民主体性对风险的塑造作用暂时表现得不那么突出。这种转变过程也说明了：失地农民的城市化过程也是他们实现现代化的过程，在这个过程中，失地农民自身对其生活的把握度越来越低，他们的生活逐渐被外在于他们的因素所掌控，这是现代性发展的必然结果，失地农民这一群体也不能幸免。

三 关于失地农民风险与分化的结论

（一）城市化的双生子：共生共变于城市化进程中的失地农民风险与失地农民分化

通过上面的分析可以发现，在城市化过程中，失地农民风险的演进图式与其分化的演进图式是一样的，且风险实现其自身生产和再生产的内在动力也来自于失地农民主体性因素和结构性因素之间的互构，也就是说，城市化进程中失地农民主体性因素和社会结构性因素的持续性互构不断塑造出了失地农民分化的结构，也制造出了失地农民的风险图景，失地农民分化与失地农民风险是城市化过程中主体性因素和社会结构性因素互构的两种结果，是城市化过程中的双生子，它们相伴相随于整个城市化过程中，一动皆动、一变皆变，表现出较强的共生、共变关系。

首先，从二者之间的共生关系来看，城市化进程中失地农民的分化过程始终是伴随着风险的，如征地前，农民的物质风险、权利风险、文化矛盾等，虽然在各个农民群体身上风险的具体表现形式不同，但风险始终是存在着的；在征地中，风险又以对失地农民生活——生存和发展——的冲击的面貌出现；在征地后，面对新的生活境遇，风险又表现为新的物质生活风险、新的文化生活风险以及新的权利生活风险等全新的风险形式，因此笔者认为，整个城市化过程中，风险始终是与分化过程共生共存的，从来都不曾消散过。

其次，从二者之间的共变关系来看，失地农民的分化形态与失地农民的风险形态之间的变化始终是同步的，如在推进城市化征地以前，失地农民内部处于一种虽有分化，但不明显的隐形分化的状态，与这种状态相伴随的风险也表现为虽有风险，但总体不突出的隐形形态；在推进城市化征地过程中，由于不合理的征地制度安排以及失地农民主体行动的开展，失地农民内部的分化开始凸显，与这种分化上的变化同时变化的是风险的形态，在这一时期，风险一改征地前低调的不突出状态，也开始变得明显起来，表现为对失地农民基本生存及未来发展的威胁等，虽然这些风险在不同的失地农民身上的表现不同，但总体上来说，农民所面临的总体风险已经由暗处走向了前台；在推进城市化征地之后，各个群体之间的阶层边界日渐清晰，阶层化的趋势明显，失地农民的分化结构趋于固化为稳定的分层，相应地，失地农民群体面临的风险形态开始表现为在特定失地农民群体身上的聚集和沉淀，风险状况也趋于固化。

可见，在征地的各个阶段，失地农民的风险与其分化始终是共生的，且它们在变化的方向上是一致的，在变化的节奏上是同步的，表现出明显的共生共变关系，从而为我们展现出一个典型的中国城市化过程：即隐形的风险与隐形的分化—凸显的风险与凸显的分化—固化的风险与固化的分化。

(二) 失地农民风险通过其分配过程影响和塑造着分化的结构形态

在考察失地农民的分化与其风险之间的关系后,我们得出了失地农民风险与失地农民分化之间存在共生共变关系的认知,但是这种对两者间关系的总结仍然留有疑问的空间,即两者为什么表现出这种共生共变的关系?是偶然现象,还是两者之间存在有更为深刻的联系从而导致了两者之间的共变特征?如果有的话,又是通过何种机制来产生联系和发挥影响的?为回答这些问题,这里不妨先从理论上进行探索,然后再对经验现实进行更为深入的考察,以便最后得出合理的结论。

传统社会是一个物质资料相对匮乏的社会,这种物质的匮乏性一直延续到工业社会,因此对物质财富的争夺也就成为传统社会乃至工业社会的内在驱动力,贝克用"我饿"来表述工业社会的这种内在的驱动力量,"饿"即代表着对物质上的需求,正因为如此,财富成为工业社会中最稀缺的资源,每一个个体或者组织都尽量去获取更多的财富以补充物质上的不足,避免"我饿"的情况发生,因此在工业社会中,一切社会机构都是围绕着财富的分配这一核心而运转的,如在生产上不断地扩大再生产以获得更多的可供分配的物质财富,在社会制度的设计上着力解决财富如何分配的问题,在个体生活上尽力争取最大份额的财富份额,并为此日复一日地进行物质财富的创造活动,并且是越多越好,财富的分配主宰了生活的方方面面,也就成为工业社会发展的主导性逻辑。[1] 在这种财富的分配过程中,一些人获取了更多的财富,占据了财富结构和社会结构的上层,一些人获得的财富较少,成为社会中相对弱势的中下层,而那些无力获取财富分配的人自然就沦落为社会的底层,社会的分化过程逐渐展开,社会通过其财富的分配过程对其社会成员的分层结构进行着塑造,因此,财富的分配过程及其结果是工业社会中社会成员分化直至分层的主宰力量。

社会的发展日新月异,随着社会生产力的提高以及社会化大生产

---

[1] 杨亮才:《财富分配与风险分配:现代性的两种进路》,《学术交流》2011 年第 5 期。

的推进，物质匮乏的问题逐渐变得不那么突出，但更多的社会不确定性却弥漫于我们的社会，风险问题日益显现，现代的世界处于一种从工业社会向现代风险社会的转变之中，高风险成为现代社会的典型特征之一，随着这种社会转变的发生，推动社会发展的内在驱动力也发生了变化，对财富的渴求逐步让位于对风险的规避，如何尽可能地规避和减少风险成为社会中个体、组织乃至制度努力的终极愿望，贝克将风险社会的这种内在驱动力表述为："我害怕！"这是一种精神上的焦虑，它驱动着人们对风险的远离，至此，焦虑的共同性代替了需求的共同性，[1] 风险的分配也代替了财富的分配而成为社会发展的主导性逻辑，[2] 在风险的分配逻辑下，社会的一切个体都为了规避风险而行动，一切组织及其制度都围绕着规避风险而运作。

将财富分配逻辑主导下的工业社会和风险分配逻辑主导下的风险社会相比就可以发现，工业社会中人们的分化和分层体现的是人们财富拥有上的差异，因此是一种财富地位，而由风险分配逻辑主导下的后工业社会，即风险社会中的分化和分层体现出的是风险规避上的差异，因此是一种风险地位，那些成功地规避了风险的社会组织或个人就进入上层，在风险分层结构中占据了较好的风险位置，多利而少害，那些无法成功规避风险的人只能被迫承受，在风险分层结构中占据了较差的风险位置，多害而少利，人们之间的地位出现高低不等的分化甚至是分层，也就是说，风险通过其分配的过程及结果深刻地影响和塑造着社会成员的分化结构。

理论的讨论有助于我们更为深入地认识现实。笔者认为，失地农民分化的过程也是一个风险不断实现分配的过程，风险正是通过其在不同（失地）农民群体间的差异性分配影响和塑造了失地农民分化的过程和最终的结构形态，以下笔者将对这个过程进行简单的阐释：

在征地之前，由于我国特殊的城乡关系——既隔离又流动，许多

---

[1] ［德］乌尔里希·贝克：《风险社会》，何博闻译，南京译林出版社2004年版，第57页。

[2] 杨亮才：《财富分配与风险分配：现代性的两种进路》，《学术交流》2011年第5期。

农民在从事农业生产的同时也从事着多种非农职业，如外出务工或经商等，那些外出务工或者经商的农民由于获得了较高的非农民收入而成功地规避了物质风险，而那些仍然专职务农的农民依然挣扎在对基本物质需求的追逐上，这就使得风险的分配在其内部出现了差异，但是因为农民的非农职业具有极强的不稳定性，风险因此也无法稳定地分配于特定的农民群体身上，这就使得农民之间的风险状况始终处于一种变动且同中有异的不确定状态，变动的风险分配状态并不能塑造明朗的分化结构，征地以前农民内部的分化呈现为隐形的分化状态。

在征地过程中，不合理土地征用制度下的城市扩张急剧地冲击着农民原有的生活状况，造成了新的风险情境和新的风险类型，但由于农民内部差异性的存在，征地对不同农民的风险意义是不同的，不同农民群体依据自身的认知和经验所能采取的行动也存在着差别，那些从事了较多的非农职业，有着更多的财富积累和发展空间的农民能够较好地应对这场冲击，规避冲击中的风险，把握冲击中的机会，那些风险意识薄弱、没有能力规避风险的农民，如纯农业生产者和一些半工半农者更多地承担了风险后果，在风险分配结构中陷入了底层，即失地农民在风险地位上的差异显现，失地农民之间的分化结构日益清晰，分化的形态凸显。

在征地之后，失去土地的农民面对着一个全新的境遇，其中充斥着对个体来说无法控制和规避的现代性风险，但这些风险并没有对所有的失地农民形成冲击，而是挑选了它们"偏爱"的对象，如在征地以前就长期务农、缺乏经济资本和新的文化资本积累、无法成功实现非农就业的失地农民等无力应对风险的群体，风险在他们身上不断聚集并固化，固化的风险在失地农民中制造出了一个稳定的弱势群体，同时也制造出了一个相对成功地规避了风险的群体，失地农民之间在风险分配中的地位出现了高低不等的次序并逐渐固定下来，其分化的结构形态也逐渐显现出一种相对固化的特征。

通过对理论的探讨以及对经验事实的考察，笔者认为：风险在整个失地农民分化过程中的分配是有着很强的"偏好"的，它倾向于流向（失地）农民中的弱势群体，通过其分配的具体过程不断地对失地农民的分化过程施加影响，从而不断塑造着失地农民分化的结构形态，这是失地农民风险作用于失地农民分化的内在机制。

（三）失地农民分化通过其差异化的生产机制影响和引导着风险的流动路径

"分化"的核心在于"分"，即差异性，分化的过程就是差异性不断被制造出来的过程——差异化过程，而且这种差异化的状况发展到一定程度，还会出现差异化的固定模式，这就是分化的阶层化，但总的来说，分化现象的核心要义在于其差异性的生产过程，对于社会成员来说，分化现象中所包含的差异化体现在各个方面，如不同的职业、不同的收入、不同的能力、不同的教育程度、不同的认知，等等，分化的过程就是不断地在微观层次上的不同社会成员间进行差异性生产的过程，进而在社会层面上表现出分化的总体格局，可以说，分化在社会中展现其影响的途径就是其不断生产差异的过程。

在风险社会中，分化过程中所出现的差异体现在更多的方面，不仅包括职业的差异、收入的差异、教育的差异、认知的差异，还包括了诸多风险应对上的差异。对此，贝克认为，在相对微观的层次上，对不同的职业和收入群体来说，风险对他们的危害程度往往不同，他们对风险的感知以及在处理、避免或补偿风险的可能性和能力上也表现出差异，[①] 自然地，这些职业、收入以及风险应对上的差异使得这些社会成员在面对风险时的处境和地位也出现了不同，职业较好、收入较高的群体接收到的风险较低，职业层次低、收入也低的群体受到的风险冲击就大；对风险感知能力较强、应对和规避风险能力较强的群体面对风险的对策更多且更灵活，而对风险感知滞后、缺乏应对和规避风险的资源和能力的群体则显得比较被动。可见，分化正是通过其塑造出的成员间的差异性影响和引导着风险在社会各个群体之间的流动路径，使得风险最终在各个群体之间的分配体现出其"主观意志"。

[①] [德]乌尔里希·贝克：《风险社会》，何博文译，南京译林出版社2004年版，第37页。

具体到失地农民分化这一问题上来，失地农民分化的过程也是一个不断凸显和新生差异的过程，在这个过程中，分化通过其差异化的生产过程不断影响和引导着社会风险流向（失地）农民中的特定群体，如在征地以前，农民之间在职业上存在着分化，职业的分化带来了物质状况、文化认知等多个方面的差异，在这种差异的影响下，该阶段的农民风险主要集中流向了农业生产者群体，表现为农业生产者面临着更多的物质风险，更易遭受传统风险的危害等；在征地的冲击下，农民之间在认知与行动、权利与利益上都出现了差异，这些新的差异都在引导着征地中风险的流向，如采取了积极的认知和行动，并在村庄内的权利与利益争夺中占据优势地位的农民群体较好地应对了风险的冲击，回避了风险，那些认知和行动都比较消极，且无法在村庄内的权利与利益争夺中分得一碗羹的农民规避风险的能力较弱，成为风险流向的对象；在面对征地后的新风险境遇时，农民之间先前存有的差异继续引导了新境遇中风险的流向，使得风险在失地农民中的不同群体间进行着差异性的分布，而失地农民之间继而出现的职业及生活状况上的分化也将进一步引导风险流向底层（包括职业上的底层和生活状况上的底层）失地农民。

根据对失地农民风险与分化之间关系的讨论，现将两者之间的理论联系总结如下（见图6-1）：

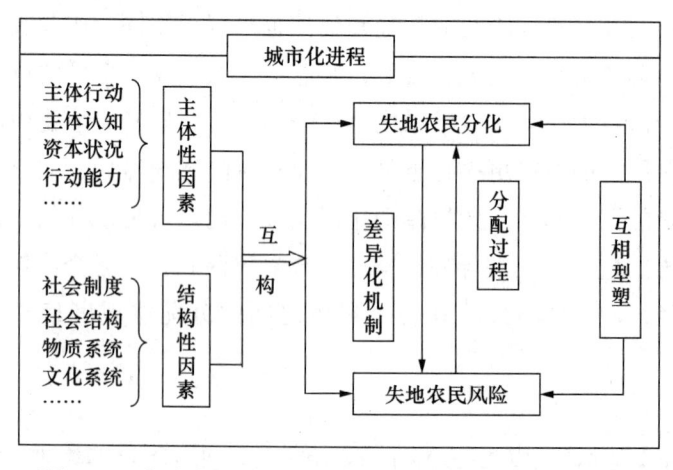

图6-1 失地农民风险与失地农民分化之间的关系结构图

首先，两者之间同根同源。失地农民的风险与失地农民的分化都是我国城市化过程中的伴生现象，均产生于失地农民主体性因素和社会结构性因素之间的持续性互构。

其次，两者之间共生共变。在城市化征地的各个阶段，失地农民的风险与其分化两种现象始终是共生的，且它们在变化的方向上是一致的，在变化的节奏上是同步的，表现出明显的共生共变关系。

最后，两者之间互相型塑。在城市化过程中，失地农民面临的风险不断地通过其分配过程影响和塑造着分化的结构形态，同时，失地农民分化也通过其差异化的生产与作用机制影响和引导着风险的流动路径，两者之间相互影响、相互型塑。

第二节 建议

我国失地农民在城市化征地过程中遭遇到的风险威胁日趋严重、失地农民间的不平等日趋加剧，因此必须采取有力的措施规避城市化过程中的风险，进而促进失地农民之间的合理分化，特别是要避免两极分化现象的产生。

依据研究的结论，我国城市化进程中失地农民的分化过程也是失地农民风险的生产与再生产过程，两者同根同源，均产生于失地农民主体性因素和社会结构性因素之间的持续性互构，因此要规避城市化过程中失地农民的风险、促进失地农民的合理分化就必须从能够影响风险生产和分化产生的各种因素入手。这些因素包括个体性的和结构性的、宏观性的和微观性的等多个方面，它们交互作用于整个城市化征地过程中，持续地发挥着作用，并不能明确地区分开来，所以笔者对建议的讨论将针对失地农民的不同主体需求、城市化的不同阶段来进行，其中对各个因素均有涉及。在这之前，笔者还对推进城市化进程应持有的基本原则进行了讨论，这是在城市化场域中，有效推动其他政策改革，进而规避城市化过程中失地农民风险，促进其合理分化的重要前提。

一 以人为本推进城市化是规避失地农民风险、促进失地农民合理分化的重要前提

新加坡国立大学东亚研究所所长郑永年认为,中国的地方政府在推进城市化中所需要和关心的并不是人的城市化,而只是土地的城市化,[①] 也就是说,我国的城市化过程主要是一种将农业土地转换成为工业土地或者商业土地的过程,是一种土地用途的改变,在这个过程中人的城市化没有很好地完成,许多农民在这个城市化过程中并没有实现向城市市民的转变,人的城市化与土地的城市化相脱节了。在这种以土地城市化为核心内容的城市化进程中,将不可避免地出现城市的"农村化",典型的表现就是"城中村"现象的出现,城中村中的村民们不断地将自己农民的特质带到城市,威胁着城市自身概念的保持,长此以往,必将招致市民和城市当局为保持自身的城市特征而对城中村村民的驱逐,引发双方更为深刻的矛盾和冲突,造成更多的城乡隔阂。从失地农民的角度来讲,由于我国的城市化只是一种土地的城市化,对人的城市化关注不足,他们在失地后从一个传统的农业部门进入现代化大生产部门,他们的生产方式和生活方式都将面临很大的转变,如果不对他们城市化的过程加以关注,他们在生活方式和行为习惯、生产技能、文化素质等方面都将难以适应新的生活境遇的要求,因此,如果继续按照传统的土地城市化道路来推进城市化,必将加剧他们在城市中的失业和贫困问题,使他们极易在进城后沦落成为新的城市贫民,从而引发他们对城市化的悲观与失望。

因此,不论从城市发展,还是从农民自身来讲,土地的城市化都无法真正代替人的城市化,人的城市化应该成为健康城市化的核心内容,以人为本也应该成为推进城市化的根本原则。笔者认为,在真实的征地实践中,城市化的推进过程应从以下三个方面践行以

---

① 凤凰网:《郑永年:强制土地城市化剥夺农民使其彻底变成无产阶级》,2011 年 1 月 7 日,http://finance.ifeng.com/opinion/zjgc/20110107/3168716.shtml,2012 年 3 月 15 日。

人为本的城市化原则：首先，在决定要不要征地的时候，应该践行以人为本的原则，即征地能否使得当地农民的生活方式得到彻底转变，能否让农民的生活水平通过征地获得提高，如果答案是肯定的，那么可以征地，如果征地只是为了招商引资、提升当地政府的政绩，那就不适宜征地。其次，在决定如何征地的时候，应该践行以人为本的原则，即征地方式是否让每个农民都可以分享到土地增值和城市化的成果与福利，征地方式能否使得每个农民都获得更大的发展机会和空间，征地方式能否得到大多数农民的拥护并尊重他们的意见，如果答案都是肯定的，那么这种征地方式就体现了以农民为本的原则，如果农民只是得到了少量的补偿金，那么就应对这种征地方式予以否决。最后，在决定如何安置失地农民的时候，也应该践行以人为本的原则，即这种安置方式是否真正地将失地农民纳入到正常的城市社会生活中来了，这种安置方式是否公平地为所有的失地农民提供了更多的社会公共产品，包括更为完善的医疗、住房、教育、社会保障等，以及这种安置方式是否为失地农民提供了相应的就业与培训机会，如果答案都是肯定的，那么这种安置方式就体现出了以人为本的原则，如果大量的农民失地后流离失所，农民之间贫富分化加剧，那么这种安置方式就走向了以人为本原则的反面，只有在以上三个方面都充分考虑到了以人为本的基本原则，我国下一个时期的城市化进程才可能真正最大限度地规避其风险，推动失地农民合理分化和流动。

二　依不同农民的主体需求提供相应的帮扶是有效规避失地农民风险、促进失地农民合理分化的有效措施

（一）以务农为主的农民

我国城市化进程与西方的城市化进程最大的不同就在于，我国的城市化进程是开始于我国依然是一个农业大国、农业生产传统根深蒂固的基础之上的，这就意味着我国快速城市化开始的时候，农村依然有着大量的以务农为生的纯农业生产者。有学者指出，当前农业生产者这一群体占全国阶层结构的比例为42.9%，占农村阶层结构的比例则高达 70.0%，是中国规模最大的阶层，① 特别是中西部地区，这些纯农民占的比例更大，其农业化程度依然相当高，在我国农民存在分化的背景下依然坚守农业生产的这部分纯农民一般具有一些共性，如资源的有限性、技能的单一性和农业思维的根深蒂固性等，通过征地城市化的方式使这些纯农民在短时间内实现城市化，不但难度大，效果也不会好，极易出现返农化和贫困化。笔者的研究也证明了这一点，那些在征地以前就长期务农的农民在征地城市化的整个过程中表现出了明显的弱势性，在征地以后也并不能很好地适应城市新生活，随着时间的推移，他们或是沦落成为城市底层贫民，或是退守农业领域，特别是在纯农业人口仍然占农村人口很大比例的中西部农村，这一问题表现得更为严重，因此在推进城市化进程中，这是一个亟须关注的群体，针对这个农民群体的特殊性，笔者提出以下两个方面的建议：

1. 在征地过程中对该群体的安置应以留地安置为主

在对该群体的安置方式上，西方城市化经验可以为我们提供有益的借鉴，在西方城市化进程中，除了激进的圈地运动以外，其推进过程基本上还是在农民依然保有土地的前提下缓慢进行的，表现为一个农民不断进城—返乡—再进城—再返乡—最终进城的循环往复的过程，他们最初选择进城可能只是为了增加家庭中的收入，年轻女性可能是为了筹备自己的嫁妆而赚钱，到后来，这些对城市生活逐步适应的农民才会考虑真正移居城市。② 这个反复的过程就是增强自身和其家庭经济资本，甚至是社会资本的过程，也是不断试探和适应城市新生活的过程，即使适应失败，他们在农村中依然保有的土地就可以作为他们最后的退路，呈现可进可退的双向流动特征。如此看来，西方城市化过程中对农民的安置方式基本上还是以留地安置为主的，笔者认为这种安置方式尤其适合我国城市化进程中的纯农业生产者，他们

---

① 黄平：《农业劳动者利益保护途径探索》，《甘肃农业》2010 年第 8 期。
② [美]保罗·M. 霍恩伯格等：《都市欧洲的形成（1000—1994 年）》，阮岳湘译，商务印书馆 2009 年版，第 235—240 页。

明显的弱势性决定了他们在城市化进程中很难靠自身的力量快速转换身份，而留有土地对他们来说将成为缓解城市化冲击的最好方式，使得他们在保有退路的基础上逐步融入新的城市生活，另外，征地也并不是为了消灭农民群体，农业生产在人们生活中的基础性作用决定了农民职业的必不可少性，而这些常年从事农业生产、具有丰富农业生产经验并且认同农村文化的纯农业生产者就是征地以后从事农业生产的最合适群体，对他们进行留地安置，既可以保障粮食生产和供应，又可以最大限度地减少城市化征地对这部分人群的风险冲击，是一种比较合理的安置方式。

2. 加强引导和培训，增强该群体主动城市化的意愿和能力

除了用留地安置对纯农业生产者提供基础保障以外，还应采取具体的措施促使该群体向非农职业进行转移，以增强他们在城市化进程中的抗风险能力，防止其在城市化进程中陷入底层，这就需要加强对该群体的引导和培训，通过积极引导来提高该群体的城市化意愿，通过有效的培训来提高他们的文化素质和非农职业技能水平。首先，应积极引导他们向非农产业转变的意愿，那些在农村中长期务农的小农业生产者往往有着非常牢固的务农意识，"小富即安"的小农意识更使他们在满足温饱之后固守土地，而不愿向非农行业转移，对这样的农民群体，相关部门要加强宣传工作，通过真实生动的方式使他们认识到向非农行业转移可能会给他们的生活带来良好的转变，增强他们向非农业转移的信心和主观意愿；其次，应加强对该群体的培训，培训内容应该涉及基本文化素质和非农职业技能两个方面，培训体系上应构筑完善的农民非农职业及素质培训网络，使其形成一种经常性的、有着明确承办机构和操作办法的培训体系，在这方面各地方政府可充分发挥领导组织职能，合理利用地方职业院校和各种社会力量的教育资源，同时要安排专项资金、加大对农民培训体系的投入，以确保该体系的有效运转。

（二）以打工为主的农民

以打工为主的农民往往被城市人称为"农民工"，他们像钟摆一样迁徙于城乡之间，从事农业与工业两种生产活动，处于一种半工人

半农民的中间身份状态，两种身份状态所面临的风险互为规避，保持着微妙的平衡，征地切断了他们与农村的最后联系，农民的身份不复存在，用于规避打工风险的屏障消失，但由于现有社会制度和政策的安排不当，城市对他们的社会身份定位依然是"农民工"，他们依然面临着原农民工所面临的一切风险，如工作的不稳定性、无保障性等，这就意味着以打工为主的农民在征地后比征地前面临着更大的风险状况，他们与那些仍然持有土地的农民工相比，缺乏退路，仅靠出卖劳动力维持生活，如遇大的风险，他们将无从规避，极易在社会分化过程中陷入不利的境地，为帮助该群体成功规避城市化进程中的风险，促使他们顺利实现城市化，笔者提出以下建议：

1. 通过培训提升其专业技术水平，促进他们融入现代职业体系

虽然半工半农者在征地以前就已经对现代职业有了一定的接触和了解，但由于其劳动中的技术含量不高，多从事的是依靠体力或者简单劳动来获取收入的职业，因此工作大多具有不稳定性，很难在现在职业体系中稳定地立足，所以对该群体也要加强技能上的培训，但对他们的培训应与对纯农业生产者的培训相区别，对纯农业生产者培训的目的是增强他们向非农转移的意愿、提高他们的基本素质，在这两个方面，半工半农者与纯农业生产者的状况显然不同。首先，半工半农者的非农转移意愿是很强的，否则他们不会一再地外出打工；其次在基本素质上，外出打工者往往也是村中受教育程度较高的人群，因此，对半工半农者的培训重点也应该不同于对纯农业生产者的培训内容，而是应该强调对其参与现代职业体系、成为合格的新产业工人的必备技能的培训，培训的目的应该是提升他们劳动的技术含量，最终帮助他们成功进入到现代职业体系中去。在此基础上，政府还可以设立专业的技能考核和评判体系，积极引导他们中的部分人员向更专业化的方向发展，即培养他们向专业技术人员阶层流动的能力。

2. 消除城乡隔离的相关政策，为半工半农者进入城市扫除风险

如果征地成为不可避免的城市化潮流，那么农民工失地后面临的旧的社会政策和制度就成为造成他们现有处境的重要原因，成为他们现有风险的重要来源。对此，王朝明认为，在采取城市化战略时，依

靠城市化本身的自然发展过程并不能真正减少农民，必须考虑到中国城市化的特殊性、旧社会政策的路径依赖性以及传统习惯和观念对城市化的影响，否则将使进城民工出现边缘化倾向的贫困状态。[①] 通过本研究也可以发现，旧的社会政策对半工半农者的城市化之路构成了明显的阻碍，突出表现为城乡差异的权利制度、城乡差异的福利制度等一系列城乡隔离的制度安排给半工半农者造成的困境，它们产生于城乡间严密隔离的社会背景下，随着社会开放度的增加和城乡间频繁的互动，这些旧的制度安排也应该逐渐被消除，这是时代发展的要求，更是半工半农者顺利实现城市化的客观需要，否则，半工半农者即使身在城市，也无法享有城市人的福利和保障，只能永远做城市的"门外汉"。

（三）以经商为主的人

那些以经商为主的农民往往是农民中的经济和社会精英，他们具有一定的经营经验，对市场比较了解，对城市文化和生产系统接触较多，因此，他们往往是征地后能够较好实现城市化的一个群体。但是，在我国征地城市化进程中，该群体也面临着一些困难，如创业环境恶劣、扩大再生产的能力不足、社会服务管理体系不完善，等等，要消除这些问题、推动经商农民的城市化进程，笔者认为可以从两个方面入手：

1. 建立完善的农转非机制，为经商兼农者及时实现城市化提供制度支持

很多经商农户在征地以前就长久地居住在城市中，对城市生产和消费系统、城市文化体系有了一定的适应性，他们在主观上已经有了农转非、实现真正城市化的需求，应注意了解这一类经商农户的真实需求，对有农转非意愿的经商户，要及时帮助他们在制度上实现身份的转变。具体来说，要建立动态的户籍管理制度，定时更新户籍信息，对那些已经常年在城市居住生活的农民要及时地进行户籍上的变

[①] 王朝明：《城市化：农民工边缘性贫困的路径与治理分析》，《社会科学研究》2005年第3期。

更，使其在户籍上实现农转非；当然户籍上的改动只是表面的，对于农转非的经商农民，要及时将他们纳入城市的各项福利保障体系之中，以确保他们相应城市市民权利的顺利获得，解除他们主动农转非的后顾之忧。

2. 完善服务、加强管理，为经商农民的创业发展提供服务

农村中从事经商的农户虽多，但大多数处于一种较低的水平，个体户经营形式多见，大商户形式较少，因此必须不断促进该群体的进一步发展，才能使其有能力在失去土地支持以后进入良性发展轨道，防止他们中的部分人员陷入在征地后继续靠摆小摊、做小生意维持生活的不利境地，而要促进他们较好地发展，服务与管理应该是双管齐下的。从提供服务的方面来说，应对他们提供更多的创业和发展服务，这些服务应该包括资金上的服务，即通过贷款担保、资金补贴等形式解决他们创业和扩大再生产的资金瓶颈，引导他们向规模效益型发展；信息知识上的服务，为他们提供更多的经商、创业信息，并不断提高他们的知识水平，提升他们从业的知识含量；其他辅助性的服务，如交通、税收、培训教育等。在提供优质服务的同时，加强对他们的管理也非常重要，应创造公平竞争的市场环境，严厉打击那些欺行霸市的违法经商行为，杜绝投机倒把等违法行为的出现，引导经商者遵纪守法、文明经营，这也有利于他们在征地后更快更好地得到城市的接纳和认可。

三 依城市化的不同阶段变革具体政策是规避失地农民风险、促进失地农民合理分化的重要途径

（一）征地前：调整农民的内部结构是关键

我国农村的根本问题就是结构问题，农村结构的失衡导致了农村贫困、农村发展滞后及效率低下等一系列问题，在城市化进程中失地农民分化这一问题上，大量农民依然固守在土地上也使得失地农民分化过程中出现了一个转变困难、极易落入分化底层的失地农民群体。所以笔者认为，在推进城市化征地之前，应该着力调整和改变农民内部的结构，促使更多的农村劳动力向非农产业转移，这样在推进城市化时所遭遇到的阻力才会大大减小，也可以有效避免失地农民分化过

程中大量贫困"市民"或贫困"农民"的出现，才不致造成更大的社会不平等和矛盾。

对于拉动劳动力的转移来说，经济无疑是最大的动力因素，因此通过大力发展经济——包括农村经济和城市经济——来带动农村劳动力的不断转移应该是最为有力的措施。具体措施包括：大力扶持乡镇经济的发展，增强其对农村劳动力的吸引力，使农民在不离开农村时就能够实现职业上的初步转变，这将为他们以后进一步向城市非农经济转移打下基础；同时要优化农村经济发展的环境，包括财政政策、税收政策等，为农村经济发展提供有力的保障和支持；除了发展农村经济以外，还要努力发展城市经济，以城市经济的发展辐射和带动农村经济的发展，同时城市经济上的发展也为转移出的农村劳动力提供了更多的第二、第三产业就业机会；应特别重视振兴和发展县域经济，特别是县域经济中劳动密集型产业和第三产业的发展，这不但将会为农村劳动力提供更多的非农就业岗位，还将为农民就近实现城市化提供低成本的选择。

（二）征地中：改革不合理的征地制度是重点

我国土地征用制度中存在着重大缺陷，要优化我国的城市化路径，就必须改革土地征用制度中的不合理之处，具体来讲，包括对土地产权制度的改革、对土地征用收益分配制度的改革以及对土地征用程序的改革等，具体改革建议如下：

1. 完善我国土地的产权制度

我国土地产权制度不明一直是困扰我国农村发展的一个重要问题，在农村城市化过程中，土地产权不明也直接导致了农民利益的受损，特别造成了以土地为生的纯农业生产者的利益受到极大的损害，他们失去土地就失去了所有的财产，征地后极易陷入社会底层，所以完善土地产权制度应是改革土地征地制度的起点和前提，只有进一步明确土地产权和农民的具体土地权益，才能真正提高对农民的土地征用补偿标准，从根本上保证农民在土地征用中的合法权益，当前我国法律中对农村集体产权的规定比较复杂，沿袭的是三级所有、队为基础的政社合一模式，造成了多重利益主体相互争利的局面。笔者认为，应明晰土地的集体所有权，特别是明确农民对土地的经营收入和获益权，以确定土地对农民个人的财产性质，确保农民在土地农转非中的收益，同时也可以避免地方政府和开发商任意征地而忽视农民权利的违法征地现象出现。

2. 改革土地补偿和收益分配制度

在我国当前的土地补偿和收益分配制度中，存在着补偿标准偏低、收益分配严重失衡的问题，因此亟须提高补偿的标准，完善土地征用收益分配制度，就此笔者提出以下几点：首先，应引进市场定价体系，将市场定价方式引入土地评估体系之中，按照市场规律科学合理为土地定价并制定土地征用补偿标准，这是改革的核心；其次，应转变政府的角色，政府作为社会的管理者和公共服务的提供者，其工作重点应该是为城市化征地提供必要的服务和管理，而不应该直接参与土地交易，更不应该成为土地城市化的主要获益者；再次，要充分考量土地价值，政策制定者应更为客观地看待土地的巨大价值和土地对农民的多重意义，制定合理完善的土地价值评估方式和土地收益分配方式，在土地的城市化过程中，将更多的城市化收益交予农民将有益于农民失地后的生活发展以及稳步城市化的推进，也就是说，让利于民将有着更大的社会效益；最后，应明确土地收益的主体，在我国的土地制度安排下，农民虽然没有土地的直接所有权，但是他们在经营土地的过程中，付出了最多的劳动，理应作为获益主体获得最大的利益分成。

3. 改革土地征用的程序

目前我国土地的征用程序缺乏严格的规范，信息不透明，随意性较大，损害了失地农民的权利，也阻碍了城市化进程的顺利开展，因此改革土地的征用程序就要对整个征地的过程实行规范化管理，包括土地征用的审批方式、土地征用的具体操作方式、土地征用过程中的信息沟通方式等都要有具体可行的方案并用法律法规的方式加以确定，实现整个征地过程的公开化、透明化和程序化。具体来说，在土地审批上，要严格执行土地审批制度，逐级审批，不得越级批地，同时要严格界定"公共利益"用地，强调土地征用的公益性特征，对商业等形式的用地要严格把关,少批或不批;在土地征用的具体操作上,要充分尊重农民的意见,严格遵从国家的公告和听证规定,不能先征地后公告,同时也要针对不同农民群体的具体情况进行先安置后征地,防止征地后的贫富分化;在土地征用过程中的信息沟通上,要建立畅通的信息沟通渠道,为此单一的信息公告是不够的,政府还应设立专门的咨询系统和信息发布平台,保持信息及时准确地传达给所有农民,让他们平等地享有信息权。

(三)征地后:建构社会层面的风险规避机制是重要内容

农民的城市化是一个连续的过程,因此,征地的完成仅是农民城市化过程的一小部分,征地以后,建构相应的风险规避机制、促进失地农民更快更好地融入城市依然是推进城市化必不可少的重要内容。根据笔者的研究,征地后失地农民所面对的是一种来自于现代性本身的系统风险,对失地农民个体来说具有外部性和不可抗拒性,因此笔者认为,为促进失地农民失地后的城市融入,征地后的风险规避措施应该着力在社会层面上进行设计,以帮助个体应对这种现代性风险,具体的措施至少应该包括以下两个方面:即建立城乡衔接的社会保障制度(包括最低社会保障制度)和完善社会服务与管理体系等。

1. 建立城乡衔接的社会保障制度及最低社会保障制度

城乡二元结构下,我国城镇居民和农村居民在社会保障待遇方面是存在巨大差别的,两种保障系统之间存在深刻的隔离,原来处于农村保障系统之中的农民在失去土地以后,往往又不能进入城市社会保障体系之中,出现了失地农民的保障真空,致使部分失地农民的生活因毫无保障而完全暴露在风险之下。为了避免征地城市化中这种问题的出现,必须建立起城乡衔接的社会保障制度,要尽快把失地农民纳入到城乡一体化的医疗、失业、养老等社会保障机制中去,这将为失地农民提供有利于他们向市民进行转变的过渡条件,除了基本的保障项目以外,建立失地农民的最低保障制度更加刻不容缓,最低保障制度将避免农民失地后极度贫困状况的出现,是针对失地农民的最后一道安全网,在所有保障项目中应处于优先地位。关于社保基金的来源应主要取自土地市场化中的增值所得以及部分的征地安置费用,体现

"取之于农民,用之于农民"的原则。

2. 完善社会服务与管理体系

建立社会保障制度可以使失地农民的基本生活有所保障,但是对于促进农民失地后的城市融入来说,更为重要的是要为他们建立较为完善的社会服务和管理体系,这种社会服务和管理体系的核心理念应该是服务,在提供服务的理念指导下加强管理,其内容应该包括以下几个方面:第一,为失地农民提供就业安置的服务,包括积极组织并指导失地农民的就业培训,增强他们的就业竞争力,不断地提供准确及时的市场劳动力需求信息,做好对失地农民的信息服务,为已就业或即将就业的失地农民提供法律和政策支持,维护好他们的合法权益,以上服务的提供需要民政部门、司法部门和劳动部门等多个行政部门的通力合作;第二,为失地农民提供生活适应的服务,具体包括:为失地农民提供城市生活指导,帮助他们减少新进入城市时的生活困惑和不解,为他们的子女提供良好的教育服务,并对适应困难的失地农民子女配备社会工作者,帮助他们建立新的伙伴圈子和顺利开展学习及为需要帮助的失地农民老人提供家庭照顾等;第三,为失地农民提供观念转变的服务,建议以社区为单位,定期为失地农民举行形式多样的活动,不断地灌输新的观念,让失地农民更多地接触城市的文化与观念,同时应注重培养失地农民的公共意识和市民意识,促使他们顺利地实现城市化转变。

附录1 访谈提纲

一 受访者的基本情况

了解受访者的基本情况,包括年龄、文化程度、婚姻状况、家庭成员、主要的社会关系、详细的居住地、曾经的就业经历(有无打工、经商或者从事其他非农工作)等。

二 征地前的具体情况

(一)请谈一下您(家)在征地以前的生活状况好吗?

包括以下方面的内容:

1. 吃、穿、住、用等基本的物质方面;

2. 休闲娱乐方式;(提问方式如:平时没活干的时候做什么?到哪里去玩?和谁一起玩?玩什么?)

3. 养老、子女教育、工作等方面的状况等。

(二)征地以前,您有没有外出打工或者经商的经历呢?如果有的话,可以讲讲吗?

包括:

1. 打工或者经商的具体内容、收入状况;

2. 打工或者经商的具体经历和感受;

3. 打工或者经商遇到的困难和解决的方式,等等。

(三)您怎样看待自己(征地)以前的生活?

包括持有的态度、具体的想法等。

三 征地过程中的经历

(一)请谈谈你们村被征地的具体过程好吗?

包括:

1. 征地的时间和征地数量;

2. 征地补偿和安置办法；

3. 征地的具体操作过程和方式；

4. 征地中的事件、冲突和解决方式等。

（二）您觉得征地对你们家有哪些影响呢？

包括：

1. 对基本物质生活的影响；

2. 对就业发展的影响；

3. 征地给生活带来的变化，等等。

（三）您（家）是如何看待征地的？面对征地的时候，又做了些什么呢？

包括：

1. 征地中的所思所想；

2. 征地中的所作所为。

四 征地后的具体情况（当前的状况）

（一）您在征地后遇到了哪些困难和不适应的地方呢？

包括：

1. 征地后的生活环境；

2. 在新环境中遇到的困难等。

（二）您家现在的生活怎样？谈谈好吗？

包括：

1. 基本的职业状况；

2. 基本的收入和消费状况；

3. 平时的娱乐休闲状况；

4. 各项基本的权利状况，等等。

（三）请您详细讲讲自己一天的日常生活安排好吗？

包括：

1. 日常的生活内容；

2. 对生产和生活的安排方式等。

（四）您对将来有什么打算？

包括对未来的预期、谋划和打算采取的行动等。

（五）您怎样看待自己现在的身份？
包括对自我现状的评价、对是否是城市人身份的认知等。

说明：以上访谈提纲仅是一份粗略的大纲，用于引导访谈按照一定的思路进行。每个问题下面所列举出的具体内容（即"包括"后面的内容）是访谈者试图通过该问题了解的一些具体内容，在访谈提纲中列举出来，是为了在受访者的回答没有涉及这些方面的时候，提醒访谈者及时进行追问，对于追问的方式，视受访对象以及访谈情景的不同，由访谈者灵活掌握。

附录2　观察指南

一　对受访者的观察指南

1. 外貌：长相、气质、衣着（样式、花色及磨损程度）、装扮及配饰等。

2. 表情：眼神、情绪、精神状态等。

3. 行为：消费支出行为、娱乐行为等。

二　对受访者家庭的观察指南

1. 物质：家庭食物（三餐的安排，主食、蔬菜、肉蛋奶的配比构成）、家庭设施（基本消费品、耐用消费品及其磨损程度）等。

2. 居住：居住的区位，周边环境，家庭住宅的式样、结构和大小等。

3. 精神状态：情绪、情感、愉悦程度等。

4. 家庭活动：日常家庭内的时间安排、忙碌程度、活动内容等。

三　对所调查个案村庄的观察

1. 地理：村庄的区位、格局、周边环境、村内主要公共设施等。

2. 人文：仍然住在村内的人员构成，他们的日常活动、交往方式、娱乐方式（包括与哪些人娱乐、到哪里交往和娱乐）等。

3. 重要活动：村内重要活动内容、时间、规模、（未）参与者及过程等。

说明：制定本观察指南的目的是为了指导笔者在访谈和调查中更多地调动"眼睛"获取有关调查和访谈对象的真实图景，利用这些真实的感官资料帮助笔者理解受访者生活的具体情景以及在这种情景中的话语和行动的深刻内涵。在具体的操作中，笔者还将依据具体情境的不同而对观察内容作出调整，如笔者以参与式观察的方法对失地农民中的电路装配工进行访谈的时候，还会对他们工作时候的态度、语言、表情以及疲劳状况等方面进行观察。

参考文献

中文文献

一 中文专著

[1] 安德鲁·肖特:《社会制度的经济理论》,上海财经大学出版社2003年版。

[2] 边燕杰:《市场转型与社会分层》,生活·读书·新知三联书店2002年版。

[3] 蔡昉、都阳、王美艳:《中国劳动力市场转型与发育》,商务印书馆2005年版。

[4] 蔡昉:《2002年中国人口与劳动问题报告——城乡就业问题与对策》,社会科学文献出版社2002年版。

[5] 陈传波、丁士军:《中国小农户的风险及风险管理研究》,中国财政经济出版社2005年版。

[6] 陈光金:《中国乡村现代化的回顾与前瞻》,湖南出版社1996年版。

[7] 程继隆主编:《社会学大辞典》,中国人事出版社1995年版。

[8] 崔功豪、王本炎、查彦育:《城市地理学》,江苏教育出版社1992年版。

[9] 丁少群:《小规模家庭农场如何应付风险》,陕西人民出版社1996年版。

[10] 方向新:《农村变迁论》,湖南人民出版社1998年版。

[11] 费孝通:《乡土中国生育制度》,北京大学出版社1998年版。

[12] 风笑天:《社会学研究方法》,中国人民大学出版社2003年版。

[13] 辜胜阻、简新华主编:《当代中国人口流动与城镇化》,武汉大

学出版社1994年版。

[14] 郭庆:《现代中的农村剩余劳动力转换》,中国社会科学出版社1993年版。

[15] 郭书田等:《失衡的中国》,河北人民出版社1990年版。

[16] 韩长赋:《中国农民工的发展与终结》,中国人民大学出版社2007年版。

[17] 何增科等主编:《城乡公民参与和政治合法性》,中央编译出版社2007年版。

[18] 贺雪峰:《乡村的前途》,山东人民出版社2007年版。

[19] 侯均生主编:《西方社会学理论教程》,南开大学出版社2001年版。

[20] 黄朝明:《征地收益分配研究》,中国农业科学技术出版社2008年版。

[21] 黄平主编:《寻求生存——当代中国农村外出人口的社会学研究》,云南人民出版社1997年版。

[22] 黄玉捷:《内生性制度的演进逻辑》,上海社会科学出版社2004年版。

[23] 惠宁、霍丽主编:《中国农村剩余劳动力转移研究》,中国经济出版社2007年版。

[24] 贾德裕等:《现代化进程中的中国农民》,南京大学出版社1998年版。

[25] 康少邦、张宁等:《城市社会学》,浙江人民出版社1986年版。

[26] 柯兰君、李汉林主编:《城市里的村民——中国大城市的流动人口》,中央编译出版社2001年版。

[27] 李龙浩:《土地问题的制度分析》,地质出版社2007年版。

[28] 李培林、李强、孙立平等:《中国社会分层》,社会科学文献出版社2004年版。

[29] 李培林:《村落的终结——羊城村的故事》,商务印书馆2004年版。

[30] 李培林主编:《中国新时期阶级阶层报告》,辽宁人民出版社

1995 年版。

[31] 李强：《当代中国社会分层与流动》，中国经济出版社 1993 年版。

[32] 李强：《农民工与中国社会分层》，社会科学文献出版社 2004 年版。

[33] 李强：《社会分层与贫富差别》，鹭江出版社 2000 年版。

[34] 李强：《应用社会学》，中国人民大学出版社 1995 年版。

[35] 李胜兰：《我国农村产权制度改革与农村城镇化发展》，中山大学出版社 2004 年版。

[36] 李友梅：《快速城市化过程中的乡土文化转型》，上海人民出版社 2007 年版。

[37] 李友梅等：《社会认同：一种结构视野的分析》，上海人民出版社 2007 年版。

[38] 厉以宁等：《中国城镇就业研究》，中国计划出版社 2001 年版。

[39] 廖小军：《中国失地农民研究》，社会科学文献出版社 2005 年版。

[40] 刘传江、徐建玲等：《中国农民工市民化进程研究》，人民出版社 2008 年版。

[41] 刘海云：《边缘化与分异：失地农民问题研究》，中国农业出版社 2007 年版。

[42] 刘豪兴主编：《农村社会学》，中国人民大学出版社 2004 年版。

[43] 刘林平：《关系、社会资本与社会转型：深圳"平江村"研究》，中国社会科学出版社 2002 年版。

[44] 卢福营：《农民分化过程中的村治》，南方出版社 2000 年版。

[45] 陆学艺：《当代中国农村和当代中国农民》，知识出版社 1991 年版。

[46] 陆学艺：《当代中国社会阶层研究报告》，社会科学文献出版社 2002 年版。

[47] 陆学艺：《当代中国社会流动》，社会科学文献出版社 2004 年版。

[48] 陆学艺：《改革中的农村与农民》，中共中央党校出版社 1992 年版。

[49] 陆学艺：《"三农论"——当代中国农业、农村、农民研究》，社会科学文献出版社 2003 年版。

[50] 《马克思恩格斯选集》第一卷，人民出版社 1974 年版。

[51] 《马克思恩格斯全集》第三卷，人民出版社 1960 年版。

[52] 《马克思恩格斯全集》第二十三卷，人民出版社 1995 年版。

[53] 马小勇：《中国农户的收入风险应对机制与消费波动》，中国经济出版社 2009 年版。

[54] 农业部农村经济研究中心编：《中国农村研究报告 2007》，中国财政经济出版社 2008 年版。

[55] 潘晓成：《转型期农业风险与保障机制》，社会科学文献出版社 2008 年版。

[56] 潘允康：《城市社会学新论》，天津社会科学院出版社 2004 年版。

[57] 齐美尔：《时尚的哲学》，费勇、吴燕译，文化艺术出版社 2001 年版。

[58] 钱忠好：《中国农村土地制度变迁和创新研究》，社会科学文献出版社 2005 年版。

[59] 曲福田等：《经济发展与中国土地非农化》，商务印书馆 2008 年版。

[60] 任平：《时尚与冲突——城市文化结构与功能新论》，东南大学出版社 2000 年版。

[61] 邵道生：《中国社会的困惑》，社会科学文献出版社 1996 年版。

[62] 宋士云：《中国社会保障制度结构与变迁（1949—2002）》，人民出版社 2006 年版。

[63] 苏振芳：《社会保障概论》，中国审计出版社 2001 年版。

[64] 隋晓明：《中国民工调查》，群言出版社 2005 年版。

[65] 孙立平：《断裂：20 世纪 90 年代以来的中国社会》，社会科学文献出版社 2003 年版。

[66] 孙立平：《转型与断裂：改革以来中国社会结构的变迁》，清华大学出版社 2004 年版。

[67] 唐忠新：《贫困分化的社会学研究》，天津人民出版社 1998 年版。

[68] 同春芬：《转型时期中国农民的不平等待遇透析》，社会学文献出版社 2006 年版。

[69] 童星、张海波：《中国转型期的社会风险及识别》，南京大学出版社 2007 年版。

[70] 王春光：《农村社会分化与农民负担》，中国社会科学出版社 2005 年版。

[71] 王道勇：《国家与农民关系的现代性变迁》，中国人民大学出版社 2008 年版。

[72] 王宽让等：《传统农民向现代农民的转化》，贵州人民出版社 1994 年版。

[73] 王坤、李志强：《新中国土地征收制度研究》，社会科学文献出版社 2009 年版。

[74] 王颖：《中国农民打工调查》，中共中央党校出版社 2005 年版。

[75] 王章辉、黄柯可主编：《欧美农村劳动力的转移与城市化》，社会科学文献出版社 1999 年版。

[76] 魏城：《中国农民工调查》，法律出版社 2008 年版。

[77] 温铁军：《三农问题与世纪反思》，生活·读书·新知三联书店 2005 年版。

[78] 吴力子：《农民的结构性贫困——定县再调查的普遍性结论》，社会科学文献出版社 2009 年版。

[79] 吴忠民：《社会公正论》，山东人民出版社 2004 年版。

[80] 武言、廖树芬、秦兴洪：《中国农民的变迁》，广东人民出版社 1999 年版。

[81] 向德平：《城市社会学》，武汉大学出版社 2002 年版。

[82] 谢建社：《新产业工人阶层：社会转型中的农民工》，社会科学文献出版社 2005 年版。

[83] 许英:《城市社会学》,齐鲁书社 2002 年版。

[84] 薛晓源、周战超:《全球化与风险社会》,社会科学文献出版社 2005 年版。

[85] 严俊:《中国农村社会保障政策研究》,人民出版社 2009 年版。

[86] 杨敏:《社会行动的意义效应:社会转型加速期现代性特征研究》,中国人民大学出版社 2005 年版。

[87] 杨雪冬:《风险社会与秩序重建》,社会科学文献出版社 2006 年版。

[88] 杨宜勇:《中国转轨时期的就业问题》,中国劳动社会保障出版社 2002 年版。

[89] 杨宜勇等:《就业理论与失业治理》,中国经济出版社 2000 年版。

[90] 叶国文:《土地政策的政治逻辑》,天津人民出版社 2008 年版。

[91] 俞德鹏:《城乡社会:从隔离走向开放——中国户籍制度与户籍法研究》,山东人民出版社 2002 年版。

[92] 袁方主编:《社会学百科辞典》,中国广播电视出版社 1990 年版。

[93] 原玉廷等主编:《新中国土地制度建设 60 年:回顾与思考》,中国财政经济出版社 2010 年版。

[94] 张继焦:《城市的适应——迁移者的就业与创业》,商务印书馆 2005 年版。

[95] 张柠:《土地的黄昏》,东方出版社 2005 年版。

[96] 张汝立:《农转工:失地农民的劳动与生活》,社会科学文献出版社 2006 年版。

[97] 郑杭生、李路路等:《当代中国城市社会结构:现状与趋势》,中国人民大学出版社 2004 年版。

[98] 郑杭生:《中国特色社会学理论的探索:社会运行论、社会转型论、学科本土论、社会互构论》,中国人民大学出版社 2005 年版。

[99] 郑杭生主编:《当代中国城市社会结构现状与趋势》中国人民

大学出版社 2004 年版。

[100] 郑杭生主编：《社会学概论新修》，中国人民大学出版社 2003 年版。

[101] 郑晓云：《文化认同论》，中国社会科学出版社 1992 年版。

[102] 周晓虹：《传统与变迁——江浙农民的社会心理及其近代以来的嬗变》，生活·读书·新知三联书店 1998 年版。

[103] 周一星：《城市地理学》，商务印书馆 1995 年版。

[104] 朱光磊：《当代中国社会各阶层分析》，天津人民出版社 1998 年版。

[105] 朱铁臻：《城市发展研究》，中国统计出版社 1996 年版。

[106] 庄友刚：《跨越风险社会：风险社会的历史唯物主义研究》，人民出版社 2008 年版。

[107] 卓志：《风险管理理论研究》，中国金融出版社 2006 年版。

[108] 邹农俭：《中国农村城市化研究》，广西人民出版社 1998 年版。

二　译著

[1] [德] 乌尔里希·贝克、[英] 安东尼·吉登斯、[英] 斯科特·拉什：《自反性现代化》，周宪等译，商务印书馆 2001 年版。

[2] [德] 马克斯·韦伯：《经济与社会》，林荣远译，商务印书馆 1998 年版。

[3] [德] 乌尔里希·贝克：《风险社会》，何博文译，南京译林出版社 2004 年版。

[4] [德] 乌尔里希·贝克：《世界风险社会》，吴英姿、孙淑敏译，南京大学出版社 2004 年版。

[5] [法] H. 孟德拉斯：《农民的终结》，李培林译，社会科学文献出版社 2005 年版。

[6] [法] 保尔·芒图：《十八世纪产业革命》，杨人楩、陈希秦、吴绪译，商务印书馆 2009 年版。

[7] [法] 迪尔凯姆：《社会分工论》，渠东译，生活·读书·新知三

联书店 2000 年版。

［8］［法］让－雅克·卢梭：《论人类不平等的起源和基础》，高煜译，广西师范大学出版社 2002 年版。

［9］［美］J. 米格代尔：《农民、政治与革命——第三世界政治与社会变革的压力》，李玉琪等译，中央编译出版社 1996 年版。

［10］［美］阿列克斯·英克尔斯、戴维·H. 史密斯：《从传统人到现代人——六个发展中国家中的个人变化》，顾昕译，中国人民大学出版社 1992 年版。

［11］［美］保罗·M. 霍恩伯格等：《都市欧洲的形成（1000—1994 年）》，阮岳湘译，商务印书馆 2009 年版。

［12］［美］戴维·波普诺：《社会学》，李强等译，中国人民大学出版社 2003 年版。

［13］［美］戴维·格伦斯基主编：《社会分层》，王俊等译，华夏出版社 2005 年版。

［14］［美］丹尼尔·贝尔：《后工业社会的来临》，王宏周等译，商务印书馆 1986 年版。

［15］［美］丹尼尔·贝尔：《资本主义文化矛盾》，赵一凡等译，生活·读书·新知三联书店 1989 年版。

［16］［美］罗伯特·劳伦斯·库恩：《中国 30 年：人类社会的一次伟大变迁》，吕鹏、李荣山等译，上海人民出版社 2008 年版。

［17］［美］西奥多·W. 舒尔茨：《改造传统农业》，梁小民译，商务印书馆 1999 年版。

［18］［美］西摩·马丁·李普塞特：《政治人：政治的社会基础》，张绍宗译，上海人民出版社 1997 年版。

［19］［美］约翰·洛夫兰德等：《分析社会情景：质性观察与分析方法》，林小英译，重庆大学出版社 2009 年版。

［20］［美］詹姆斯·C. 斯科特：《弱者的武器》，郑广怀等译，南京译林出版社 2007 年版。

［21］［意］V. 帕累托：《普通社会学纲要》，田时纲等译，生活·读书·新知三联书店 2001 年版。

[22] ［英］安东尼·吉登斯：《社会的构成》，李康、李猛译，生活·读书·新知三联书店1998年版。

[23] ［英］安东尼·吉登斯：《现代性的后果》，田禾译，南京译林出版社2000年版。

[24] ［英］安东尼·吉登斯：《现代性与自我认同》，赵旭东等译，生活·读书·新知三联书店1998年版。

[25] ［英］芭芭拉·亚当等：《风险社会及其超越》，赵延东等译，北京出版社2005年版。

[26] ［英］大卫·李嘉图：《政治经济学及赋税原理》，郭大力、王亚南译，上海商务印书馆1962年版。

[27] ［英］谢尔顿·克里姆斯基、［英］多米尼克·戈尔丁：《风险的社会理论学说》，徐元玲等译，北京出版社2005年版。

[28] ［英］亚当·斯密：《国民财富的性质和原因的研究》，郭大力、王亚南译，上海商务印书馆1983年版。

三 期刊

[1] 安华、张伟：《关于妥善解决失地农民问题的思考》，《农村经济》2004年第12期。

[2] 鲍海君、吴次芳：《论失地农民社会保障体系建设》，《管理世界》2002年第10期。

[3] 常进雄：《城市化进程中失地农民合理利益保障研究》，《中国软科学》2004年第3期。

[4] 陈晨等：《关注城市化进程中的弱势群体》，《经济体制改革》2004年第1期。

[5] 陈东平等：《经济发达地区农民分化现象考察与思考——以无锡市华庄镇的调查为例》，《南京农业大学学报》（社会科学版）2001年第1期。

[6] 陈丰：《从"虚城市化"到市民化：农民工城市化的现实路径》，《社会科学》2007年第2期。

[7] 陈军民：《我国城乡居民消费差异对比》，《河北理工大学学报》2008年第4期。

[8] 陈邵友：《征地农转非人员非农就业促进及其管理研究》，博士学位论文，西南大学，2009年。

[9] 陈绍军、李如春等：《征地拆迁中失地农民迁移决策模型分析》，《中国发展》2011年第4期。

[10] 陈映芳：《"农民工"：制度安排与身份认同》，《社会学研究》2005年第3期。

[11] 仇力平：《职业地位：社会分层的指示器》，《社会学研究》2001年第3期。

[12] 仇立平：《回到马克思：对中国社会分层研究的反思》，《社会》2006年第4期。

[13] 丁建兵：《中国发展面临"半城市化"挑战》，《调研世界》2008年第1期。

[14] 丁士军、陈传波：《农户风险处理策略分析》，《农业现代化研究》2001年第6期。

[15] 董海军：《作为武器的弱者身份：农民维权抗争的底层政治》，《社会》2008年第4期。

[16] 杜本峰：《基于风险社会的社会政策思考》，《中州学刊》2004年第4期。

[17] 杜受祜：《参与式管理与农民权益保护》，《农村经济》2004年第1期。

[18] 冯晓平、江立华：《阶层分化下的失地农民风险研究》，《中州学刊》2011年第5期。

[19] 冯晓平、江立华：《两级博弈下的征地风险流动分析》，《农村经济》2012年第1期。

[20] 冯晓平、江立华：《农民与政府互动下的征地制度变迁》，《科学社会主义》2011年第6期。

[21] 冯晓平、江立华：《三种视角下的失地农民权益研究》，《北京工业大学学报》2011年第4期。

[22] 冯晓平：《失地农民就业风险研究》，硕士学位论文，华中师范大学，2008年。

[23] 高勇:《城市化进程中失地农民问题探讨》,《经济学家》2004年第1期。

[24] 葛金田:《我国城市化进程中的失地农民问题》,《山东社会科学》2004年第8期。

[25] 郭建:《城市化:文化的一元化,还是多元化?》,《城市与减灾》2006年第1期。

[26] 郭军波:《合力保障失地农民的权益》,《华中师范大学学报》(人文社会科学版)2006年第5期。

[27] 郭于华:《"弱者的武器"与"隐藏的文本"——研究农民反抗的底层视角》,《读书》2002年第7期。

[28] 国土资源部征地制度改革研究课题组:《征地制度改革研究报告》,《国土资源》2003年第11期。

[29] 韩俊:《巴西城市化过程中的贫民窟问题的启示》,《中国改革》2006年第6期。

[30] 何爱平:《失地农民权益问题的新阐释:基于阿马蒂亚·森交换权利理论的视角》,《人文杂志》2007年第6期。

[31] 何家栋、喻希来:《城乡二元社会是怎样形成的?》,《书屋》2003年第5期。

[32] 贺雪峰:《村庄政治社会现象排序研究》,《甘肃社会科学》2004年第4期。

[33] 洪朝辉:《论中国农民工的社会权利贫困》,《当代中国研究》2007年第4期。

[34] 洪大用:《农民分化及阶层化研究的回顾与展望》,《社会学与社会调查》1992年第5期。

[35] 胡平:《构建失地农民的社会安全网》,《农村经济》2006年第12期。

[36] 黄平:《农业劳动者利益保护途径探索》,《甘肃农业》2010年第8期。

[37] 吉朝珑:《农民权益保障视野下的农村土地征收制度重构》,《河北法学》2008年第26(9)期。

[38] 江立华：《城市性与农民工的城市适应》，《社会科学研究》2003年第5期。

[39] 江立华：《论城市农民工的平等竞争权问题》，《华中师范大学学报》（人文社会科学版）2002年第4期。

[40] 姜长云：《农民就业模式的分化与经济行为——对安徽省天长市农户的问卷分析》，《调研世界》1995年第2期。

[41] 景军：《泰坦尼克定律：中国艾滋病风险分析》，《社会学研究》2006年第5期。

[42] 康岚：《从征地前后看失地农民的权益与保障》，《南京社会科学》2009年第3期。

[43] 孔祥智、王志强：《我国城镇化进程中失地农民的补偿》，《经济理论与经济管理》2004年第5期。

[44] 雷寰：《北京市郊区城市化进程中失地农民利益问题研究》，博士学位论文，中国农业大学，2005年。

[45] 李钢：《中国社会转型与代价选择》，《社会科学辑刊》2000年第1期。

[46] 李腊生：《当代中国的阶层分化与利益整合》，《社会主义研究》2004年第5期。

[47] 李丽：《文化风险的多维透视》，《学术交流》2007年第12期。

[48] 李路路：《论社会分层研究》，《社会学研究》1999年第1期。

[49] 李路路：《社会变迁：风险与社会控制》，《中国人民大学学报》2004年第2期。

[50] 李路路：《社会结构变迁与私营企业的发展》，《管理世界》1996年第1期。

[51] 李培文：《中国现代化进程中农民身份转化面临的困境和出路》，《农业现代化研究》2001年第5期。

[52] 李强：《政治分层与经济分层》，《社会学研究（京）》1997年第4期。

[53] 李向军：《个体化视角下失地农民的风险困境》，《理论与改革》2008年第1期。

［54］李迎生：《构建城乡衔接的社会保障体系》，《中国人民大学学报》2008年第6期。

［55］廖小军：《妥善解决当前中国失地农民的问题的若干思考》，《东南学术》2006年第1期。

［56］林坚等：《我国农民的社会分层结构和特征——一个基于全国1185份调查问卷的分析》，《湘潭大学学报》（哲学社会科学版）2006年第1期。

［57］刘海云、王庆秀：《征地补偿制度实施中存在问题的调查》，《经济问题》2005年第8期。

［58］刘洪礼、李学广：《试论现阶段我国农民队伍的构成》，《学术月刊》1983年第6期。

［59］刘洪仁、杨学成：《转型期农民分化问题的实证研究》，《中国农村观察》2005年第4期。

［60］刘洪仁：《农民分化问题研究综述》，《山东农业大学学报》2006年第1期。

［61］刘少杰：《长鸣的城市警钟——城市化进程中的社会风险与公共治理》，《探索与争鸣》2011年第2期。

［62］刘文烈、刘晨之：《试论城镇化进程中失地农民权益保护问题》，《齐鲁学刊》2007年第3期。

［63］刘祖云：《社会分层的若干理论问题新探》，《江汉论坛》2002年第9期。

［64］刘祖云：《社会转型与社会分层：20世纪末中国社会的阶层文化》，《华中师范大学学报》1999年第4期。

［65］卢海元：《土地换保障：妥善安置失地农民的基本设想》，《中国农村观察》2003年第6期。

［66］陆飞杰：《对城郊失地农民再就业问题的思考》，《城市问题》2006年第3期

［67］陆学艺、张厚义：《重新认识农民问题——十年来中国农民的变化》，《社会学研究》1989第6期。

［68］陆学艺：《社会学要重视当今农民问题》，《社会学研究》1989

年第 5 期。

[69] 马步云:《现代化风险初探》,博士学位论文,复旦大学,2006 年。

[70] 马夫:《固原市农村社会分层的现状、特征及其对贫富分化的影响》,《宁夏社会科学》2007 年第 2 期。

[71] 牟少岩:《农民职业分化的影响因素分析》,博士学位论文,山东农业大学,2008 年。

[72] 庞树奇、仇立平:《我国社会现阶段阶级阶层研究初探》,《社会学研究》1989 年第 3 期。

[73] 钱志鸿、黄大志:《城市贫困、社会排斥和社会极化——当代西方城市贫困研究综述》,《国外社会科学》2004 年第 1 期。

[74] 钱忠好、曲福田:《规范政府土地征用行为切实保障农民土地权益》,《中国农村经济》2004 年第 12 期。

[75] 秦启文、罗震宇:《城市居住空间分异与群体隔阂》,《城市发展研究》2009 年第 1 期。

[76] 邱蓉:《土地上的权力、阶层与利益共容》,《江汉论坛》2010 年第 1 期。

[77] 曲福田等:《土地价格及分配关系与土地非农化经济机制研究》,《中国农村经济》2001 年第 12 期。

[78] 荣娥:《西方社会分层研究述评》,《社会工作》2007 年第 1 期。

[79] 沈飞、朱道林:《政府和农村集体土地收益分配关系实证研究——以我国土地征用—出让过程为例》,《中国国土资源经济》2004 年第 8 期。

[80] 史清华、顾海英、张跃华:《农民家庭风险保障:从传统模式到商业保险》,《管理世界》2004 年第 11 期。

[81] 斯科特·拉什:《风险社会与风险文化》,《马克思主义与现实》2002 年第 4 期。

[82] 宋斌文、樊小钢、周慧文:《失地农民问题是事关社会稳定的大问题》,《调研世界》2004 年第 1 期。

[83] 宋林飞：《中国社会转型的趋势、代价及其度量》，《江苏社会科学》2005年第2期。

[84] 唐灿、冯小双：《"河南村"流动农民的分化》，《社会学研究》2000年第4期。

[85] 万能：《1978年以来中国农民的阶层分化：回顾和反思》，《中国农村观察》2009年第4期。

[86] 王朝明：《城市化：农民工边缘性贫困的路径与治理分析》，《社会科学研究》2005年第3期。

[87] 王春光：《警惕农民工"底层化意识"加剧》，《中国党政干部论坛》2006年第5期。

[88] 王春光：《农村流动人口的"半城市化"问题研究》，《社会学研究》2006年第5期。

[89] 王春光：《农民工：一个正在崛起的新工人阶层》，《学习与探索》2005年第1期。

[90] 王春光：《农民工在流动中面临的社会体制问题》，《中国党政干部论坛》2004年第4期。

[91] 王春光：《我国城市就业制度对进城农村流动人口生存和发展的影响》，《浙江大学学报》（人文社会科学版）2006年第5期。

[92] 王道勇、江立华：《居村农民与农民工的社会风险意识考察》，《学术界》2005年第4期。

[93] 王峰：《现阶段破解"三农问题"的制度分析》，博士学位论文，厦门大学，2005年。

[94] 王宁：《个案研究的代表性问题与抽样逻辑》，《甘肃社会科学》2007年第5期。

[95] 王庆功、张宗亮：《农村土地征收中的利益博弈及其解决途径》，《东岳论丛》2009年第1期。

[96] 王小章：《齐美尔的现代性：现代文化形态下的心性体验》，《浙江学刊》2005年第4期。

[97] 王晓毅：《解决三农问题的关键是降低农民的风险》，《华中师

范大学学报》2004 年第 6 期。

[98] 王勇：《城市化进程中的失地农民利益表达》，博士学位论文，华中师范大学，2007 年。

[99] 王自亮：《变动与选择：农村社会阶层结构形成的诱因》，《浙江社会科学》2003 年第 3 期。

[100] 魏福明、刘红雨：《利益集团视野下的农民权益保护》，《江苏科技大学学报》（社会科学版）2005 年第 4 期。

[101] 吴从环：《权力的位移——村民自治制度 10 年实践考察》，《中国农村观察》2000 年第 1 期。

[102] 吴业苗：《小农的终结与居村市民的建构——城乡一体化框架下农民的一般进路》，《社会科学》2011 年第 7 期。

[103] 吴忠民：《改革开放以前三十年自由和平等的演进及问题》，《东岳论丛》2010 年第 10 期。

[104] 肖屹：《失地农民权益受损与中国征地制度改革研究》，博士学位论文，南京农业大学，2008 年。

[105] 谢华、李松柏：《失地农民城市适应困境与对策研究》，《乡镇经济》2008 年第 10 期。

[106] 谢勇：《土地征用、就业冲击与就业分化——基于江苏省南京市失地农民的实证研究》，《中国人口科学》2010 年第 2 期。

[107] 徐琴：《可行能力短缺与失地农民的困境》，《江苏社会科学》2006 年第 4 期。

[108] 徐晓军：《我国城市社区走向阶层化的实证分析》，《城市发展研究》2000 年第 4 期。

[109] 杨春禧：《土地征用过程中利益差序格局的制度重构》，《财经科学》2005 年第 1 期。

[110] 杨风：《城市化与农民生活方式的转型》，《北京工业大学学报》（社会科学版）2011 年第 4 期。

[111] 杨亮才：《财富分配与风险分配：现代性的两种进路》，《学术交流》2011 年第 5 期。

[112] 杨敏、郑杭生：《社会互构论：全貌概要和精义探微》，《社会

科学研究》2010 年第 4 期。

[113] 杨敏、高霖宇：《社会互构论视野下的民间力量与社会和谐》，《天津社会科学》2011 年第 2 期。

[114] 杨涛、施国庆：《我国失地农民问题研究综述》，《南京社会科学》2006 年第 7 期。

[115] 叶继红：《失地农民城市适应的困境与解决途径》，《中国软科学》2008 年第 1 期。

[116] 于建嵘：《农民有组织抗争及其政治风险——湖南省 H 县调查》，《战略与管理》2003 年第 3 期。

[117] 袁方成、姚化伟：《政策推进、社会流动与利益分化——我国城市化进程中的社会风险及其特征》，《理论与改革》2011 年第 4 期。

[118] 翟学伟：《个人地位：一个概念及其分析框架——中国日常社会的真实建构》，《中国社会科学》1999 年第 4 期。

[119] 张寿正：《关于城市化过程中农民失地问题思考》，《中国农村经济》2004 年第 2 期。

[120] 张宛丽：《近期我国社会阶级、阶层研究综述》，《中国社会科学》1990 年第 5 期。

[121] 张媛媛、贺利军：《城市化过程中对失地农民就业问题的思考》，《社会科学家》2004 年第 2 期。

[122] 张云鹏：《试论吉登斯结构化理论》，《社会科学战线》2005 年第 4 期。

[123] 章辉美、何芳芳：《失地农民社会分层机制的实证研究》，《江汉论坛》2008 年第 5 期。

[124] 赵明学等：《城市化进程中失地农民利益保障问题初探》，《经济论坛》2006 年第 5 期。

[125] 赵同春：《城市化进程中的失地农民角色转换的实证研究》，硕士学位论文，中南大学，2007 年。

[126] 赵煦：《英国早期城市化研究》，博士学位论文，华东师范大学，2008 年。

[127] 赵振军：《论农地集体所有制陷阱》，《社会科学》2007 年第 8 期。

[128] 郑功成：《农民权益需要用法律制度来维护》，《学习与探索》2007 年第 3 期。

[129] 郑杭生、杨敏：《社会互构论的提出——对社会学学术传统的审视和快速转型期经验现实的反思》，《中国人民大学学报》2003 年第 4 期。

[130] 周海林：《可持续发展原则解析消费者社会和现代市场体系》，《中国人口·资源与环境》2002 年第 2 期。

[131] 周批改：《中国农村阶级阶层分化与税费制度改革》，博士学位论文，中国社会科学院研究生院，2002 年。

[132] 周晓唯、赵颖涛：《人的属性：从计划经济到社会主义市场经济》，《社会科学论坛》2008 年第 4 期。

[133] 周艳、周兆安：《失地农民利益表达的行动逻辑及其社会学分析》，《新疆财经学院学报》2007 年第 4 期。

[134] 周战超：《当代西方风险社会理论引述》，《马克思主义与现实》2003 年第 3 期。

[135] 周祖文、王志远：《美国"不挂钩收入支持措施"的经济学分析》，《农业经济》2007 年第 1 期。

[136] 周作翰、张英洪：《论当代中国农民的政治权利》，《湖南师范大学社会科学学报》2005 年第 1 期。

[137] 朱富言：《转型时期的中国城市新贫困人口问题研究》，博士学位论文，西南财经大学，2005 年。

[138] 庄平：《对我国农村发展不平衡的几点认识》，《文历哲》1996 年第 4 期。

[139] 庄友刚：《从马克思主义视野对风险社会二重审视》，《探索》2004 年第 3 期。

[140] 邹农俭：《当代农村：变迁·分化·矛盾·整合》，《江西社会科学》2005 年第 1 期。

[141] 邹农俭：《当代中国农村社会分层标准研究》，《南京师大学

报》(社会科学版)1999年第3期。

[142] 邹农俭:《论农民的阶层分化》,《甘肃社会科学》2004年第4期。

[143] 邹农俭:《农民非农化的阶段、形态及其内部关系》,《江海学刊》1999年第3期。

[144] 邹农俭:《社会结构的重组、矛盾及其调整》,《社会科学》1991年第8期。

四 电子文献

[1] 3158网:《联手种红薯创业我做主》,http://news.3158.cn/201108031/n4368314632.html。

[2] 财富天下网:《失地农民陈小杰的创业故事》,http://www.3158.cn/news/20110113/09/86-59574850_1.shtml。

[3] 大楚网:《武汉一村官涉贪740万 法庭上求法官放其回家》,http://hb.qq.com/a/20110310/000533.htm?pgv_ref=aio。

[4] 凤凰网:《郑永年:强制土地城市化剥夺农民使其彻底变成无产阶级》,http://finance.ifeng.com/opinion/zjgc/20110107/3168716.shtml。

[5] 人民网:《我国城镇人口已达6.2亿城镇化率46.6%》,http://politics.people.com.cn/GB/1026/12291994.html。

[6] 腾讯网:《四川自贡征地事件调查:"新圈地运动"后遗症》,http://news.qq.com/a/20040715/000310.htm。

[7] 新浪网:《村民买假种索赔无果上吊》,http://news.sina.com.cn/s/2010-04-02/054519993699.shtml。

[8] 新浪网:《土地副总督察:征地造成大量伪城市化农民》,http://news.sina.com.cn/c/2011-11-23/030923508948.shtml。

[9] 新民网:《全国工会系统前7月为农民工追回拖欠工资22亿》,http://ent.xinmin.cn/2011/08/17/11754030.html。

五 主要参阅的法律法规、文件及地方史志

[1]《P市被征地农民养老保险试行办法》(2010年)。

[2]《P市人民政府关于调整国家建设征地地上青苗和附着物补偿标

准的通知》（P 市 2010 年第 36 号文件）。

[3]《国家建设征用土地条例》，1982 年修订。

[4]《国务院办公厅转发劳动保障部关于做好被征地农民就业培训和社会保障工作指导意见的通知》（国办发〔2006〕29 号）。

[5]《国务院关于加强土地调控有关问题的通知》（国发〔2006〕31 号）。

[6]《国务院关于深化改革严格土地管理的决定》（国发〔2004〕28 号）。

[7]《河南省政府关于我省国家建设征用土地上附着物补偿问题的通知》（豫政文〔1993〕152 号）。

[8]《河南省人民政府贯彻国务院关于加强土地调控有关问题通知的意见》（豫政〔2006〕70 号）。

[9]《河南省实施〈土地管理法〉办法》（1999 年）。

[10]《河南省征地补偿标准争议裁决办法的通知》（豫政〔2007〕19 号）。

[11]《中华人民共和国土地管理法》，2004 年修订。

[12]《中华人民共和国土地管理法实施条例》，1998 年 12 月。

[13] P 市 P 县 2000—2009 年历年政府工作报告。

[14] P 县地方史志办公室编：《P 县通鉴》（2001—2007 年）。

[15] P 县统计局编：《P 县国民经济和社会发展成就（1949—1999）》（上、下两册），1999 年。

[16] 程有为、王天奖主编：《河南通史》第四卷，河南人民出版社 2005 年版。

[17] 国土资源部《土地登记办法》（2007 年 11 月 28 日审议通过，自 2008 年 2 月 1 日起实施）。

[18] 国土资源部发出《关于进一步做好征地管理工作的通知》（2010 年 6 月）。

[19] 国务院《关于国家建设征用土地办法》，1958 年 1 月 6 日。

[20] 国务院办公厅《关于进一步严格征地拆迁管理工作切实维护群众合法权益的紧急通知》（国办发明电〔2010〕15 号）。

［21］河南省劳动和社会保障厅、河南省国土资源厅、河南省财政厅《关于做好被征地农民就业培训和社会保障工作的实施意见》（豫劳社［2008］19号）。

［22］王月主编：《P县县志（1980—2000）》，中州古籍出版社2008年版。

［23］政务院《关于国家建设征用土地办法》，1953年12月5日。

［24］中华人民共和国国土资源部令第10号《征用土地公告办法》，2001年10月18日发布。

［25］中华人民共和国国土资源部令第22号《国土资源听证规定》，2003年12月30日公布。

［26］《中华人民共和国土地管理法》，1986年修订。

英文文献

一　英文专著

［1］Douglas, M. and A. Wildavsky, *Risk and Culture*, Berkeley: University of California Press, 1982.

［2］Giddens, Anthony, *The Class Stratification of the Advanced Societies*, London: Harper & Row, Publisher, 1973.

［3］Kerbo, Harold. R., *Social Stratification and Inequality: Class Conflit in Historical and Comparative Perspective*, NewYork: MeGraW - Hill, 2000.

［4］Luhman, Niklas, *Trust and Power*, New York: John Wiley & Sons, 1997.

［5］Michael M. Cernea, *Putting People First - Sociological Variables in Rural Development*, Oxford: Oxford University Press, 1991.

［6］Naughton B., *Growing out of the Plan: Chinese Econmic Reform*, New York and Melbourne: Cambrige University Press, 1995.

［7］Simmel, G., *The Philosophy of Money*, New York: Routledge & Kegan Paul Ltd., 1978.

［8］Zhao Yaohui, *Rural - to - Urban Labor Migration in China: The Pat and the Present*, Berkeley: University of California Press, 2000.

二 英文期刊

[1] Dercon, S. and P. Krishnam, "Income Portfolios in Rural Ethiopia and Tanzania: Choices and Constraints", *Journal of Development Studies*, Vol. 32, No. 6, 1996.

[2] Dorothy Solinger, "Citizenship Issues in China's Internal Migration: Comparisons with Germany and Japan", *Political Science Quarterly*, Vol. 114, No. 3, 1999.

[3] Louis Wirth, "Urbanism as a Way of Life", *American Journal of Sociology*, Vol. 44, 1938.

[4] Pannell, Nordblom, "Impacts of Risk Aversion on Whole-farm Management in Syria", *Australian Journal of Agricultural and Resource Economics*, Vol. 42, No. 3, 1998.

[5] Richard H. Foster and Mark K. McBeth, "Urban-Rural Influences in US. Environmental and Economic Development", *Police Rural Studies*, Vol. 4, 1996.

[6] Yang Dennis Tao, "China's Land Arrangements and Rural Labor Mobility", *China Economic Review*, Vol. 18, 1997.

[7] Yasusada Murata, "Rural-Urban Interdependence and Industrialization", *Journal of Development Economics*, Vol. 68, 2002.

[8] Zhao Yaohui, "Labor Migration and Earnings Differences: The Case of China", *Economic Development and Cultural Change*, Vol. 47, No. 4, 1999.

[9] Zhu Y., "The Floating Population's Household Strategies and Their Settlement Intention in Cities the Role of Migration in China's Regional Development and Integration", *International Journal of Population Geography*, Vol. 9, 2004.